ABITUR-TRAINING DEUTSCH

Hartmut von der Heyde
Erörtern und Sachtexte analysieren

STARK

Bildnachweis:
Umschlagbild: BilderBox.com
S. 1: © Viorika Prikhodko
S. 6: © bpk
S. 20: © Radu Razvan / dreamstime.com
S. 22, 37: © ullstein – ullstein bild
S. 26: © ullstein – Imagno
S. 29, 31: © ullstein – W. Frentz
S. 33: © ullstein – Kuhnigk
S. 38: © Bernd Uhlig
S. 43: © Marion Bührle
S. 49: © dreamstime, Andres Rodriguez
S. 52: © ullstein bild – CARO/ Teschner
S. 55: © www.sxc.hu
S. 56: © photocase
S. 57: © dreamstime, Dinven
S. 59: © www.sxc.hu
S. 62: © dreamstime, Paulo Neres
S. 64: © picture-alliance/ dpa/dpaweb
S. 67: © picture-alliance
S. 68: Eldaco: http://commons.wikimedia.org/wiki/File:Berliner_Schloss_Panorama.jpg
CC-BY-SA-2.5,2.0, und 1.0
S. 75: © Vladek / Dreamstime.com
S. 78: © picture alliance / dpa
S. 82: © picture-alliance / Image Source

ISBN 978-3-89449-802-3

© 2012 by Stark Verlagsgesellschaft mbH & Co. KG
aktualisierte Auflage
www.stark-verlag.de
1. Auflage 2006

Das Werk und alle seine Bestandteile sind urheberrechtlich geschützt. Jede vollständige oder teilweise
Vervielfältigung, Verbreitung und Veröffentlichung bedarf der ausdrücklichen Genehmigung des Verlages.

Inhalt

Vorwort

Vorbemerkung: Beschäftigung mit Sachtexten ... 1

Textanalyse ... 3
1 Genaues Lesen und Verstehen des Textes ... 5
2 Kennzeichnung der Thematik des Textes ... 6
3 Gliederung und Untersuchung des gedanklichen Aufbaus ... 7
4 Erläuterung der zentralen Aussagen und ihres Zusammenhangs ... 7
5 Analyse der sprachlichen Darstellungsweise ... 9
6 Zusammenfassung der Aussageabsicht des Textes ... 11

Weitere Aufgabenstellungen für die analytische Arbeit mit Sachtexten ... 15
Eingrenzende Aufgabentypen ... 15
Aufgaben, die über eine Textanalyse hinausführen ... 19
1 Sachtextanalyse mit kritischer Stellungnahme ... 19
2 Analyse und Erörterung eines Sachtextes ... 22
3 Analyse einer Rede mit Schwerpunkt auf der sprachlichen Analyse ... 27
Analyse mit Textvergleich als weiterführender Aufgabe ... 34
1 Vergleich zwischen zwei nichtfiktionalen Texten ... 34
2 Vergleich eines nichtfiktionalen Textes mit einem fiktionalen Text ... 38

Erörterung auf der Basis von Sachtexten ... 45
Erörterung auf der Grundlage eines Sachtextes ... 45
Erörterung auf der Grundlage zweier Sachtexte ... 50

Freie Erörterung ... 57

Adressatenbezogenes Schreiben ... 65
Kommentar ... 66
Leserbrief, Glosse, Rede ... 74
Essay ... 76

Lösungen 85

1 Textanalyse 85
2 Weitere Aufgabenstellungen
   für die analytische Arbeit mit Sachtexten 93
3 Erörterung auf der Basis von Sachtexten 136
4 Freie Erörterung 160
5 Adressatenbezogenes Schreiben 182

Autor: Dr. Hartmut von der Heyde

Vorwort

Liebe Schülerin, lieber Schüler,

die neuen Abiturprüfungsordnungen der Bundesländer fordern, dass die Arbeit mit Sachtexten einen größeren Raum im Unterricht erhält und nicht mehr – wie es bisher meist der Fall war – zugunsten einer intensiven Beschäftigung mit Literatur nur eine Nebenrolle spielt. Sie muss daher im Deutschunterricht der Oberstufe gründlich geübt werden.

Hierbei Unterstützung zu leisten, ist Aufgabe dieses Trainingsbuches, in dem Ihnen eine gründliche Hilfe für die **Erarbeitung aller für das Abitur relevanten Sachtext- und Erörterungsaufgaben** angeboten wird.

Der Verschiedenartigkeit der möglichen Themenstellungen, die Ihnen in der Abiturprüfung begegnen können, entspricht der Aufbau des Buches.

Im ersten Kapitel stehen die wichtigsten Arbeitsschritte, die zur inhaltlichen und sprachlichen **Analyse eines Sachtextes** dienen, im Zentrum des Trainings. Anschließend werden im zweiten Kapitel weitere Aufgabenarten wie die **kritische Stellungnahme** und der **Textvergleich** behandelt.

Im dritten Kapitel geht es um die **Erörterung** im Anschluss an einen Sachtext. Hierbei kommt es nicht nur auf den sachgemäßen argumentativen Umgang mit einer Textvorlage an, sondern auch auf die Fähigkeit, eine weiterführende eigene Argumentation zu entwickeln.

Im vierten Kapitel wird die so genannte **freie Erörterung** trainiert, bei der lediglich eine bestimmte Problematik oder Entscheidungsfrage vorgegeben ist, die nunmehr ohne die Basis einer Textvorlage selbstständig geklärt beziehungsweise beantwortet werden muss. **Von der Stoffsammlung bis zum Schreiben** eines überzeugenden Arguments und der sinnvollen Strukturierung der Erörterung werden alle notwendigen Arbeitsschritte geübt.

Das fünfte Kapitel widmet sich schließlich dem kreativen Umgang mit Sachtexten, dem sogenannten **adressatenbezogenen Schreiben**, bei dem Sie selbst einen rhetorisch durchgestalteten Text verfassen sollen. Zunächst werden die Merkmale der Textsorten **Kommentar** und **Essay** erarbeitet, bevor Sie dann Hilfestellungen erhalten, um ein eigenes Beispiel zu schreiben.

In diesem **praxisbezogenen Trainingsband** wird nicht nur theoretisch erklärt, welche Arbeitsschritte zu einer Sachtextanalyse oder einer Erörterung gehören. Vielmehr gehen Sie diese Schritte selbst: Zu Texten und Aufgabenstellungen, wie Sie Ihnen auch in der Abiturprüfung begegnen können, finden Sie in dem Buch konkrete und kleinschrittige Aufgaben, mit deren Hilfe Sie Stück für Stück Ihren eigenen Text schreiben, bis Sie die komplette Aufgabenstellung bewältigt haben. Beigefügte Erläuterungen, Übersichten und Schemata geben Ihnen dabei weitere Hilfestellung.

Durch den **Lösungsteil**, der zu diesem Band gehört, haben Sie ferner die Möglichkeit der eigenen Überprüfung: Für jede einzelne Aufgabenstellung des Buches ist eine Musterlösung vorhanden. Indem Sie Ihre Lösungen mit den Lösungsvorschlägen im Buch vergleichen, können Sie sich weitere Anregungen holen und werden auf eventuell notwendige Ergänzungen und Korrekturen aufmerksam.

Wichtig für einen **möglichst großen Trainingserfolg** ist, dass Sie die einzelnen Aufgaben dieses Buches tatsächlich in schriftlicher Form lösen. Zwar ist es zweifellos bereits nützlich, über die Lösungswege nachzudenken, die Lösungsvorschläge nachzulesen und sich dazu vielleicht einzelne Stichworte zu notieren. Doch erst das **eigene Schreiben** verhilft dazu, die eigenen Gedanken wirklich zu klären und dahin zu kommen, sie möglichst überzeugend zu präsentieren.

Die folgenden Trainingsschritte sollten deshalb eingehalten werden, um mit dem Buch die besten Ergebnisse zu erzielen:

1. gründliches Lesen der jeweiligen Sachtexte und der dazugehörigen Aufgabenstellung;
2. schriftliches Lösen der im Buch enthaltenen Arbeitsaufgaben;
3. Überdenken und gegebenenfalls Verbessern der eigenen Lösungen; bei mehreren zusammengehörenden Aufgaben auch Überprüfen ihres Zusammenhangs;
4. Arbeiten mit dem Lösungsteil des Buches: Vergleichen der eigenen Lösung mit der im Buch enthaltenen;
5. schriftliches Ergänzen und Überarbeiten der eigenen Lösung.

Verlag und Verfasser wünschen Ihnen viel Erfolg bei Ihrer Arbeit mit dem Trainingsbuch.

Hartmut von der Heyde

Vorbemerkung:
Beschäftigung mit Sachtexten

Sachtexte – auch nichtfiktionale oder pragmatische Texte genannt – sind Texte, in denen keine eigene dichterische Welt erschaffen wird. In ihnen geht es um die Wirklichkeit, in der wir leben. In Sachtexten werden beispielsweise Gegenstände oder Vorgänge beschrieben oder erklärt. Sie können aber etwa auch dem Zweck dienen, sich mit Sachverhalten kritisch auseinanderzusetzen, sie zu reflektieren oder zu diskutieren.

Im Deutschunterricht werden vor allem „fachspezifische" Sachtexte behandelt. Mit diesem Ausdruck ist gemeint, dass sich die Texte auf Arbeitsbereiche des Deutschunterrichts beziehen, zum Beispiel also auf Literatur und ihre Leser, auf Sprache und ihre Entwicklung oder auch auf die Bedeutung und Wirkung der Neuen Medien.

Die Beschäftigung mit diesen Sachtexten im Unterricht und in der Abiturprüfung geschieht auf der Basis einiger charakteristischer **Arbeitsanweisungen**, die immer darauf abzielen, dass der Text inhaltlich und formal analysiert und das gewonnene Textverständnis überzeugend dargestellt wird. Die wichtigsten dieser Aufgabenstellungen werden im Kapitel „Textanalyse" erläutert; wie man mit ihnen umgeht, wird in einer Reihe von Einzelschritten trainiert.

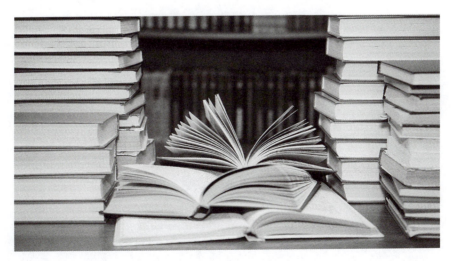

Textanalyse

Der folgende Sachtext könnte in einer Abiturprüfung vorgelegt werden. Sein Inhalt und seine Länge entsprechen den Anforderungen, die ein Prüfungstext erfüllen muss. Er behandelt ein für den Literaturunterricht wichtiges Thema, die Theorie des Dramas im 18. Jahrhundert. Zugleich ist er als theoretische Äußerung eines Autors bedeutsam, der als Dramatiker die Schauspielliteratur des 18. Jahrhunderts und damit zugleich die Anfänge des Theaters in Deutschland entscheidend geprägt hat.

Gotthold Ephraim Lessing (1729–1781) Gemälde von 1771

Text **Gotthold Ephraim Lessing: Brief an Nicolai vom November 1756**

1 […] Ich danke Ihnen aufrichtig für den kurzen Auszug aus Ihrer Abhandlung über das Trauerspiel. Er ist mir auf mancherlei Weise sehr angenehm gewesen, 5 und unter andern auch deswegen, weil er mir Gelegenheit gibt zu widersprechen. […]

Aber das erkenne ich für wahr, dass kein Grundsatz, wenn man sich ihn recht 10 geläufig gemacht hat, bessere Trauerspiele kann hervorbringen helfen, als der: Die Tragödie soll Leidenschaften erregen. […]

Das meiste wird darauf ankommen: 15 was das Trauerspiel für Leidenschaften erregt. In seinen Personen kann es alle mögliche Leidenschaften wirken lassen, die sich zu der Würde des Stoffes schicken. Aber werden auch zugleich alle 20 diese Leidenschaften in den Zuschauern rege? Wird er freudig? wird er verliebt? wird er zornig? wird er rachsüchtig? Ich frage nicht, ob ihn der Poet so weit bringt, dass er diese Leidenschaften in der 25 spielenden Person billiget, sondern ob er ihn so weit bringt, dass er diese Leidenschaften selbst fühlt, und nicht bloß fühlt, ein andrer fühle sie?

Kurz, ich finde keine einzige Leiden-30 schaft, die das Trauerspiel in dem Zuschauer rege macht, als das Mitleiden. Sie werden sagen: erweckt es nicht auch Schrecken? erweckt es nicht auch Bewunderung? Schrecken und Bewunde-35 rung sind keine Leidenschaften, nach meinem Verstande. Was denn?

[…]

Das Schrecken in der Tragödie ist weiter nichts als die plötzliche Überraschung 40 des Mitleides, ich mag den Gegenstand meines Mitleids kennen oder nicht. Z. E. endlich bricht der Priester damit heraus:

Du Ödip bist der Mörder des Lajus! Ich erschrecke, denn auf einmal sehe ich den rechtschaffnen Ödip unglücklich; mein Mitleid wird auf einmal rege. Ein ander Exempel: es erscheinet ein Geist; ich erschrecke: der Gedanke, dass er nicht erscheinen würde, wenn er nicht zu des einen oder zu des andern Unglück erschiene, die dunkle Vorstellung dieses Unglücks, ob ich den gleich noch nicht kenne, den es treffen soll, überraschen mein Mitleid, und dieses überraschte Mitleid heißt Schrecken. Belehren Sie mich eines Bessern, wenn ich Unrecht habe.

Nun zur Bewunderung! Die Bewunderung! – in der Tragödie, um mich ein wenig orakelmäßig auszudrucken, ist sie das entbehrlich gewordene Mitleiden. Der Held ist unglücklich, aber er ist über sein Unglück so weit erhaben, er ist selbst so stolz darauf, dass es auch in meinen Gedanken die schreckliche Seite zu verlieren anfängt, dass ich ihn mehr beneiden, als bedauern möchte.

Die Staffeln sind also diese: Schrecken, Mitleid, Bewunderung. Die Leiter aber heißt: Mitleid; und Schrecken und Bewunderung sind nichts als die ersten Sprossen, der Anfang und das Ende des Mitleids.

[...]

Das Schrecken braucht der Dichter zur Ankündigung des Mitleids, und Bewunderung gleichsam zum Ruhepunkte desselben. Der Weg zum Mitleid wird dem Zuhörer zu lang, wenn ihn nicht gleich der erste Schreck aufmerksam macht, und das Mitleiden nützt sich ab, wenn es sich nicht in der Bewunderung erholen kann. Wenn es also wahr ist, dass die ganze Kunst des tragischen Dichters auf die sichere Erregung und Dauer des einzigen Mitleidens geht, so sage ich nunmehr, die Bestimmung der Tragödie ist diese: sie soll unsre Fähigkeit, Mitleid zu fühlen, erweitern. Sie soll uns nicht bloß lehren, gegen diesen oder jenen Unglücklichen Mitleid zu fühlen, sondern sie soll uns so weit fühlbar machen, dass uns der Unglückliche zu allen Zeiten, und unter allen Gestalten, rühren und für sich einnehmen muss. [...] Der mitleidigste Mensch ist der beste Mensch, zu allen gesellschaftlichen Tugenden, zu allen Arten der Großmut der aufgelegteste. Wer uns also mitleidig macht, macht uns besser und tugendhafter, und das Trauerspiel, das jenes tut, tut auch dieses, oder – es tut jenes, um dieses tun zu können.

Aus: R. Petsch (Hrsg.): Lessings Briefwechsel mit Mendelssohn und Nicolai über das Trauerspiel. Darmstadt: Wissenschaftliche Buchgesellschaft 1967, S. 50–54 (gekürzt)

Es ist gut möglich, dass die Aufgabenstellung für einen solchen nicht zu langen und in seiner Thematik klar begrenzten Text einfach lautet:

Aufgabenstellung

Analysieren Sie den Text.

Nun kommt es darauf an, dass man sich genau darüber im Klaren ist, was der **Operator** (die Arbeitsanweisung) „analysieren" bedeutet.

Was also heißt: „Analysieren Sie den Text"? Diese häufig verwendete Arbeitsanweisung signalisiert, dass Sie eine Textanalyse verfassen sollen, die den allgemeinen Erwartungen an diese Aufsatzform entspricht. Es wird also vorausgesetzt, dass Sie eine klare Vorstellung davon haben, was eine Textanalyse ist und auf welchem Weg Sie zu dem geforderten Ergebnis kommen.

Als Hilfestellung und Gedächtnisstütze können Sie das folgende Schema verwenden, in dem die **einzelnen Schritte** aufgeführt sind, die im Allgemeinen bei der Analyse eines Sachtextes zu beachten und auszuführen sind:

Arbeitsschritte bei der Textanalyse
- Genaues **Lesen und Verstehen** des Textes
  - Markieren wichtiger Begriffe und Aussagen
  - Gegebenenfalls: Nachschlagen von Fremdwörtern
- **Kennzeichnung der Thematik** des Textes
- Anfertigung einer stichwortartigen **Gliederung** und **Untersuchung des gedanklichen Aufbaus** des Textes
- **Darstellung und Erläuterung der zentralen Aussagen** der Textabschnitte und Verdeutlichung ihres **gedanklichen Zusammenhangs**
  - Sichtbarmachung und Überprüfung der **logischen Struktur** durch Herausarbeitung von Thesen, Begründungen und Beispielen
  - Darstellung des Textes **in eigenen Worten**, Vermeidung von Paraphrase
- **Analyse der sprachlichen Darstellungsweise** der Textvorlage
  - Beschreibung von Satzstruktur, Wortwahl und auffälligen beziehungsweise wirkungsvollen sprachlichen Mitteln
- **Zusammenfassung der Aussageabsicht** des Textes

Auf der Basis dieser Arbeitsschritte soll nun eine Analyse von Lessings Text angefertigt werden.

1 Genaues Lesen und Verstehen des Textes

Mit dem noch nicht schriftlichen Arbeitsvorgang des Nachschlagens und Markierens schaffen Sie die Grundlage für Ihr Textverständnis und damit für Ihre Analyse. Sie stellen durch diesen ersten Schritt sicher, dass Sie den Text wirklich genau lesen.

Aufgabe 1 Unterstreichen Sie die Begriffe und Aussagen des Textes, das heißt Schlüsselwörter, die Ihnen wichtig erscheinen.

Wenn Sie nicht wissen, wer mit Ödip und Lajus gemeint ist, von denen in Zeile 43 die Rede ist, sollten Sie diese Wörter in einem Lexikon nachschlagen. Statt Ödip ist heute der Name Ödipus gebräuchlicher. Welche Informationen haben Sie bekommen?

In der Prüfung steht Ihnen in der Regel zumindest der Rechtschreibduden zur Verfügung. Der ist natürlich kein Lexikon und gibt nicht über alles Auskunft. Aber er enthält doch auch manche knappe Erklärung. Oft lohnt es sich, dort nachzuschlagen. Im Duden findet man unter dem Stichwort Lajus keinen Eintrag, erhält zu Ödipus aber immerhin die folgende Information: „in der griech. Sage König von Theben".

2 Kennzeichnung der Thematik des Textes

Dieser Arbeitsschritt dient dem Zweck, einen Überblick über das Ganze des Textes zu erhalten. Auch die Kommunikationssituation des Textes – wer spricht beziehungsweise schreibt und an wen wendet er sich? – wird hier genannt; denn eine Botschaft oder Aussage steht nicht einfach für sich, sondern hat immer einen Sender und einen Adressaten, die mit in den Blick zu nehmen sind, wenn man den Sinn des Textes erfassen will. Erledigen Sie diesen Arbeitsschritt in der folgenden Aufgabe.

Aufgabe 2 Fassen Sie knapp zusammen, was der Verfasser seinem Leser mitteilen will. Orientieren Sie sich dabei zur Kontrolle an den Schlüsselwörtern, die Sie schon markiert haben. Schreiben Sie nicht mehr als drei Sätze.

Gotthold Ephraim Lessing (stehend) im Gespräch mit Friedrich Nicolai.
Zeitgenössische Darstellung.

3 Gliederung und Untersuchung des gedanklichen Aufbaus

Nun beginnt die detaillierte analytische Beschäftigung mit den einzelnen Aussagen des Textes. Zunächst geht es darum, eine Gliederung zu erstellen, um einen Überblick über die gedankliche Struktur des Textes zu erhalten.
Denken Sie an die Anhaltspunkte, die jeder Text enthält, um dem Leser die Übersicht über seine Struktur zu erleichtern.

Anhaltspunkte zur Erfassung der gedanklichen Struktur eines Textes
- Der Verfasser weist bereits durch die Gliederung seines Textes in Absätze auf dessen Sinnstruktur hin.
- Durch Verwendung von Konjunktionen und Subjunktionen werden gedankliche Zusammenhänge sinnfällig:
  - Konjunktionen wie **und / oder** binden und reihen Aussagen.
  - Subjunktionen wie **weil / wenn** fügen Begründungen beziehungsweise Bedingungen an eine Aussage an und können somit zu ihrer Erklärung oder Einschränkung beitragen.
  - Konjunktionen wie **aber / jedoch** geben Hinweise auf einen einschränkenden oder sogar gegenteiligen gedanklichen Schritt.

Aufgabe 3 Machen Sie die inhaltliche Struktur des Textes deutlich, indem Sie die einzelnen gedanklichen Schritte bestimmen und deren zentrale Aussagen stichwortartig festhalten.
Orientieren Sie sich dabei wiederum an den Begriffen und Aussagen, die Sie vorher (Aufgabe 1) als Schlüsselwörter unterstrichen haben.

4 Erläuterung der zentralen Aussagen und ihres Zusammenhangs

Nun beginnt die Arbeit an der schriftlichen Ausarbeitung des Aufsatzes. Die wesentlichen Aussagen des Textes müssen in knapper, aber zusammenhängender Weise dargestellt werden. Achten Sie darauf, die einzelnen Aussagen nicht einfach aneinander zu reihen, sondern auch Erklärungen hinzuzufügen und die gedanklichen Verknüpfungen hervorzuheben. Das geht am besten, wenn man Formulierungen verwendet, die nicht nur der Reihe nach feststellen, **was** der Verfasser eines Textes aussagt, sondern zugleich deutlich machen, **wie** er es tut und **in welche logische Beziehung** zueinander die Aussagen gestellt werden.

Schreiben Sie also nicht einfach nur: Der Verfasser stellt dar …, er sagt …
Schreiben Sie vielmehr: Der Verfasser stellt dar … und ergänzt dann …
(Auf diese Weise heben Sie eine gedankliche **Erweiterung** hervor.)
Oder: … er begründet die vorherige Aussage, indem er …
(So wird ein **kausaler** Zusammenhang markiert.)
Oder: … er widerspricht der früheren Feststellung, indem er …
(So ist der **Gegensatz** sofort erkennbar.)

Sie können auf diese Weise recht einfach und zugleich einprägsam unterschiedliche logische Strukturen hervorheben. Damit Sie sich den **Gebrauch solcher Formulierungen,** die den Gang der Argumentation verdeutlichen, leichter aneignen können, sind in der folgenden Tabelle eine Reihe nützlicher Wendungen und die durch sie hervorgerufenen logischen Verknüpfungsarten zusammengestellt.

Sinnvolle Formulierungen zur Hervorhebung logischer Zusammenhänge

Formulierungsmöglichkeit	Art der hergestellten Verknüpfung
Der Verfasser fügt hinzu, dass …	Ergänzung/Erweiterung einer Aussage
Er erläutert, dass …	Hinzufügung von Erklärungen, Begründungen oder Beispielen
Der Autor erweitert seinen Gedankengang, indem er …	Erweiterung
Er zieht die Schlussfolgerung, dass …	konsekutive Verknüpfung
Er begründet seine Auffassung mit …/ gibt als Grund an, dass …	kausale Verknüpfung
Der Verfasser stellt seiner Position die Gegenmeinung gegenüber, derzufolge …	Gegensatzbildung
Er stellt infrage, dass …	Andeutung von Gegensatzbildung
Der Autor betont …/hebt hervor, dass …	Ergänzung/Hervorhebung
Er schränkt ein, dass …	Zurücknahme vorheriger Aussagen
Er nimmt Bezug auf …, indem er …	Verknüpfungshinweis auf eine spezielle vorherige Aussage

Vermeiden Sie auf jeden Fall, den Wortlaut der Textvorlage einfach zu übernehmen, vor allem, ohne ihn als Zitat zu kennzeichnen; auch eine reine Paraphrase des Ausgangstextes ist unerwünscht. Sagen Sie alles in Ihren eigenen Worten.

Beispiel **Selbstständige Darstellung statt Paraphrase**

Originalfassung der Textvorlage (Z. 1 ff.)
Ich danke Ihnen aufrichtig für den kurzen Auszug aus Ihrer Abhandlung über das Trauerspiel. Er ist mir auf mancherlei Weise sehr angenehm gewesen, und unter andern auch deswegen, weil er mir Gelegenheit gibt zu widersprechen.

Beispiel einer Paraphrase
Der Verfasser dankt seinem Briefpartner für die Zusendung eines Auszugs aus dessen Abhandlung über das Trauerspiel. Dieser habe ihn besonders auch deshalb erfreut, weil er so die gewünschte Gelegenheit erhalte, seinen Widerspruch anzumelden.

Selbstständige zusammenfassende Darstellungsweise
Zu Beginn seines Textes nimmt Lessing Bezug auf eine Abhandlung Nicolais über das Trauerspiel, um sich anschließend kritisch mit den dort geäußerten Ideen auseinanderzusetzen.

Aufgabe 4 Fassen Sie nun möglichst selbstständig die Aussagen der Textvorlage zusammen und achten Sie darauf, dass in Ihrer Darstellung die jeweiligen gedanklichen Verknüpfungen zum Ausdruck kommen. Dabei hilft Ihnen der gezielte Einsatz von Konjunktionen und Subjunktionen.

5 Analyse der sprachlichen Darstellungsweise

Die Erschließung der Aussagestruktur eines Textes, die nun beendet ist, ist ein wichtiger Zwischenschritt auf dem Weg zur Gesamtanalyse. Zur Untersuchung des Inhaltes muss nun aber noch die Untersuchung der Form hinzukommen. Jeder weiß aus eigener Erfahrung, dass es nicht nur von Bedeutung ist, *was* gesagt wird, sondern ebenso sehr, *wie* etwas gesagt wird. Erst wenn man auch in der Lage ist, die sprachliche Gestaltung eines Textes zu durchschauen, kann man einschätzen, warum er wirkt, wie er wirkt.

Mithilfe der folgenden Checkliste können Sie prüfen, wie ein Text sprachlich beschaffen ist. Wichtig ist dabei immer, dass Sie aus Ihren Beobachtungen überzeugende Schlüsse ziehen, also überlegen, welche **Wirkung** jeweils mit einer bestimmten sprachlichen Besonderheit verbunden ist. Dabei gibt es keinen mechanischen Zusammenhang von Ursache und Wirkung, sprachlicher Eigenart und ihrer Funktion. Welche Absichten hinter der sprachlichen Gestaltung eines Textes stehen, ist jeweils von Fall zu Fall neu zu überlegen. Die diesbezüglichen Hinweise innerhalb der Checkliste sollen lediglich als Anregungen dazu dienen, in welche Richtung die Überlegungen gehen könnten.

Checkliste zur Untersuchung der Sprache

Prüfen Sie den **Satzbau** des Textes:
- Dominiert ein einfacher **parataktischer Satzbau** (Aneinanderreihung von Hauptsätzen)? Geht es dem Verfasser demnach um eine möglichst klare Mitteilung von eher einfacheren Sachverhalten? Oder versucht er womöglich, eine Sache einfacher erscheinen zu lassen, als sie in Wahrheit ist?
- Benutzt der Verfasser viele, eventuell sogar verschachtelte Nebensätze, also einen **hypotaktischen Satzbau**, was einen geübten Leser voraussetzt, der mit einer komplizierten Satzstruktur zurechtkommt? Sind die zahlreichen Nebensätze zur näheren Erläuterung komplexer Sachverhalte notwendig? Sind sie demnach durch die Thematik des Textes gerechtfertigt oder dienen sie nur dem Zweck, Eindruck zu schinden?
- Verwendet der Verfasser Ausrufesätze, Fragesätze, rhetorische Fragen oder Ellipsen (unvollständige Satzstrukturen), die emotionale Bewegung in den Text hineinbringen oder sogar Gefühle beim Leser hervorrufen könnten?

Prüfen Sie die **Wortwahl**:
- Welche Wortartverwendung dominiert? (Nomen, Verben …?) Worauf deutet beispielsweise ein ausgeprägter Nominalstil? Welche Vorzüge, welche Nachteile hat ein solcher Stil?
- Sind viele konkrete, anschauliche Worte benutzt, wird durch Beispiele veranschaulicht, was gemeint ist? Gibt sich der Verfasser demnach Mühe, sein Thema interessant und allgemein verständlich darzustellen?
- Oder werden vor allem abstrakte, theoretische Begriffe verwendet? Sind diese Begriffe unumgänglich oder wären sie leicht zu ersetzen?
- Enthalten die zentralen Begriffe des Textes **Konnotationen**, durch die der Verfasser auf subtile Weise beim Leser eine bestimmte gefühlsmäßige Einstellung hervorruft? Welcher Art sind diese Konnotationen? Dienen sie der gezielten Manipulation des Lesers?
- Verwendet der Verfasser Begriffe in einer **metaphorischen Bedeutung** – und mit welcher Aussageabsicht?

Prüfen Sie den Einsatz **rhetorischer Mittel**:
- Welche rhetorischen Mittel werden verwendet, durch die bestimmte Textaussagen besonders **betont** – oder auch **eingeschränkt** – werden?
Eine Übersicht über die wichtigsten rhetorischen Mittel finden Sie auf Seite 32.

Zusammenfassende Einschätzung der sprachlichen Gestaltungsweise des Textes:
- Verwendet der Verfasser eine **sachliche Sprache**, bei der es vor allem um die Absicht der **Darstellung** geht?
- Setzt der Verfasser die Sprache in **appellativer Absicht** ein, will er den Rezipienten gezielt beeinflussen? Und wenn ja, wie ist diese engagierte Sprache zu beurteilen? Wie ist der Zweck einzuschätzen, dem sie dient? Wird der Rezipient nur aufgerüttelt oder dient die Sprache der Verschleierung, gezielten Täuschung und Entmündigung des Rezipienten?
- Verwendet der Verfasser eine **gefühlsbetonte Sprache**, um **eigenes Empfinden** in den Vordergrund zu stellen? Wie wirkt eine solche Sprache auf den Leser? Um welche Wirkung ist es dem Verfasser dabei vermutlich gegangen? Decken sich Mittel und Zweck oder klaffen sie auseinander?

Aufgabe 5 Untersuchen Sie die sprachliche Gestaltungsweise von Lessings Text und stellen Sie Ihre Ergebnisse schriftlich dar.
Vergessen Sie nicht, Ihre Aussagen mit Beispielen aus dem Text zu belegen. Achten Sie dabei darauf, korrekt zu zitieren und Ihre Zitate genau nachzuweisen. Beziehen Sie sich dabei auf die Zeilenzählung des Textes.

6 Zusammenfassung der Aussageabsicht des Textes

Die Zusammenfassung, die zum Abschluss noch zu leisten ist, sollte nur aus einigen Sätzen bestehen. Sie hat die Aufgabe, in einer Art von Bilanz die wesentlichen Aussagen des Textes in knapper und „griffiger" Form festzuhalten.

Aufgabe 6 Fassen Sie die wesentlichen Aussagen der Textvorlage zusammen.

Wenn Sie alle Aufgaben der Reihe nach gründlich erledigt haben, ist Ihre Textanalyse fertig. Sie sollten allerdings noch sicherstellen, dass die Nahtstellen zwischen den Lösungen der einzelnen Teilaufgaben keine störenden Brüche aufweisen. Dass Ihr Text möglichst keine Rechtschreib- und Zeichensetzungsfehler enthalten sollte, versteht sich ja von selbst. Nutzen Sie in Zweifelsfällen das Rechtschreibwörterbuch, das Ihnen in der Prüfung zur Verfügung steht.

Ihrer Textanalyse, die Sie jetzt angefertigt haben, liegt ein dreiteiliges Aufbauschema zugrunde, das man grundsätzlich bei der Analyse von Sachtexten verwenden sollte.

Schema für den Aufbau einer schriftlichen Sachtextanalyse

1. **Einleitung**
   Nennung von Autor, Titel, Erscheinungsjahr des Textes und Kennzeichnung der **Thematik**
2. **Hauptteil**
   Erläuterung der **Gliederung** des Textes
   Darstellung und Verdeutlichung der **Hauptaussagen** und des **Gedankengangs**
   Analyse und Einschätzung der **sprachlichen Gestaltung**
3. **Schlussteil**
   Zusammenfassung der **Aussageabsicht** des Textes

Die Arbeitsschritte der Textanalyse, die Sie bis hierhin trainiert haben, und das Aufbauschema für die eigene schriftliche Darstellung der Analyseergebnisse gehören zum **Grundbestand jeder Beschäftigung mit Sachtexten**. Entsprechend wird in den folgenden Aufgabenstellungen immer wieder darauf zurückgegriffen.
Diese grundlegende Verfahrensweise und das Schreiben einer Textanalyse wird nun noch einmal an einem zweiten Text geübt. Dabei sind Hilfen und Anweisungen reduziert, um die Selbstständigkeit Ihrer Erarbeitung zu fördern.

Der ausgewählte Text gehört zum Aufgabengebiet **Reflexion über Sprache**, das oft in Abiturprüfungen vorkommt. Er befasst sich mit der deutschen Gegenwartssprache und den grammatischen und stilistischen Veränderungen, die das Deutsche als lebendige Sprache im Laufe der Zeit erfahren hat.

Text **Dieter E. Zimmer**
Trends und Triften in der deutschen Gegenwartssprache (1986)

1 Seit einem Jahrtausend entwickelt sich das Deutsche von einer synthetischen Sprache, die syntaktische Beziehung durch Wortbeugung ausdrückt, zu einer
5 analytischen, in der diese Bezüge in separaten, möglichst unflektierten Wörtern aufgehoben sind. So ist der Genitiv weiter im Schwinden, auch dem Dativ-e und am Ende sicher sogar dem Dativ selbst geht
10 es an den Kragen. „Die Leiden des jungen Werthers" wurden zu den „Leiden des jungen Werther", heute hießen sie die „Leiden von Jung-Werther" oder vielmehr „Das Wertherboy-Problem". Die
15 Konjunktive geraten immer mehr in Vergessenheit: Heißt es „bräuchte", „schwömme", „büke"? Nur noch ein paar Fachleute wissen es. An ihre Stelle tritt der analytische Einheitskonjunktiv „würde";
20 aus der indirekten Rede verschwindet der Konjunktiv ganz, ein wirklicher Verlust, denn mit ihm schwindet eine Möglichkeit der Nuancierung und Präzisierung. *Der Kanzler betonte, dass der Haushalt*
25 *gesicherte ist* erzeugt den Anschein einer Faktizität, die in Wahrheit nicht vorhan-

den ist und in *gesichert sei* auch nicht suggeriert würde.

[...]

In den Augen von Generationen von Sprach‚pflegern' die größte Pest, breitet sich der Nominalstil unaufhaltsam weiter aus. Sein Vordringen ist das Hauptkennzeichen der neudeutschen Syntax (und auch dieser Satz folgt dem Trend). *In dieser Feststellung liegt die Antwort Webers auf die Frage nach dem Grund für die Tatsache der Entstehung des modernen Kapitalismus ausgerechnet in Europa* (Adolf Holl): acht Substantive und nur ein Verb, und was für ein schwächliches *(liegt)*. *Zu dieser Informationsflut führt vor allem die geradezu manische Fixiertheit auf Produktion, auf Material- und Informationsausstoß, wobei der Informationsausstoß eine Rechtfertigung der Existenz von zahlreichen Behörden, Institutionen und Einzelpersonen ist* (Helmut Swoboda): elf Substantive, zwei kümmerliche Verben *(führt, ist)*.

Unser Sprachgefühl geht davon aus (nämlich: nimmt an, aber nicht ganz, und darum dürfen wir davon ausgehen, dass wir weiterhin reichlich *davon ausgehen werden*), dass ein Satz im Gleichgewicht sein muss: hier das Subjekt (ein Nomen), dort die Aussage (ein Verb). Der Nominalstil ist ein ständiger Verstoß gegen dieses Gleichgewicht. Seine Verben sind nur noch da, um den Satz pro forma zu einem Ende zu bringen. Sie sind in der Minderzahl, und sie sind oft von der blassesten Art: *sein, haben, werden, zeigen, durchführen, führen zu, vornehmen, erfordern, bereitstellen,* das schreckliche *beinhalten.* Ein Stil, der das Gleichgewicht wahrt, erscheint uns weniger bürokratisch, lockerer, freier, großzügiger, menschlicher.

Dass der Nominalstil mit seinen endlosen Präpositionalattributketten und seinen gedrungenen Adjektiven trotzdem nicht aufzuhalten ist, liegt jedoch nicht an der Gedankenlosigkeit oder Bosheit seiner Benutzer, jedenfalls nicht immer. Es hat einen guten Grund: Er hilft Nebensätze zu vermeiden. Und Nebensätze suchen wir nicht nur aus Einsparungsgründen zu vermeiden: Sie entheben uns auch des Rahmungszwangs, der ein Charakteristikum des Deutschen ist, über welches schon Mark Twain seinen Spott ausgoss. Der Rahmenzwang reißt zweiteilige Verbformen auseinander; man muss das äußerste Ende des Satzes abwarten, um dessen Sinn rückwirkend erfassen zu können. *Der Sprecher hatte ... am Nachmittag des Tages, an dem die Konferenz zu Ende gehen sollte, wiederholt eine Einschätzung der Probleme, welche der Realität gerecht würde* ... hatte was? abgelehnt? verlangt? bezweifelt? Erst jetzt erfährt es der Hörer. Diesem Krampf entgeht, wer knapp und übersichtlich den Nominalstil wählt: *Der Sprecher hatte am Konferenzschlussnachmittag eine realitätsgerechte Problemeinschätzung verlangt.*

[...]

Der Nominalstil ist knapper, sparsamer, gedrängter. Das gibt ihm die Aura von Wichtigkeit. Die wiederum hat es den Wichtigtuern angetan: Sie verlängern ein simples „Lesen" zu *einen Lektürevorgang vornehmen,* sie „essen" nicht, sie *führen die Nahrungsaufnahme durch.* Sie nehmen all die Schrecklichkeiten des Nominalstils in Kauf und geben seinen einzigen Vorzug preis.

Aus: Dieter E. Zimmer: Redens Arten. Über Trends und Tollheiten im neudeutschen Sprachgebrauch. Zürich: Haffmanns Verlag 1986, S. 35–38 (gekürzt)

Aufgaben-stellung	**Analysieren Sie den Text. Machen Sie die Position deutlich, die der Verfasser zu den dargestellten sprachlichen Entwicklungen bezieht.**

Lassen Sie sich von der Häufung von Fachausdrücken am Beginn des Textes nicht entmutigen. Zwar enthält er tatsächlich eine ganze Reihe von Fachbegriffen, doch der Verfasser baut die Erklärungen dieser Ausdrücke in der Regel geschickt in seinen Text ein, sodass sich das richtige Verständnis wie von selbst ergibt.

Die Aufgabenstellung ist Ihnen bereits bekannt. Sie können sich also zunächst darauf beschränken, die üblichen Erarbeitungsschritte für eine Textanalyse vorzunehmen. Der Zusatz in der Aufgabenstellung weist darauf hin, dass eine deutliche Kennzeichnung der Haltung des Autors zu den sprachlichen Entwicklungen, die er behandelt, erwartet wird. Dieser Teil der Aufgabenstellung spielt jedoch erst gegen Ende Ihres Aufsatzes eine Rolle, da ja zunächst die Gedankenschritte des Textes erst einmal zu ermitteln und darzustellen sind, um die vertretene Position zu durchschauen.

Aufgabe 7	Schreiben Sie einen kurzen Einleitungsteil mit den üblichen Angaben zu Text und Verfasser und zur Thematik.
Aufgabe 8	Gliedern Sie den Text in Abschnitte und machen Sie sich Notizen zum Inhalt der Abschnitte.
Aufgabe 9	Beginnen Sie nun mit dem Hauptteil: Stellen Sie die Aussagen des Textes dar und klären Sie dabei zugleich ihren gedanklichen Zusammenhang. Untersuchen und erläutern Sie zudem die sprachliche Gestaltung des Textes.
Aufgabe 10	Formulieren Sie die abschließende Zusammenfassung und achten Sie darauf, die Position des Verfassers differenziert abzuwägen.

Weitere Aufgabenstellungen für die analytische Arbeit mit Sachtexten

Eingrenzende Aufgabentypen

Statt der eben behandelten, sehr häufigen Aufgabenstellung *Analysieren Sie den Text* können Ihnen auch andere Arbeitsanweisungen begegnen. Oft ist mit ihnen eine Einschränkung oder Zuspitzung verbunden, die der Analyseaufgabe eine bestimmte Zielrichtung vorgibt oder auch, besonders im Grundkurs, den zeitlichen Rahmen, der für die Bearbeitung der Aufgabe notwendig ist, begrenzen soll. Solche eingrenzenden Aufgabenstellungen können beispielsweise lauten:

Aufgabenstellung

Geben Sie die Kernaussage des Textes wieder, oder auch:
Erschließen Sie die Kernaussage des Textes.

Diese Arbeitsaufträge sollen nun auf den folgenden literaturtheoretischen Text aus dem frühen 20. Jahrhundert angewendet werden. Gottfried Benn (1886 bis 1956) beschreibt darin die Veränderungen der Wirklichkeit, die bald nach 1900 zur Entstehung der neuen und damals viele Leute schockierenden Kunstrichtung des so genannten Expressionismus beitrugen.

Franz Marc (1880–1916):
Kleine Komposition (II)
(Haus mit Bäumen) (1916)

Text **Gottfried Benn zum Expressionismus**

[...] Ganz primitiv wäre es, diese Bewegung als Opposition gegen den vorangegangenen naturalistischen Stil zu sehen. Dieser naturalistische Stil war ihr vollkommen gleichgültig, aber die Wirklichkeit, diese sogenannte Wirklichkeit, die stieß ihr auf. Es gab sie ja gar nicht mehr, es gab nur noch ihre Fratzen. Wirklichkeit, das war ein kapitalistischer Begriff. Wirklichkeit, das waren Parzellen, Industrieprodukte, Hypothekeneintragung, alles was mit Preisen ausgezeichnet werden konnte bei Zwischenverdienst. [...]

Wirklichkeit, Europas dämonischer Begriff: Glücklich nur jene Zeitalter und Generationen, in denen es eine unbezweifelbare gab, welch tiefes erstes Zittern des Mittelalters bei der Auflösung der religiösen, welche fundamentale Erschütterung jetzt seit 1900 bei Zertrümmerung der naturwissenschaftlichen, der seit 400 Jahren „wirklich" gemachten. Ihre ältesten Restbestände lösten sich auf, und was übrigblieb, waren Beziehungen und Funktionen; irre, wurzellose Utopien; humanitäre, soziale oder pazifistische Makulaturen, durch die lief ein Prozeß an sich, eine Wirtschaft als solche, Sinn und Ziel waren imaginär, gestaltlos, ideologisch [...]. Auflösung der Natur, Auflösung der Geschichte. Die alten Realitäten Raum und Zeit: Funktionen von Formeln; Gesundheit und Krankheit: Funktionen von Bewußtsein; selbst die konkretesten Mächte wie Staat und Gesellschaft substantiell gar nicht mehr zu fassen, immer nur der Betrieb an sich, immer nur der Prozeß als solcher [...].

Das war 1910–1920, das war die untergangsgeweihte Welt, der Betrieb, das war der Funktionalismus, reif für den Sturm, der dann kam, aber vorher waren nur diese Handvoll von Expressionisten da, diese Gläubigen einer neuen Wirklichkeit und eines alten Absoluten, und hielten mit einer Inbrunst ohnegleichen, mit der Askese von Heiligen, mit der todsicheren Chance, dem Hunger und der Lächerlichkeit zu verfallen, ihre Existenz dieser Zertrümmerung entgegen. Zu einer Zeit, als die Romanschriftsteller, sogenannte Epiker, aus maßlosen Wälzern abgetakeltste Psychologie und die erbärmlichste Weltanschauung, als Schlagerkomponisten und Kabarettkomiker aus ihren Schenken und Kaschemmen ihren fauligsten gereimten Geist Deutschland zum Schnappen vorwarfen, trug der Kern dieser neuen Bewegung, diese fünf bis sechs Maler und Bildhauer, diese fünf bis sechs Lyriker und Epiker, diese zwei bis drei Musiker – trug er die Welt. [...]

Von Goethe bis George und Hofmannsthal hatte die deutsche Sprache eine einheitliche Färbung, eine einheitliche Richtung und ein einheitliches Gefühl, jetzt war es aus, der Aufstand begann. Ein Aufstand mit Eruptionen, Ekstasen, Haß, neuer Menschheitssehnsucht, mit Zerschleuderung der Sprache zur Zerschleuderung der Welt. [...]

Aus: Gottfried Benn: Sämtliche Werke. Stuttgarter Ausgabe. Band VI: Prosa 4 (1951–1956).
In Verb. m. Ilse Benn hrsg. v. Holger Hof.
Klett-Cotta, Stuttgart 2001.

Für die Lösung der Aufgabe sollten Sie sich Kenntnisse über den Expressionismus in Erinnerung rufen. Dieser Begriff bezeichnet die Literatur und Kunst der Umbruchsituation etwa zwischen 1910 und 1920, in der die schon fortgeschrittene Modernisierung der Wirtschaft- und Arbeitswelt mit wissenschaftlichen und politischen Umbrüchen zusammentraf und schließlich nach der Katastrophe des Ersten Weltkriegs eine neue Lebenswirklichkeit entstehen ließ.

Die ersten Arbeitsschritte, die Sie im vorigen Kapitel auf die Textanalyse angewendet haben, sind für jedes Textverständnis und damit auch für die Lösung dieser Aufgabenstellung erforderlich. Denn gerade die **Kernaussage** eines Textes richtig zu treffen, setzt gründliches Verstehen voraus.

Es ist im Rahmen dieser eingegrenzten Aufgabenstellung jedoch *nicht* notwendig, die Gliederung und die Entwicklung des Gedankengangs über eine stichwortartige Zusammenstellung hinaus auszuformulieren.

Auch eine Beschäftigung mit der sprachlichen Gestaltungsweise ist bei dieser Aufgabenstellung nicht gefordert. Eine schriftliche Lösung wird daher bedeutend knapper ausfallen, als es bei der Textanalyse der Fall gewesen ist.

Die Anforderungen reduzieren sich demnach auf die folgenden Arbeitsschritte:

Arbeitsschritte für die Darstellung der Kernaussage eines Textes

Vorarbeiten
- Genaues **Lesen und Verstehen** des Textes
  Unterstreichen wichtiger Begriffe und Aussagen; gegebenenfalls: Nachschlagen von Fremdwörtern
- **Kurzes** stichwortartiges **Kennzeichnen der Thematik** des Textes
- Ermitteln des **gedanklichen Aufbaus** des Textes mithilfe einer stichwortartigen **Gliederung**
- Schlussfolgern der **wesentlichen Aussage** des Textes auf der Basis des ermittelten Gedankengangs

Schriftliche Darstellung
- Formulieren der **wesentlichen Aussage** in möglichst eigenständiger Sprache

Aufgabe 11 Wenden Sie die Arbeitsschritte 1 bis 4 (also die Schritte der „Vorarbeiten") auf den voranstehenden Text von Gottfried Benn an und halten Sie Ihre Ergebnisse jeweils in Stichworten fest.

Aufgabe 12: Schreiben Sie nun die wesentliche Aussage des Textes in möglichst präziser und selbstständiger Formulierung auf.
Stellen Sie ihren Ausführungen wieder eine knappe Einleitung voran, wie Sie es schon im vorherigen Kapitel geübt haben.

Egon Schiele (1890–1918): Der Häuserbogen oder Inselstadt (1914)

Die endgültige schriftliche Fassung Ihrer Darstellung orientiert sich damit an dem folgenden Aufbauschema:

Aufbauschema für die schriftliche Darstellung der Kernaussage eines Textes
1. **Einleitung**
   - kurze Angaben zum **Autor** und zum **Entstehungskontext** des Textes
   - knappe Kennzeichnung der **Thematik**
2. Darstellen der **wesentlichen Aussage** des Textes mit eigenen Worten

Aufgaben, die über eine Textanalyse hinausführen

Häufig sind auch Aufgabenstellungen, in denen über die Textanalyse hinaus noch eine kritische Auseinandersetzung mit dem vorgelegten Text verlangt wird, wie das im folgenden Beispiel der Fall ist.

1 Sachtextanalyse mit kritischer Stellungnahme

Aufgabenstellung: Analysieren Sie den Text Ecos und nehmen Sie zu ihm Stellung.

Text: Umberto Eco über Mobiltelefone und ihre Nutzer

Es ist leicht, sich über die Besitzer von Mobiltelefonen lustig zu machen. Man muss nur sehen, zu welcher der folgenden Kategorien sie gehören. Zuerst kommen die Behinderten, auch die mit einem nicht sichtbaren Handicap, die gezwungen sind, ständig in Kontakt mit dem Arzt oder dem Notdienst zu sein. Gelobt sei die Technik, die ihnen ein so nützliches Gerät zur Verfügung gestellt hat.

Dann kommen jene, die aus schwerwiegenden beruflichen Gründen gehalten sind, immer erreichbar zu sein (Feuerwehrhauptmänner, Gemeindeärzte, Organverpflanzer, die auf frische Leichen warten). [...] Für diese ist das Mobiltelefon eine bittere Notwendigkeit, die sie mit wenig Freude ertragen. Drittens die Ehebrecher. Erst jetzt haben sie, zum ersten Mal in der Geschichte, die Möglichkeit zum Empfang von Botschaften ihrer geheimen Partner, ohne dass Familienmitglieder, Sekretärinnen oder boshafte Kollegen den Anruf abfangen können. Es genügt, dass nur sie und er die Nummer kennen (oder er und er, sie und sie – andere mögliche Kombinationen entgehen mir). Alle drei aufgelisteten Kategorien haben ein Recht auf unseren Respekt. Für die ersten beiden sind wir bereit, uns im Restaurant oder während einer Beerdigungsfeier stören zu lassen, und die Ehebrecher sind gewöhnlich sehr diskret.

Zwei weitere Kategorien benutzen das Mobiltelefon jedoch auf eigene Gefahr (und nicht nur auf unsere). Zum einen die Leute, die nirgendwo hingehen können, ohne weiter mit Freunden und Angehörigen, die sie eben verlassen haben, über dies und das zu schwatzen. Es ist schwierig ihnen zu sagen, warum sie das nicht tun sollten: Wenn sie nicht imstande sind, sich dem Drang zur Interaktion zu entziehen und ihre Momente der Einsamkeit zu genießen, sich für das zu interessieren, was sie gerade tun, das Fernsein auszukosten, nachdem sie die Nähe gekostet haben, wenn sie nicht vermeiden können ihre Leere zu zeigen, sondern sie sich sogar noch auf ihre Fahnen schreiben, so ist das ein Fall für den Psychologen. Sie sind uns lästig, aber wir müssen Verständnis für ihre schreckliche innere Ödnis haben, müssen dankbar sein, dass wir besser dran sind, und ihnen verzeihen (doch hüten wir uns, der luziferischen Freude anheim zu fallen, nicht so zu sein wie jene da, das wäre Hochmut und Mangel an Nächstenliebe). Anerkennen wir sie als unsere leidenden Nächsten und leihen wir ihnen auch das andere Ohr.

Die letzte Kategorie (zu der, auf der untersten Stufe der sozialen Leiter, auch die Käufer von falschen Mobiltelefonen gehören) besteht aus Leuten, die öffentlich zeigen wollen, wie begehrt sie sind, besonders für komplexe Beratungen in geschäftlichen Dingen: Die Gespräche, die wir in Flughafen-Restaurants oder Zügen mit anhören müssen, betreffen stets Geldtransaktionen, nicht eingetroffene Lieferungen von Metallprofilen, Zahlungsmahnungen über eine Partie Krawatten und andere Dinge, die in den Vorstellungen des Sprechers sehr nach Rockefeller klingen. [...]

Diese Leute wissen nicht, dass Rockefeller kein Mobiltelefon braucht, da er ein so großes und effizientes Sekretariat hat, dass äußerstenfalls, wenn wirklich der Großvater im Sterben liegt, der Chauffeur kommt und ihm etwas ins Ohr flüstert. Der wahrhaft Mächtige ist der, der nicht gezwungen ist, jeden Anruf zu beantworten, im Gegenteil, er lässt sich – wie man so sagt – verleugnen. Auch auf der unteren Ebene des Managements sind die beiden Erfolgssymbole der Schlüssel zur Privattoilette und eine Sekretärin, die sagt: „Der Herr Direktor ist nicht im Hause."

Wer also das Mobiltelefon als Machtsymbol vorzeigt, erklärt damit in Wirklichkeit allen seine verzweifelte Lage als Subalterner.

Aus: Umberto Eco: Wie man mit einem Lachs verreist und andere nützliche Ratschläge. Übersetzt von Günter Memmert. München und Wien: Carl Hanser Verlag 1993, S. 169–171

Umberto Eco, 1932 geboren, ist Sprachwissenschaftler und Semiotiker (Zeichentheoretiker). Darüber hinaus ist er besonders als Romancier berühmt geworden. Sein bekanntestes Buch ist der Roman „Der Name der Rose" (1980, deutsche Erstausgabe 1982).

Die Formulierung der Aufgabenstellung macht deutlich, dass der Aufsatz zwei Teile enthalten soll: einen untersuchenden und einen erörternden Teil. Da zunächst eine Analyse verlangt ist, müssen als Erstes die Arbeitsschritte durchgeführt werden, die im ersten Kapitel geübt worden sind (vgl. S. 3 bis 18). Bei der schriftlichen Darstellung wird der analytische Teil – wie üblich – mit einer Zusammenfassung der Ergebnisse abgeschlossen. Dann folgt als ergänzender Gsichtspunkt die Stellungnahme: Hier, im zweiten Teil des Aufsatzes, formulieren Sie Ihre eigene Haltung zu den Aussagen des Textes.

Aufgabe 13 Führen Sie zunächst – nach dem bekannten Aufbauschema – eine schriftliche Analyse des Textes von Umberto Eco durch.

Nun kommt die *eigene Stellungnahme* an die Reihe. Das bedeutet, dass Sie sich eine Meinung bilden und dann darlegen müssen, ob und warum Sie dem Text oder einigen seiner Aussagen kritisch gegenüberstehen oder ihm mehr oder weniger zustimmen. Ihre Stellungnahme muss sich nicht nur auf inhaltliche Aussagen beziehen. Sie können vielmehr auch die sprachliche Form und die Art und Weise, wie sich der Autor an den Leser wendet, in Ihre Überlegungen mit einbeziehen.

Entscheidend ist, dass Sie sich klar machen, wo Sie mit ihrer Stellungnahme ansetzen können. Die folgenden Vorschläge für kritisch prüfende Fragestellungen sollen Ihnen dabei helfen:

> **Frageansätze für eine Stellungnahme**
> - Wie beurteilen Sie die Gesamtaussage des Textes?
> - Gibt es einzelne Aussagen, die Sie besonders überzeugen – und woran liegt das?
>   Können Sie die Begründungen und Beispiele des Verfassers gut nachvollziehen?
> - Gibt es einzelne Aussagen, die Ihnen überhaupt nicht einleuchten – und woran liegt das?
>   Fehlen Begründungen, überzeugen Sie die Begründungen nicht, sind die Beispiele ungeeignet?
> - Ist die sprachliche Darstellungsweise klar und überzeugend?
>   Oder entdecken Sie Brüche oder widersprüchliche Formulierungen?
> - Gibt es Begriffe oder Ausdrucksweisen, die Ihnen völlig unpassend vorkommen – und woran könnte das liegen?

Aufgabe 14 Notieren Sie sich in Stichworten, welchen Ausführungen Umberto Ecos Sie zustimmen und welchen Sie ablehnend gegenüberstehen.

Aufgabe 15 Wie beurteilen Sie die Art der sprachlichen Darstellung, die Eco verwendet? Schreiben Sie auch hierzu ein paar Stichworte auf.

Aufgabe 16 Verfassen Sie nun auf der Basis Ihrer Überlegungen zu den beiden vorherigen Aufgaben eine Stellungnahme zu Ecos Text, in der Zustimmung und Kritik aufgenommen und zusammenhängend formuliert sind.

2 Analyse und Erörterung eines Sachtextes

Aufgabenstellungen, in der die Textanalyse durch einen weiter gehenden Arbeitsauftrag ergänzt ist, können auch in der Form auftreten, dass die Aussagen des Textes sachlich und gründlich auf ihre Richtigkeit und Überzeugungskraft hin zu untersuchen sind (während bei der soeben geübten Aufgabenstellung lediglich eine persönliche Stellungnahme erwartet wurde). Der **Operator**, der eine solche ausführliche sachliche und kritische Untersuchung signalisiert, lautet: „... und *erörtern* Sie ...".

Aufgabenstellung **Analysieren Sie den Text von Friedrich Lienhard und erörtern Sie sein Verständnis von Literatur.**

Ball im Kabarett „Überbrettl" in Berlin. Szene aus dem Jahr 1902. Links am Tisch der Schriftsteller Ernst von Wolzogen mit seiner Frau.

Text **Friedrich Lienhard: Literatur-Jugend von heute, 1900 (Ausschnitt)**

1 Und nun: Ihr von heute, was habt ihr uns eigentlich zu spenden und zu gestalten an Überschüssen markiger Lebens- und Seelenkraft vorbildlicher Persönlichkeit?
5 Jede Persönlichkeit braucht einen gewissen Spielraum, eine gewisse Bewegungsfreiheit, braucht Ellbogenweite und einen einsamen, aber menschennahen Hügel des Überschauens. Sie gedeiht nicht
10 im abschleifenden Gewimmel, sie kann nicht breit und voll und tief werden in der Hast des Werktags. So groß die Gefahr der Einsamkeit ist, weil unsere besten Charakterkräfte ja erst durch Reibung
15 der Gegensätze entfaltet werden: *heute* ist die Gefahr viel größer, im demokratisch-nivellierenden Gewimmel zu verflachen und der Kräfte gesammelten Gemütes bar zu werden. Massenansammlungen und
20 dauernde Geselligkeit, wie sie jetzt durch das Anwachsen der Großstädte, der Industrie usw. über die menschliche Gesellschaft hereinbrechen, drohen die seelische Sammlung des einzelnen zu ersti-
25 cken. In Fabriken oder Setzereien, in Literaten-Cliquen, Vereinen, Redaktionen,

Bureaus und Kasernen gedeiht an und für sich nicht das beste Menschentum; da gedeiht wesentlich Rührigkeit, Geschäftsklugheit, und last not least der verflachende Witz. So viel wertvolle Arbeitstüchtigkeit in diesen Räumen zu spüren ist: – über das tiefere und reinere Gemütsleben legt sich der Staub des dortigen Aufenthalts ebenso wie über die Lungen. Und wir Menschen – ich sage: Menschen –, die in diesen Gebäuden mit vielen anderen zusammen Nummern und Maschinenschrauben sein müssen: wir haben alle Ursache, außerhalb der Bureaustunden den *wahren*, den *höheren* Menschen wieder aufzurichten und in seinem Stolz und Persönlichkeitsbewußtsein zu heben. Nicht am Biertisch, nicht beim Skat, nicht in zerreibender Gesellschaft – wohl aber mit Mitteln, die das Gemütsleben fördern und die Seele adeln.

Und hier setzt der Kulturwert der Poesie, der Kunst und Religion ein. Ihr Literaten habt ja alle Fühlung mit den Gemütswerten der deutschen Familie, mit dem deutschen Volksgeist da draußen über das Reich hin verloren! Ihr überschaut nicht mehr weitsichtig und weitherzig diese buntfarbenen Landschaften und Berufe unseres großen Volkes; ihr fühlt euch nicht mehr als Sprecher zu vielen guten Menschen eurer deutschen Sprache, ja zu den Besten euerer Zeit und Nation; es fällt euch nicht ein, euch zu Männern und Helden zu erziehen oder euch eins zu fühlen mit dem All-Geist. Ziellos euren künstlerischen Einfällen, Grübeleien oder feuilletonistischen Geistreicheleien hingegeben, formt ihr eure eigene Unreife zu „interessantem Kunstwerk", lasst euch genügen am Zuhören eines verschwindenden Bruchteils unseres Volkes, eines Bruchteils, der sich noch dazu, nach Lage der Dinge, meist aus Emporkömmlingskreisen zusammensetzt, die ja in Kunstsalons, Konzerten und Premieren leider das überwiegende Publikum bilden und von Berlin aus den Kunstfreunden im Reiche – soweit sich das Volk überhaupt noch um diese fein differenzierte Literatur kümmert – den Geschmack aufzwingen. Religion ist Privatsache, sagt die Sozialdemokratie; man könnte hier ebenso hinzufügen: diese Literatur ist Salonsache.

So ist die Gesamtlage. Kein Vertuschen hilft da etwas. In unserer Literatur ist nicht der Pulsschlag der Volksseele. Weder Ibsen noch Strindberg oder Zola sind eigentliche Lebenskräfte für die Deutschen geworden; und das sind bedeutende Vertreter des Zeitgeistes. Vollends überflüssig ist aber das Gewimmel der Bohemiens, das sich jetzt in die Literatur und in die Presse drängt. Zu viel Gehirn, zu wenig Herz!

Wer heut mit ernstem Wollen, mit stolzem Nationalbewusstsein und reichem Vorrat an Gemüts- und Geisteskräften, aber eben so regem Gefühl für die Gesamtheit dieser deutsch fühlenden und deutsch sprechenden Menschen in die Dichtung eintritt, der sieht sich schmerzlich erstaunt vor die bange Wahl gestellt: *Volk oder Literatur? Menschentum oder Künstelei?* Mensch sein ist auf alle Fälle wichtiger als Literat sein. [...]

Aus: Friedrich Lienhard: Literatur-Jugend von heute. In: Neue Ideale. Leipzig und Berlin 1901, S. 234–258

Friedrich Lienhard (1865–1929) war ein konservativ ausgerichteter Schriftsteller und bekämpfte die Naturalisten und später noch andere moderne Kunstrichtungen. Seine Kritik an der Literatur seiner Zeit stimmte mit der Meinung eines großen Teils der bürgerlichen Leser überein. Später wurden seine Gedanken von Befürwortern der völkischen und nationalsozialistischen Literatur weitergeführt, ohne dass man seine eigene christliche Grundposition beachtete.

Weitere Aufgabenstellungen für die analytische Arbeit mit Sachtexten

Angesichts der Länge der Textvorlage könnte – vor allem in der **Grundkursarbeit** – die Analyseaufgabe auch auf eine nur inhaltliche Untersuchung beschränkt werden und dann beispielsweise so formuliert werden:

Aufgabenstellung
Stellen Sie die Aussagen Lienhards in ihrer gedanklichen Entwicklung dar und erörtern Sie sein Verständnis von Literatur.

Betrachten wir zunächst die erste Aufgabenstellung. Als Erstes müssen hier – angezeigt durch den Operator *Analysieren Sie...* – die schon bekannten analytischen Arbeitsschritte durchlaufen und in Aufsatzform nach dem dreiteiligen Aufbauschema (siehe hierzu die Seiten 5 und 12) zusammenfassend dargestellt werden.

Als weiterer Arbeitsauftrag kommt die **Erörterungsaufgabe** hinzu. Sie ist hier – und so wird es meist bei Aufgaben dieser Art der Fall sein –, von vornherein auf einen vorgegebenen Aspekt beschränkt, damit die zweiteilige Aufgabe (Analyse und Erörterung) im zeitlichen Rahmen der Abiturprüfung bewältigt werden kann. Dieser eingeschränkte Arbeitsauftrag enthält damit zugleich mittelbar auch die Information, dass in der vorausgehenden Untersuchung des Textes eben dieser Aspekt – nämlich Friedrich Lienhards Verständnis von Literatur – besonders ins Blickfeld gerückt werden muss, damit die Argumentation im zweiten Teil des Aufsatzes sinnvoll auf die Textanalyse aufbauen kann.

Auf dieser Argumentation liegt dann der zweite Schwerpunkt der Klausur: Erörtern bedeutet, die Position(en), die der Text enthält – beziehungsweise die in der Aufgabe vorgegebene Problemstellung –, kritisch, aber sachlich abzuwägen. Dabei sind nicht nur die Aussagen, sondern ist auch die Argumentationsweise des Textes auf ihr Für und Wider hin zu überprüfen. Auch muss bedacht werden, ob den im Text vertretenen Positionen nicht eine konträre Position gegenübergestellt werden kann. Zum Schluss muss erkennbar werden, welche Argumente und Positionen Ihnen besonders stichhaltig erscheinen, ohne dass Sie gleichsam die Haltung des neutralen Beobachters aufgeben.

Aufgabe 17 Analysieren Sie den Text von Friedrich Lienhard. Konzentrieren Sie sich dabei auf den Aspekt, der für den Erörterungsteil des Aufsatzes vorgegeben ist.

Nun kommt die Erörterungsaufgabe an die Reihe:

Aufgabe 18   Notieren Sie zunächst einmal in Stichworten, am besten in einer tabellarischen Gegenüberstellung von Pro und Kontra, was Ihnen **für** und was **gegen** die von Lienhard vorgetragene Auffassung zu sprechen scheint.

Um wirklich sachgemäß abwägen zu können, müssen nicht nur die im untersuchten Text enthaltenen Behauptungen unter die Lupe genommen werden, sondern auch die Bemühungen des Verfassers, seine Behauptungen plausibel zu machen.

Ein überzeugender Gedankengang darf nicht nur auf **Thesen**, also noch unbewiesenen Sätzen, beruhen, sondern er muss wirkliche **Argumente** enthalten. **Argumente entstehen, wenn Thesen mit Begründungen versehen werden.** Die Qualität eines Arguments – und damit die Überzeugungskraft einer Position – hängt wesentlich davon ab, wie leicht oder schwer es sich widerlegen lässt.

Man kann zur Begründung zum Beispiel
- lediglich unbewiesene Aussagen, Behauptungen, persönliche Meinungen oder Empfindungen heranziehen

oder man kann – und das ist viel überzeugender –
- zur Beweisführung auf Fakten, auf allgemein gültige oder verallgemeinerbare Aussagen oder auf wissenschaftlich überprüfbare Ergebnisse zurückgreifen.

Das Niveau der Begründungen entscheidet über die Überzeugungskraft der Darstellung. Das veranschaulicht die folgende Übersicht:

Prüfung der Qualität von Begründungen in Sachtexten

Wird argumentiert mit:
- persönlichen Eindrücken und Meinungen?
- individuellen Gefühlen?
- individuellen Erfahrungen und Erkenntnissen anhand von Einzelfällen?
- individuellen Erfahrungen und Erkenntnissen aufgrund mehrfacher Vorkommnisse?
- verallgemeinerbaren Aussagen, das heißt Aussagen, denen möglichst viele Menschen zustimmen können?
- allgemein gültigen Aussagen, das heißt Aussagen, die für jeden Menschen Gültigkeit haben?
- Fakten und wissenschaftlich belegten Erkenntnissen beziehungsweise Aussagen?

Aufgabe 19 Prüfen Sie mithilfe der Übersicht, wie überzeugend die Beweisführung ist, die Lienhard in seinem Text verwendet. Halten Sie Ihre Überlegungen zunächst in Stichworten fest.

Aufgabe 20 Stellen Sie Ihre bisherigen Überlegungen zur Erörterung von Lienhards Position nun im Zusammenhang dar.

Moderner Künstler im bürgerlichen Gewand: der Maler Gustav Klimt (Mitte), der berühmteste Vertreter des Wiener Jugendstils, beim Frühstück im Wiener Tivoli (1900)

Um sich den **Unterschied zwischen den beiden Aufgabenstellungen** auf den Seiten 22 und 24 ganz klar zu machen, sollten Sie nun noch eine Lösung zur ersten Teilaufgabe der zweiten Aufgabenstellung schreiben:
Stellen Sie die Aussagen Lienhards in ihrer gedanklichen Entwicklung dar [...].

Die **Einschränkung** gegenüber dem Arbeitsauftrag *Analysieren Sie [...]* liegt offenkundig darin, dass in diesem Fall nur nachvollzogen werden soll, wie der Autor seine Ideen in dem Text entwickelt (während in der ersten Arbeitsanweisung eine komplette Textanalyse verlangt ist). Die Lösung von Aufgabe 21 sollte entsprechend deutlich kürzer ausfallen als die Lösung von Aufgabe 17.

Aufgabe 21 Stellen Sie die Aussagen Lienhards in ihrer gedanklichen Entwicklung dar.

3 Analyse einer Rede mit Schwerpunkt auf der sprachlichen Analyse

In den bisherigen Aufgaben lag der Schwerpunkt der kritischen Analyse eines Textes auf der Untersuchung der **inhaltlichen** Gesichtspunkte. Eine andere Möglichkeit der Aufgabenstellung besteht jedoch darin, die **sprachliche Form** in den Vordergrund zu rücken. Das wird besonders dann der Fall sein, wenn ein Text vorgelegt wird, der darauf abzielt, vor allem durch die **Mittel seiner sprachlichen Gestaltung die Rezipienten zu beeinflussen**. Ein solcher – so genannter appellativer – Text kann zum Beispiel dem Ziel dienen, im Leser bestimmte Vorstellungen und Überzeugungen hervorzurufen oder ihn zu Handlungen zu veranlassen, die ihm von selbst nicht in den Sinn gekommen wären. Besonders deutlich werden diese Möglichkeiten der **sprachlichen Beeinflussung** in politischen Reden greifbar, die sowohl ihrem Inhalt als auch ihrer Sprache nach zum Zwecke der Agitation oder der Propaganda eingesetzt werden.

Oft wird daher auch in Prüfungsaufgaben auf die **Textsorte der Rede** zurückgegriffen, wenn die appellative und manipulative Kraft von Sprache untersucht werden soll.

In einer politisch, militärisch und damit auch rhetorisch schwierigen Situation hat Hitler mithilfe der folgenden Rede versucht, die nationalsozialistischen Ziele weiterhin durchzusetzen.

Zum historischen Hintergrund von Hitlers Rede
1934 hatten die Nationalsozialisten den 1922 vom *Volksbund Deutsche Kriegsgräberfürsorge* ins Leben gerufenen „Volkstrauertag" zur Erinnerung an die Gefallenen des Ersten Weltkriegs in „Heldengedenktag" umbenannt. Der neue „Heldengedenktag", der nun als Kundgebung politischer Macht und nationaler Kampfbereitschaft begangen wurde, fand erstmals am 25. Februar 1934 statt und wurde drei Tage später zum Nationalfeiertag erklärt. In den Folgejahren wurde der „Heldengedenktag" jeweils an einem Sonntag im März abgehalten. Im Jahre 1943 war die Feier dieses Gedenktages aufgrund der erst kurze Zeit zurückliegenden katastrophalen Niederlage der deutschen Armee in Stalingrad am 18. Februar 1943 zunächst verschoben worden, doch konnte Hitler nicht einfach schweigen, wenn er nicht in Kauf nehmen wollte, dass ein solches Schweigen als entmutigendes Signal aufgefasst würde. Unmittelbare Teilnehmer am „Heldengedenktag" waren vor allem Soldaten und deren Angehörige sowie Parteileute; aber durch Zuschaltung des damals modernen Mediums Rundfunk war auch die gesamte Bevölkerung in die Feier mit einbezogen.

Text: **Hitler zum „Heldengedenktag" (21. März 1943)**

Zum vierten Male begehen wir den Heldengedenktag unseres Volkes in diesem Raume. Die Verlegung der Frist fand statt, weil ich glaubte, erst jetzt die Stätten meiner Arbeit, an die ich seit Monaten gebunden war, mit ruhigem Gewissen verlassen zu können. Denn dank dem Opfer- und Heldentum unserer Soldaten der Ostfront ist es gelungen, nunmehr endgültig die Krise, in die das deutsche Heer – durch ein unverdientes Schicksal – gestürzt worden war, zu überwinden, die Front zu stabilisieren und jene Maßnahmen einzuleiten, die den vor uns liegenden Monaten wieder den Erfolg bis zum endgültigen Sieg sichern sollen.

[…]

Wenn es noch notwendig gewesen wäre, um unserem Volk den ganzen Ernst dieser gigantischen Auseinandersetzung zu Lande, auf den Meeren und in der Luft auf Leben und Tod zu erläutern, dann hat vor allem der zurückliegende Winter auch die letzten Zweifel darüber beseitigt. Die Steppen des Ostens haben noch einmal ihre Millionenmassen sich gegen Europa wälzen lassen. Vorwärtsgepeitscht von der gleichen Macht, die seit alters her Kriege organisiert, an ihnen profitiert und damit gerade im heutigen Zeitalter kapitalistische Interessen und bolschewistische Instinkte dem gleichen Ziele dienen lässt.

Wie groß die Gefahr einer Überrennung des ältesten Kulturkontinents der Welt in diesem Winter war, bleibt der Darstellung der späteren Geschichtsforschung überlassen. Dass sie nunmehr gebrochen und damit von Europa abgewendet wurde, ist das unvergängliche Verdienst jener Soldaten, deren wir heute gedenken.

Aber schon der Blick in die gigantischen Vorbereitungen, die der Bolschewismus zur Vernichtung unserer Welt getroffen hat, lässt mit Schaudern erkennen, wohin Deutschland und der ganze übrige Kontinent geraten wären, wenn nicht die nationalsozialistische Bewegung vor zehn Jahren die Macht im Staat erhalten hätte und mit der ihr eigenen Entschlossenheit nach zahllosen fehlgeschlagenen Bemühungen einer Rüstungsbeschränkung den Wiederaufbau der deutschen Wehrmacht eingeleitet haben würde. Denn das Weimarer Deutschland unserer zertrümmlerisch-marxistisch-demokratischen Parteienwirtschaft wäre durch diesen Ansturm Innerasiens hinweggefegt worden wie Spreu von einem Orkan.

Immer klarer erkennen wir, dass die Auseinandersetzung, in der sich seit dem Ersten Weltkrieg Europa befindet, allmählich den Charakter eines Kampfes annimmt, der nur mit den größten geschichtlichen Ereignissen der Vergangenheit verglichen werden kann. […]

Aus: Max Domarus: Hitler. Reden und Proklamationen 1932–1945. Band II. Zweiter Halbband 1941–1945. Wiesbaden: Löwit Verlag 1973, S. 1999f.

Die Aufgabe zu diesem Text könnte folgendermaßen lauten:

Aufgabenstellung: **Analysieren Sie die Rede und arbeiten Sie dabei vor allem die sprachliche Strategie des Sprechers kritisch heraus.**

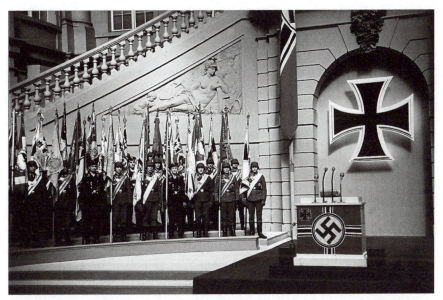

Inszenierung von Volkstrauer im Nationalsozialismus: Fahnenabordnungen von Heer, Marine und Luftwaffe sind im Lichthof des Zeughauses (Berlin, Unter den Linden) zur Feier des *Heldengedenktags* am 21. März 1943 angetreten.

Die Analyse einer Rede gleicht zu großen Teilen den bisher geübten Formen der Sachtextanalyse.
Zwei Aspekte sind neu: Im Allgemeinen ist die Rede stark von der kommunikativen Situation geprägt, in der sie gehalten wurde. Ihr **Anlass** ist deshalb eigens in der Analyse zu berücksichtigen. Auch ist zu untersuchen, welches die **Adressaten** der Rede sind und wie dieser besondere Adressatenkreis die Art der Rede beeinflusst. Diese Aspekte behandeln Sie zu Anfang Ihrer Darstellung in der **Herausarbeitung der Redesituation**. Die folgenden Fragen helfen Ihnen, das Besondere der jeweiligen Redesituation zu ermitteln:

Fragen zur Erschließung einer Redesituation
- Aus welchem Anlass wird die Rede gehalten?
- Welche Position vertritt der Redner?
- Was lässt sich über die Zusammensetzung der Hörerschaft ermitteln und welche Folgerungen ergeben sich daraus für den Redner und seine Vorgehensweise?
- Was für eine Art von Beziehung ist zwischen dem Redner und seinen Hörern vorauszusetzen?
- Welche Ziele will der Redner mit seiner Rede erreichen?
- Welche Schwierigkeiten und Probleme ergeben sich aus der Situation für den Redner?

Die zweite Hälfte der Aufgabenstellung – *[…] arbeiten Sie dabei vor allem die sprachliche Strategie des Sprechers heraus* – spricht ausdrücklich den **anderen neuen Gesichtspunkt** der Sachtextanalyse an: die Bedeutung und ausführliche Herausarbeitung der **sprachlichen Gestaltungsweise**, die der Sprecher zur Realisierung seiner Ziele einsetzt.

Wenn Redner und Zuhörer weitgehend der gleichen Auffassung sind, ist es leicht, begeisterte Zustimmung hervorzurufen. Anders ist das, wenn sich der Redner eher der Zurückhaltung, den Zweifeln oder sogar dem Misstrauen der Hörerschaft ausgesetzt sieht. Dann wird sich ein Sprecher bemühen, seine Hörer mithilfe einer ausgefeilten rhetorischen Strategie in seinem Sinne zu beeinflussen. Wenn der Hörer nicht imstande ist, die sprachlichen Kunstgriffe des Sprechers zu erkennen und zu durchschauen, lässt sich die rhetorische Kunst zu seiner Manipulation missbrauchen.

In jeder Redeanalyse spielt daher die Untersuchung der sprachlichen Gestaltung und der Absichten, die darin zum Ausdruck kommen, eine zentrale Rolle. Dieser Teil der Analyse wird im Folgenden gründlich trainiert.

Beim **Aufbau** Ihrer Redeanalyse können Sie sich im Wesentlichen an der Struktur einer Sachtextanalyse orientieren (vgl. S. 12). Die neuen Analyseaspekte werden sinnvoll in das bekannte Schema integriert.

Schema für den Aufbau einer schriftlichen Redeanalyse

1. Einleitung
Darstellung der Redesituation
- Anlass der Rede
- grundsätzliche Ziele der Rede
- Verhältnis zwischen Sprecher und Hörerschaft
- besondere Problemlage aufgrund der Redesituation

2. Hauptteil
- Untersuchung der Gliederung der Rede
- Darstellung und Erläuterung der Hauptaussagen und des Gedankengangs
- Analyse der rhetorischen Mittel der Rede mit Blick auf deren Wirkung

3. Schlussteil
- Zusammenfassung der inhaltlichen Ziele und sprachlichen Kunstgriffe des Redners
- Kritische Beurteilung der Redestrategie

Aufgaben, die über eine Textanalyse hinausführen | 31

Aufgabe 22 Ermitteln Sie mithilfe der Erschließungsfragen auf Seite 29 die wesentlichen Faktoren, die die Redesituation bestimmen.
Schreiben Sie dann die Einleitung der Redeanalyse, indem Sie die Ergebnisse Ihrer Überlegungen zusammenfassen.

Aufgabe 23 Arbeiten Sie heraus, wie die Rede gegliedert ist, und fassen Sie die jeweils wesentlichen Aussagen der einzelnen Abschnitte knapp zusammen.

Nun geht es um die **detaillierte Analyse der Redestrategie**.
Dazu ist es notwendig, die **inhaltlichen** Aussagen des Sprechers zu erläutern und zusätzlich zu prüfen, wie sie durch **sprachliche Gestaltungsmittel** zur Geltung gebracht werden.

> **Vier wichtige Leitfragen für die Untersuchung politischer Reden**
> - Wie stellt der Redner seine **eigene Person** beziehungsweise seine Parteigänger sprachlich und inhaltlich dar?
> - Wie stellt der Redner seine **Gegner** dar?
> - Wie charakterisiert er das **Verhältnis** zum Gegner?
> - Welche **Ziele** entwirft er und wie hebt er sie rhetorisch hervor?

Die Analyse der **sprachlichen** Darstellungsweise wird deutlich erleichtert, wenn man mit den wichtigsten rhetorischen Mitteln, mit denen ein Redner auf seine Zuhörer Einfluss zu nehmen versucht, gut vertraut ist. Zur Erinnerung sind daher auf der nächsten Seite in einer tabellarischen Übersicht

Heldengedenktag im Jahre 1943. Adolf Hitler bei seiner Ansprache.

besonders gebräuchliche rhetorische Mittel zusammengestellt. Eine ausführlichere Liste enthält der Band *Prüfungswissen Oberstufe* von Werner Winkler (Freising: Stark Verlag 2000, Titel-Nr. 94400, dort S. 17–22).

Übersicht über wichtige rhetorische Mittel

Alliteration	Wiederholung des Anfangsbuchstabens bei Wörtern
Anapher	Wiederholung von Wörtern am Anfang von Sätzen bzw. Teilsätzen
Antithese	Gegenüberstellung von Begriffen oder Aussagen
Apostrophe	Anrede von Dingen, abstrakten Begriffen und Göttern
Correctio	Zurücknahme eines schwächeren Ausdrucks und Ersetzung durch einen stärkeren zum Zweck besonderer Hervorhebung
Ellipse	unvollständiger Satzbau
Emphase	nachdrückliche Betonung mithilfe der Stimmführung
Euphemismus	beschönigende Ausdrucksweise
Geminatio	Wiederholung eines Wortes oder einer kurzen Phrase in direkter Folge
Hendiadyoin	Betonung einer Aussage, indem sie durch zwei annähernd bedeutungsgleiche, mit „und" verbundene Nomen ausgedrückt wird
Hyperbaton	Abweichung von der üblichen Wortstellung
Hyperbel	übertreibende Darstellungsweise
Inversion	Umkehrung der üblichen Wortstellung im Satz, meist nur bezogen auf die Position von Subjekt und Prädikat
Klimax	Steigerung
Litotes	(oft ironisierende) Bejahung durch doppelte Verneinung
Metapher	bildhafte Darstellungsweise
Metonymie	Ersetzung eines gebräuchlichen Wortes bzw. Begriffes durch ein anderes, das mit ihm in enger Beziehung steht, zum Beispiel „Berlin" für die Regierung der Bundesrepublik
Neologismus	Wortneubildung
Oxymoron	Kombination eigentlich gegensätzlicher Begriffe
Parallelismus	Wiederholung derselben Satzstruktur in Sätzen oder Nebensätzen
Anaphorischer Parallelismus	Wiederholung derselben Satzstruktur mit Anaphern am jeweiligen Satzbeginn
Periphrase	Umschreibung eines Begriffs, eines Sachverhalts
Personifikation	vermenschlichende Darstellungsweise
Pleonasmus	übertrieben ausführliche Gestaltung einer Aussage durch Verwendung mehrerer bedeutungsgleicher oder -ähnlicher Wörter
Synästhesie	Vermischung unterschiedlicher Sinneswahrnehmungen
Synekdoche	Ein Teil wird statt des Ganzen genannt oder umgekehrt

Aufgaben, die über eine Textanalyse hinausführen | 33

Aufgabe 24 Analysieren Sie die Rede unter inhaltlichen und sprachlichen Gesichtspunkten. Gehen Sie dabei in der Abfolge der von Ihnen bereits herausgearbeiteten Gliederungsschritte der Rede vor.

Gerade im analysierenden Rückblick, in dem die Redesituation, ihre rhetorische Absicht und Realisierung und schließlich auch der (wahrscheinliche) Erfolg der Rede überblickt werden können, lässt sich eine Rede in ihren Aussagen, ihrer Sprache und ihrer Intention kritisch beurteilen. Eine solche Wertung gehört daher an den Schluss einer Redeanalyse.

Aufgabe 25 Stellen Sie in Stichpunkten die Aspekte zusammen, unter denen die Rede Hitlers kritisch betrachtet werden muss.

Aufgabe 26 Schreiben Sie eine kurze Zusammenfassung zu Redestrategie und Redeintention Hitlers. Formulieren Sie dann als Abschluss Ihres Aufsatzes Ihre kritischen Überlegungen zu der Rede.

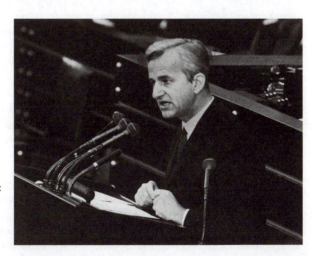

Politische Rede in einem demokratischen Parlament: Bundespräsident Richard von Weizsäcker hält seine erste Rede vor dem Bundestag in Bonn.

Analyse mit Textvergleich als weiterführender Aufgabe

Die folgenden Aufgabenarten basieren ebenfalls auf der analytischen Untersuchung einer Textvorlage. Ihre Besonderheit besteht darin, dass anschließend ein zweiter, meist kürzerer Text zum Vergleich hinzugezogen wird. Das kann sowohl ein Sachtext als auch ein literarischer Text sein.

1 Vergleich zwischen zwei nichtfiktionalen Texten

Als Textgrundlage für den ersten Aufgabenteil greifen wir auf Lessings Text zur Theorie des Trauerspiels zurück (S. 3 ff.). Hierzu haben Sie ja schon eine Analyse angefertigt. Der folgende Text kommt neu hinzu:

Text Bertolt Brecht: Über experimentelles Theater (Auszug) (1939)

1 Die Einfühlung ist ein Grundpfeiler der herrschenden Ästhetik. Schon in der großartigen Poetik des Aristoteles wird beschrieben, wie die Katharsis, das heißt
5 die seelische Läuterung des Zuschauers, vermittels der Mimesis herbeigeführt wird. Der Schauspieler ahmt den Helden nach (den Oedipus oder Prometheus), und er tut es mit solcher Suggestion und Ver-
10 wandlungskraft, dass der Zuschauer ihn darin nachahmt und sich so in Besitz der Erlebnisse des Helden setzt.
[...]
Die Einfühlung ist das große Kunst-
15 mittel einer Epoche, in der der Mensch die Variable, seine Umwelt die Konstante ist. Einfühlen kann man sich nur in den Menschen, der seines Schicksals Sterne in der eigenen Brust trägt, ungleich uns.
20 Es ist nicht schwer, einzusehen, dass das Aufgeben der Einfühlung für das Theater eine riesige Entscheidung, vielleicht das größte aller denkbaren Experimente bedeuten würde. Die Menschen gehen ins
25 Theater, um mitgerissen, gebannt, beeindruckt, erhoben, entsetzt, ergriffen, gespannt, befreit, zerstreut, erlöst, in Schwung gebracht, aus ihrer eigenen Zeit entführt, mit Illusionen versehen zu
30 werden. All dies ist so selbstverständlich, da die Kunst geradezu damit definiert wird, dass sie befreit, mitreißt, erhebt und so weiter. Sie ist gar keine Kunst, wenn sie das nicht tut.
35 Die Frage lautete also: Ist Kunstgenuss überhaupt möglich ohne Einfühlung oder jedenfalls auf einer andern Basis als der Einfühlung?
Was konnte eine solche neue Basis ab-
40 geben? Was konnte an die Stelle von Furcht und Mitleid gesetzt werden, des klassischen Zwiegespanns zur Herbeiführung der aristotelischen Katharsis? [...]
Ich kann die neue Technik des Dra-
45 menbaus, des Bühnenbaus und der Schauspielweise, mit der wir Versuche anstellten, hier nicht beschreiben. Das Prinzip besteht darin, anstelle der Einfühlung die Verfremdung herbeizuführen.
50 Was ist Verfremdung? [...]
Verfremden heißt Historisieren, heißt Vorgänge und Personen als historisch, also als vergänglich darstellen. Dasselbe kann natürlich auch mit Zeitgenossen ge-

schehen, auch ihre Haltungen können als zeitgebunden, historisch, vergänglich dargestellt werden.

Was ist damit gewonnen? Damit ist gewonnen, dass der Zuschauer die Menschen auf der Bühne nicht mehr als ganz unänderbare, unbeeinflussbare, ihrem Schicksal hilflos ausgelieferte dargestellt sieht. Er sieht: dieser Mensch ist so und so, weil die Verhältnisse so und so sind. Und die Verhältnisse sind so und so, weil der Mensch so und so ist. Er ist aber nicht nur so vorstellbar, wie er ist, sondern auch anders, so wie er sein könnte, und auch die Verhältnisse sind anders vorstellbar, als sie sind. Damit ist gewonnen, dass der Zuschauer im Theater eine neue Haltung bekommt. Er bekommt den Abbildern der Menschenwelt auf der Bühne gegenüber jetzt dieselbe Haltung, die er als Mensch dieses Jahrhunderts der Natur gegenüber hat. Er wird auch im Theater empfangen als der große Änderer, der in die Naturprozesse und die gesellschaftlichen Prozesse einzugreifen vermag, der die Welt nicht mehr nur hinnimmt, sondern sie meistert.

Aus: Bertolt Brecht: Über experimentelles Theater. In: Bertolt Brecht: Werke. Schriften 2.1. Große kommentierte Berliner und Frankfurter Ausgabe. Band 22. Frankfurt am Main: Suhrkamp Verlag 2003

Worterklärung
Mimesis: Nachahmung, z. B. durch schauspielerische Leistung oder auch durch literarische Beschreibung

Aufgabenstellung
Analysieren Sie den Text Lessings und vergleichen Sie seine Theaterkonzeption mit der, die Brecht in seinem Aufsatz darstellt.

Ausgangspunkt auch dieser Aufgabenstellung ist die Textanalyse. Sie ist bei Vergleichsaufgaben auch deshalb besonders wichtig, weil nur auf der Grundlage einer gründlichen Untersuchung *beider* Texte überhaupt **Vergleichsaspekte** gefunden und exakt herausgearbeitet werden können.

Daher muss zunächst für den Ausgangstext eine vollständige Analyse geleistet und schriftlich formuliert werden. Im vorliegenden Fall lässt sich dabei auf die Lösungen der Aufgaben 1 bis 6 zurückgreifen.

Aber auch für den Vergleichstext muss eine Analyse angefertigt werden, die zumindest den Aufbau, den damit zusammenhängenden gedanklichen Verlauf und die wesentlichen Aussagen des Textes unter die Lupe nimmt. Gewährleistet muss sein, dass Sie die inhaltliche Position dieses Textes gründlich durchschauen. Diesen Zweck erfüllen die ersten vier Arbeitsschritte der tabellarischen Übersicht auf Seite 5.

Auch bei dieser Aufgabenart sollten Sie sich zunächst Stichworte notieren und dann die Zusammenhänge formulieren.

Mithilfe der angesprochenen Arbeitsschritte werden Sie sicherlich Vergleichsaspekte finden, die Sie in Ihrem Aufsatz behandeln können. Zu beachten ist dabei, dass *Vergleichen* immer bedeutet, **sowohl Parallelen** beziehungsweise Ähnlichkeiten **als auch Gegensätze** zu entdecken und dann zu untersuchen.

Die Aufgabenstellung bietet im Hinblick auf die Vergleichsaspekte oft Hilfen, indem eine Zielrichtung für Ihre vergleichende Betrachtung vorgegeben wird: so auch hier, denn als **Leitaspekt** für den Vergleich ist ja die *Theaterkonzeption* ausdrücklich genannt.

Überlegen Sie aber auch in einem solchen Fall genau, was mit dem Vergleichspunkt – oft ist es ein sehr allgemeiner Begriff – tatsächlich gemeint ist, und versuchen Sie ihn zu konkretisieren. Vielfach lässt sich der vorgegebene Vergleichspunkt erst aus dem Kontext der zu vergleichenden Texte heraus eindeutig definieren.

So bedeutet *Theaterkonzeption* hier:
- Vorstellungen von grundsätzlichen Aufgaben und Zielen des Theaters,
- Überlegungen zu Zielgruppen, die angesprochen werden sollen,
- Vorstellungen davon, was bei der Inszenierung und Aufführung eines Theaterstücks durch Regisseur und Schauspieler beachtet werden soll.

Im Rückblick auf die von Ihnen zuvor dargestellten Vergleichspunkte sollten Sie schließlich zusammenfassend beschreiben, ob – und, wenn ja, inwieweit – die Texte inhaltliche Gemeinsamkeiten aufweisen oder ob sie eher gegensätzlich sind.

Die folgende **Übersicht** verdeutlicht noch einmal die verschiedenen – gedanklichen und schriftlichen – Arbeitsschritte, die bei einem Textvergleich zu leisten sind:

Arbeitsschritte für einen Textvergleich
- **Ausgangspunkt:** schriftliche Analyse des Grundtextes
- **Durchführung des Vergleichs:**
    - genaue Lektüre des Vergleichstextes
    - Ermittlung und schriftliche Fixierung von Aufbau und gedanklicher Struktur des Vergleichstextes
    - Genaue Klärung der wesentlichen Aussagen, vorläufige Notierung in Stichworten und anschließend schriftliche Ausformulierung der Ergebnisse
    - Prüfung der Ergebnisse der Analysearbeit im Hinblick auf einzelne Vergleichsaspekte – Gemeinsamkeiten und Gegensätze –, die sich zwischen den Texten ergeben, und schriftliche Fixierung dieser Gesichtspunkte in Stichworten
    - Ausformulierung dieser Gesichtspunkte
    - zusammenfassender Rückblick auf den Vergleich und Bestimmung des Verhältnisses zwischen den beiden Texten

Analyse mit Textvergleich als weiterführender Aufgabe · 37

Da Sie die Analyseaufgabe zu Lessings Brief ja schon erledigt haben, können Sie sich gleich der Untersuchung des Textes von Bertolt Brecht zuwenden.

Aufgabe 27 Arbeiten Sie nach genauer Lektüre des Textes von Brecht dessen gedankliche Struktur heraus und halten Sie Ihre Ergebnisse knapp in Stichworten fest.

Aufgabe 28 Machen Sie sich die wesentlichen Aussagen der einzelnen gedanklichen Abschnitte des Textes klar, notieren Sie auch hierzu jeweils einige Stichworte und formulieren Sie dann im Zusammenhang. Stellen Sie Ihrem Text noch eine knappe Einleitung voran, so wie Sie es bei Lessings Text getan haben.

Erich Engel, Bertolt Brecht, der Komponist Paul Dessau und Helene Weigel bei den Proben zu *Mutter Courage* im Berliner Ensemble

Aufgabe 29 Bestimmen Sie Vergleichspunkte – also Gemeinsamkeiten und Gegensätze – zwischen den beiden Texten von Lessing und Brecht. Machen Sie sich auch dazu Notizen.

Aufgabe 30 Formulieren Sie Ihre Ergebnisse aus der vorherigen Aufgabe schriftlich und im Zusammenhang.

Aufgabe 31 Fügen Sie jetzt noch einen kurzen Rückblick auf Ihren Vergleich an, der das Verhältnis der beiden Texte auf den Punkt bringt.

Mit der Lösung auch dieser Aufgabe haben Sie alle Bestandteile verfasst, die zu einem Textvergleich gehören.

2 Vergleich eines nichtfiktionalen Textes mit einem fiktionalen Text

Dieser Aufgabentyp erfordert grundsätzlich dasselbe Vorgehen, wie es aus der vorigen Lösung schon bekannt ist (vgl. hierzu die Übersicht auf Seite 36). Vergleichspunkte zu finden kann möglicherweise auf den ersten Blick als schwieriger erscheinen, weil die Aussage bei einem fiktionalen Text – gegenüber einem Sachtext – weniger offen zutage tritt, sondern eher „verschlüsselt" in den Geschehnissen liegt und daraus abzuleiten ist. Deshalb ist bei dem fiktionalen Vergleichstext eine gründliche Analyse besonders wichtig.

Für das folgende Beispiel wird – damit Sie sich darauf konzentrieren können, den neuen Aspekt zu trainieren – noch einmal der schon untersuchte dramentheoretische Text Lessings verwendet; als fiktionaler Vergleichstext dient ein Ausschnitt aus Lessings bürgerlichem Trauerspiel *Emilia Galotti*.

Für die Abiturprüfung ist wahrscheinlich vorauszusetzen, dass ein fiktionaler Vergleichstext gewählt wird, der aus einem im Unterricht behandelten Werk stammt, damit der Ausschnitt in seinen größeren Zusammenhang eingeordnet werden kann.

Für den Fall, dass Sie *Emilia Galotti* nicht kennen, wird dem Textauszug hier zunächst eine kurze Inhaltsangabe des Stückes vorangestellt (siehe S. 39), damit Sie die ausgewählte Szene in den Zusammenhang der Gesamthandlung einordnen und die Charaktere der beteiligten Figuren besser beurteilen können.

Emilia Galotti, 2002 inszeniert von Andrea Breth im Akademietheater des Burgtheaters Wien. Johanna Wokalek als Emilia Galotti und Sven-Eric Bechtolf als Hettore Gonzaga, Prinz von Guastalla.

Kurze Information zum Inhalt von „Emilia Galotti":

Lessings Bürgerliches Trauerspiel *Emilia Galotti* spielt im italienischen Kleinstaat Guastalla, wo der Prinz Hettore Gonzaga als absoluter Herrscher regiert. Er zeigt sich zunächst als umgänglicher und emotionaler Mensch, der sich leidenschaftlich in eine junge Frau – Emilia Galotti – verliebt hat, die er nur vom Ansehen her kennt. Als er erfährt, dass Emilia kurz vor der Eheschließung mit dem Grafen Appiani steht, verzweifelt er beinahe, wird aber von seinem Kammerherrn Marinelli dahin gebracht, die ihm als Herrscher zur Verfügung stehenden Machtmittel einzusetzen, um seine Wünsche zu verwirklichen.

Einigermaßen ungeschickt allerdings versucht der Prinz zunächst, Emilia in der Kirche während ihrer Andacht anzusprechen, erschreckt sie damit jedoch nur. Daraufhin nimmt Marinelli die Sache in die Hand und fädelt eine Intrige ein, in deren Verlauf schließlich Appiani auf dem Weg zur Hochzeitsfeier getötet wird. Emilia wird, angeblich zu ihrem Schutz, in das nahe gelegene Schloss des Prinzen gebracht und dort festgehalten.

Erst später treffen auch Emilias Eltern ein, werden aber zunächst daran gehindert, ihre Tochter zu sehen.

Die ehemalige Geliebte des Prinzen, die Gräfin Orsina, hat inzwischen ebenfalls von dem Überfall auf Appiani gehört und beginnt mit dem scharfen Blick der betrogenen Frau, die Intrige und die Absichten des Prinzen zu durchschauen. Sie trifft Emilias Vater und deutet ihm die wahren Zusammenhänge an. Aber erst, als der Vater Odoardo vom Prinzen selbst erfährt, dass man Emilia mithilfe von vorgeschobenen Gründen für längere Zeit festhalten und von den Eltern fern halten will, werden ihm die kriminellen Machenschaften klar. Er erkennt, dass Emilia zur neuen Mätresse des Prinzen werden soll.

Als er Emilia, die er zum Abschied noch einmal sprechen darf, alles enthüllt, fordert sie ihn auf, sie zu töten. (Sie fürchtet, dem Prinzen, der durchaus Eindruck auf sie gemacht hat, nicht widerstehen zu können, ist aber noch stärker um ihre Ehre besorgt.) Verzweifelt, weil er keinen anderen Ausweg sieht, ersticht der Vater seine Tochter.

Das Geschehen der als Vergleichstext ausgewählten Szene aus dem dritten Akt setzt ein, nachdem Emilia – unmittelbar nach dem Überfall und der Tötung Appianis – auf das Lustschloss des Prinzen gebracht worden ist. Scheinbar besorgt tritt der Prinz zu ihr und redet mit ihr.

Text **Gotthold Ephraim Lessing: Emilia Galotti**

3. Aufzug, 5. Auftritt

1 DER PRINZ. EMILIA. MARINELLI.
DER PRINZ. Wo ist sie? wo? – Wir suchen Sie überall, schönstes Fräulein. – Sie sind doch wohl? – Nun so ist alles
5 wohl! Der Graf, Ihre Mutter, –
EMILIA. Ah, gnädigster Herr! wo sind sie? Wo ist meine Mutter?
DER PRINZ. Nicht weit; hier ganz in der Nähe.
10 EMILIA. Gott, in welchem Zustande werde ich die eine, oder den andern, vielleicht treffen! Ganz gewiss treffen! – denn Sie verhehlen mir, gnädiger Herr – ich seh es, Sie verhehlen mir –
15 DER PRINZ. Nicht doch, bestes Fräulein. – Geben Sie mir Ihren Arm, und folgen Sie mir getrost.
EMILIA *(unentschlossen)*. Aber – wenn ihnen nichts widerfahren – wenn meine
20 Ahnungen mich trügen: – warum sind sie nicht schon hier? Warum kamen sie nicht mit Ihnen, gnädiger Herr?
DER PRINZ. So eilen Sie doch, mein Fräulein, alle diese Schreckenbilder mit eins
25 verschwinden zu sehen. –
EMILIA. Was soll ich tun! *(Die Hände ringend.)*
DER PRINZ. Wie, mein Fräulein? Sollten Sie einen Verdacht gegen mich hegen? –
30 EMILIA *(die vor ihm niederfällt)*. Zu Ihren Füßen, gnädiger Herr –
DER PRINZ *(sie aufhebend)*. Ich bin äußerst beschämt. – Ja, Emilia, ich verdiene diesen stummen Vorwurf. – Mein Betra-
35 gen diesen Morgen, ist nicht zu rechtfertigen: – zu entschuldigen höchstens. Verzeihen Sie meiner Schwachheit. Ich hätte Sie mit keinem Geständnisse beunruhigen sollen, von dem ich keinen
40 Vorteil zu erwarten habe. Auch ward ich durch die sprachlose Bestürzung, mit der Sie es anhörten, oder vielmehr nicht anhörten, genugsam bestraft. –
Und könnt ich schon diesen Zufall, der
45 mir nochmals, ehe alle meine Hoffnung auf ewig verschwindet, – mir nochmals das Glück Sie zu sehen und zu sprechen verschafft; könnt ich schon diesen Zufall für den Wink eines güns-
50 tigen Glückes erklären, – für den wunderbarsten Aufschub meiner endlichen Verurteilung erklären, um nochmals um Gnade flehen zu dürfen: so will ich doch – Beben Sie nicht, mein Fräulein –
55 einzig und allein von Ihrem Blicke abhangen. Kein Wort, kein Seufzer soll Sie beleidigen. – Nur kränke mich nicht Ihr Misstrauen. Nur zweifeln Sie keinen Augenblick an der unumschränktesten
60 Gewalt, die Sie über mich haben. Nur falle Ihnen nie bei, dass Sie eines andern Schutzes gegen mich bedürfen. – Und nun kommen Sie, mein Fräulein, – kommen Sie, wo Entzückungen auf Sie
65 warten, die Sie mehr billigen. *(Er führt sie, nicht ohne Sträuben, ab.)* Folgen Sie uns, Marinelli. –
MARINELLI. Folgen Sie uns, – das mag heißen: folgen Sie uns nicht! – Was hätte
70 ich ihnen auch zu folgen? Er mag sehen, wie weit er es unter vier Augen mit ihr bringt. – Alles, was ich zu tun habe, ist, – zu verhindern, dass sie nicht gestört werden. Von dem Grafen zwar,
75 hoffe ich nun wohl nicht. Aber von der Mutter; von der Mutter! Es sollte mich sehr wundern, wenn die so ruhig abgezogen wäre, und ihre Tochter im Stiche gelassen hätte. – Nun, Battista? was
80 gibt's? –

Aus: Gotthold Ephraim Lessing: Emilia Galotti. Ein Trauerspiel in fünf Aufzügen. Stuttgart: Reclam Verlag 1970, 2001, S. 48f. (RUB 45)

Analyse mit Textvergleich als weiterführender Aufgabe | 41

Aufgaben-stellung

Analysieren Sie den Brief Gotthold Ephraim Lessings an Friedrich Nicolai und untersuchen Sie, ob und wie seine Theaterkonzeption in dem Ausschnitt seines bürgerlichen Trauerspiels „Emilia Galotti" verwirklicht ist.

Grundlage für eine überzeugende Lösung ist wieder eine fundierte Textanalyse. Die gedankliche Struktur und die zentralen Aussagen des **nichtfiktionalen Basistextes** müssen, wie bereits mehrfach erprobt, gründlich herausgearbeitet werden. Anschließend wird der **fiktionale** Text herangezogen, der mithilfe der bei dramatischen Texten üblichen Untersuchungsschritte erschlossen wird. Das heißt, dass die Figuren in ihrer gesellschaftlichen Rolle und ihrer Weltanschauung untersucht werden müssen, dass ihr Verhalten, ihr Sprechen, ihre Beziehungen zueinander und ihre für den Leser beziehungsweise Zuschauer erkennbaren Charaktermerkmale analysiert werden und dass beispielsweise auch die Regieanmerkungen, der Schauplatz und die Funktion des Textausschnitts für den Handlungszusammenhang mit in den Blick genommen werden.

Erst nach einer solchen gründlichen Erschließung der Szene sollten Sie überlegen, wie der fiktionale Text mit dem nichtfiktionalen Basistext zusammenhängt.

Die Aufgabenstellung kann aber auch schon einen Hinweis darauf enthalten, in welcher Hinsicht beide Texte verglichen werden sollen – so wie im vorliegenden Beispiel. Eine solche Arbeitsanweisung ist für diesen Aufgabentyp charakteristisch: Erwartet wird, dass man nachweist, wie zentrale, im nichtfiktionalen Text oft abstrakt formulierte Vorstellungen in der konkreten Gestaltung des fiktionalen Textes realisiert sind.

Auf den vorliegenden zweiten Text bezogen heißt das, dass die Szene zwischen Emilia und dem Prinzen zunächst mit den oben angesprochenen Methoden der **Textanalyse eines literarischen Werkes** untersucht werden muss und dann im zweiten Schritt die vergleichende Fragerichtung der Aufgabenstellung zu bearbeiten ist. Da es in Lessings theatertheoretischem Text ja wesentlich um das **Mitleiden** geht, ist zu fragen, inwiefern es in dem Trauerspielausschnitt greifbar gestaltet wird. Dabei kann vorausgesetzt werden, dass vor allem die Untersuchung der Frauenrolle Vergleichsaspekte zutage fördern wird. Ob auch die dominante Rolle des Prinzen in dieser Szene Ansatzpunkte für das Mitleiden des Zuschauers bietet, muss aber ebenfalls genau geprüft werden.

Anhand der folgenden **Übersicht** können Sie sich noch einmal die einzelnen Schritte der Untersuchung vergegenwärtigen:

Arbeitsschritte für einen Vergleich zwischen einem nichtfiktionalen und einem fiktionalen (hier: einem dramatischen) Text
- **Ausgangspunkt:** schriftliche Analyse des Grundtextes
- **Durchführung des Vergleichs:**
  - genaue Lektüre des fiktionalen Vergleichstextes
  - Analyse des fiktionalen Textes unter wesentlichen für dramatische Texte typischen Gesichtspunkten, wie:
    - Verhalten und Sprechen der Figuren
    - Gedanken- und Gefühlsentwicklung der Figuren
    - Art und Entwicklung der Beziehungen der Figuren untereinander
    - Figurencharakteristik
    - Wahl, Darstellung und Bedeutung des Schauplatzes
    - Gesamtaussage des Textausschnitts, auch im Bezug auf den Handlungszusammenhang des ganzen Textes
    - Untersuchung der Regieanmerkungen
  - schriftliche zusammenhängende Formulierung der Untersuchungsergebnisse
  - **Prüfung** des fiktionalen Textes im Hinblick auf Themen und Fragestellungen des Basistextes
  - **Untersuchung**, auf welche Weise diese Themen und Fragestellungen in dem Textauszug aus dem fiktionalen Werk realisiert sind
  - schriftliche Ausführung der Vergleichsgesichtspunkte
- kurzer zusammenfassender **Rückblick**

Die Analyse von Lessings dramentheoretischem Text haben Sie bereits erledigt (vgl. S. 5–12). Sie können deshalb sofort mit der Analyse des Ausschnitts aus *Emilia Galotti* beginnen.

Aufgabe 32 Fassen Sie mit drei bis vier Sätzen die Vorgeschichte der Handlung bis zu dem Zeitpunkt, zu dem die vorliegende Szene spielt, zusammen.
Geben Sie dann kurz den Handlungsablauf dieser Szene wieder und bemühen Sie sich, dabei erkennbar werden zu lassen, wie die Szene aufgebaut ist (in welche Abschnitte sie sich gliedern lässt).

Analyse mit Textvergleich als weiterführender Aufgabe | 43

fgabe 33   Analysieren Sie das jeweilige Verhalten des Prinzen und Emilias, untersuchen sie das Gespräch zwischen den beiden und kennzeichnen Sie auf der Grundlage dieser Vorarbeiten die Charaktere der beiden Figuren und die Art der Beziehung, die sich zwischen ihnen herstellt.

Schlussszene von *Emilia Galotti*. Jochen Kuhl als Marinelli, Thomas Nunner als Prinz Hettore Gonzaga und Anna-Maria Kuricová als Emilia Galotti. Inszenierung von Petra Luisa Meyer am Staatstheater Nürnberg aus dem Jahre 2004.

Nun kommt der eigentliche **Vergleich** an die Reihe, bei dem Zusammenhänge zwischen den beiden Texten Lessings zu entdecken und darzustellen sind.

ufgabe 34   Prüfen Sie, wie in der Gestaltung der Figuren und der Handlung in der analysierten Szene zentrale Aussagen Lessings zum Wesen des Trauerspiels (aus seinem Brief an Nicolai) aufgegriffen und realisiert sind. Notieren Sie zunächst Stichworte.

ufgabe 35   Formulieren Sie die Ergebnisse Ihres Vergleichs schriftlich.

ufgabe 36   Halten Sie in einem knappen Rückblick die entscheidenden Ergebnisse Ihrer Untersuchung der Texte zusammenfassend fest.

Erörterung auf der Basis von Sachtexten

Erörterung auf der Grundlage eines Sachtextes

Bei der Erörterung liegt der Schwerpunkt der Aufgabenstellung anders als bei der Sachtextanalyse. Zwar wird auch hier ein Text vorgegeben, dessen Aussagegehalt zunächst zu ermitteln ist; aber im Zentrum der Arbeit steht die **eigene Auseinandersetzung** mit der Textvorlage: Das bedeutet, dass die Erörterungsaufgabe sich nicht darin erschöpft, die Thesen und Argumente eines Textes kritisch zu prüfen und differenziert dazu Stellung zu beziehen. Vielmehr schließt diese Aufgabenart auch selbstständige Erwägungen zu der im Text diskutierten Problematik mit ein, die **über die Textvorlage hinausführen**.

Text **Jens Voss: Surfen statt denken**

1 Büffeln ade, es klingt so schön: Fakten, Formeln, Grafiken – alles auf Festplatte gespeichert oder abrufbereit im Internet. Wissen – nur noch ein technisches Pro-
5 blem in einer Gesellschaft, die sich wortselig „Wissensgesellschaft" nennt. Die Sache hat nur einen Haken: Man weiß nur, was man weiß. Mit diesem lapidaren Satz stört der in Bonn lehrende Erzie-
10 hungswissenschaftler Volker Ladenthin die Plausibilität der Vorstellung, man könne abgespeicherte Informationen einfach abrufen und dann eben „wissen". „Computer und Internet", spottet der
15 Professor, „sind die letzte Hoffnung darauf, das Lernen zu vermeiden." Ladenthin warnt nicht nur vor falschen Hoffnungen, er schlägt Alarm: „Die Informationsbeschaffung per Mausklick hat Neben-
20 wirkungen für die geistige Verfasstheit ganzer Generationen. Wenn Wissen einfach abgerufen wird, verändert sich schleichend auch das Denken. Wir sind auf dem Wege", warnt Ladenthin, „keine
25 wissenschaftsorientierte Gesellschaft mehr zu sein."
Gerade das Surfen im Internet zeigt augenfällig, worum es geht. Diese Art der Suche nach Informationen gehorcht
30 einem Prinzip, das im Kern zutiefst wissenschaftsfeindlich ist: dem Zufall. Informationen aus dem Internet häufen sich zu Fakteninseln in einem weiten Meer aus Ahnungslosigkeit. Es fehlt die Syste-
35 matik der Aneignung, es fehlen bewusst gesteuerte Strategien im Fragen, Suchen und Finden einer Lösung für ein Problem – Ladenthin: „Schüler und Studenten arbeiten zunehmend ergebnisorientiert und
40 nicht methodenorientiert." Was dabei auf der Strecke bleibt, nennt er „gewusstes Wissen", Wissen also, das um den Weg und die Mühe des Erkennens weiß. Wissen ohne methodisches Wissen aber
45 sei nicht „zukunftsträchtig" – es bleibe stumm für kommende Probleme.

Aus: Rheinische Post, Ausgabe vom 21. 9. 1999

Aufgabenstellung **Arbeiten Sie die wesentlichen Aussagen des Textes heraus und setzen Sie sich mit ihnen auseinander.**

Der Akzent liegt hier auf dem zweiten Teil der Aufgabe, der **erörternden Auseinandersetzung mit dem Text und seiner Thematik.**
Doch ist es zu diesem Zweck zunächst nötig, die Thematik, die grundsätzliche Position und den Gedankengang, der sich aus den einzelnen Aussagen des Textes ablesen lässt, genau zu erfassen. Wie schon aus den Aufgaben zur Sachtextanalyse bekannt, ist daher der „rote Faden" zu ermitteln und darzustellen. Das geschieht auch hier am besten mithilfe einer Gliederung und einer prägnanten Zusammenfassung der einzelnen Abschnitte.

Im **Hauptteil der Erörterung** muss dann die Auseinandersetzung mit der grundsätzlichen Position und den einzelnen Aussagen der Textvorlage erfolgen. Das bedeutet, dass zu überlegen und zu fragen ist, welchen Aussagen zugestimmt werden kann und welche zu kritisieren sind, welche ergänzungsbedürftig und welche grundsätzlich abzulehnen sind.
Dabei kommt es einerseits darauf an zu überprüfen, ob die **Aussagen** des Textes **überzeugend** und **beweiskräftig** sind; andererseits ist es aber bei einer Erörterung vor allem wichtig, dass Sie, ausgehend von Ihren **eigenen Sach- und Fachkenntnissen** oder auch von Ihren **Erfahrungen**, die im Text enthaltenen Thesen **stützen, ausweiten, kritisieren oder widerlegen** können.
Anders als bei den Aufgabenstellungen aus dem ersten Kapitel steht hier also das **eigene Argumentieren** im Mittelpunkt.
Beim Einbringen der eigenen Überlegungen muss darauf geachtet werden, klare, nachvollziehbare, also beweisbare **Begründungen** zu liefern. Es genügt nicht, sich auf den eigenen Geschmack zu stützen, den wahrscheinlich nicht alle Leser Ihrer Erörterung teilen werden. Überlegungen, die mit *Ich finde ...* oder *Meiner Meinung nach ...* eingeleitet werden, sind daher zu vermeiden.

Gegen Ende des Erörterungsaufsatzes sollte die **grundsätzliche Frage** beantwortet werden, ob der im Text vertretenen Auffassung insgesamt **zuzustimmen** oder ob sie **abzulehnen** ist. Eine kurze **Zusammenfassung** der eigenen Position – in Abgrenzung von der des Textes – bildet auch hier wieder den Abschluss des Aufsatzes.
Was Sie beim Schreiben eines Erörterungsaufsatzes beachten sollten, ist in den Übersichten auf den Seiten 47 und 48 noch einmal zusammengefasst.

Arbeitsschritte beim Verfassen einer Erörterung auf der Basis einer Sachtextvorlage

1. **Analyse des Gedankengangs** des Sachtextes
   - Kennzeichnung seiner Thematik
   - Ermittlung seiner wesentlichen Aussagen in ihrem gedanklichen Zusammenhang
   - Bestimmung seiner grundsätzlichen Position zum Thema

2. **Erörterungsteil**
   - **Prüfung** der einzelnen Aussagen der Textvorlage hinsichtlich ihrer **Beweiskraft** und Hinzufügungen von zustimmenden Erläuterungen oder von kritischen Einschränkungen
   - **Erweiterung** der sich aus dem Text ergebenden Position zum Thema durch Hinzufügung eigener Überlegungen und Setzung eigener Schwerpunkte
   - **Diskussion** dieser zusätzlichen Aspekte mithilfe zustimmender oder ergänzender Argumente und/oder kritisch einschränkender oder ablehnender Argumente (Schlagen Sie auch auf den Seiten 25 und 48 nach, was ein wirklich überzeugendes Argument ausmacht.)

3. **Schlussteil**
   - **Zusammenfassung** der eigenen Position, in Abgrenzung zu der in der Textvorlage vertretenen Auffassung

Aufgabe 37 Gliedern Sie den vorliegenden Text und fassen Sie die wichtigsten Aussagen der einzelnen Abschnitte zunächst jeweils in Stichworten zusammen.

Aufgabe 38 Geben Sie nun die Aussagen des Textes als zusammenhängenden Gedankengang schriftlich wieder und stellen Sie Ihren Ausführungen eine Einleitung nach dem bekannten Muster voran.

Nach dieser knappen Analyse des Gedankenganges des Sachtextes erfolgt nun die **eigene Auseinandersetzung** mit dem Text, zunächst also die Prüfung der Tragfähigkeit seiner Aussagen.

Aufgabe 39 Notieren Sie in Stichpunkten die wesentlichen Kritikpunkte des Textes am „Surfen" und fügen Sie stichwortartig an, wie sie im Text begründet werden. Sie können Ihre Ergebnisse in Form einer zweispaltigen Tabelle festhalten.

Aufgabe 40 Prüfen und kommentieren Sie in einem zweiten Schritt die Beweiskraft der im Text enthaltenen kritischen Aussagen.

Aufgabe 41 Formulieren Sie Ihre Ergebnisse zuletzt im Zusammenhang und fügen Sie sie an Ihre vorherige Darstellung des Gedankengangs an.

Die kritische Argumentation der Textvorlage gegen eine Überschätzung des Nutzens, der sich aus dem Umgang mit dem Internet ziehen lässt, sollte noch erweitert werden, um dieser Position eine noch höhere Überzeugungskraft zu verleihen. Das gilt selbst für den Fall, dass Sie sich dieser Position nicht anschließen wollen; denn zu den wesentlichen Merkmalen einer guten Erörterung gehört auch, dass man die Position des Gegners so stark wie möglich macht. Auf diesem Wege stellt man unter Beweis, dass man das Für und Wider des Streitfalls gut durchdacht hat und in der Lage ist, sich auch in eine Auffassung, die einem vielleicht intuitiv fern liegt, hineinzudenken. Es kommt demnach bei einer Erörterung darauf an, **über die Textvorlage hinaus die Positionen beider Seiten so stark wie möglich zu machen**, bevor man sich dann (gegebenenfalls) für eine Seite entscheidet. Die Wirkung von Argumenten kann dabei auf verschiedene Weisen verstärkt werden, wie die folgende Übersicht zeigt.

Elemente der Argumentation und Sicherstellung ihrer Beweiskraft
- Ein einzelner noch unbegründeter Satz, in dem eine bestimmte Position zum Ausdruck kommt, wird als **These** bezeichnet.
- Eine These **allein** ist wenig überzeugend.
- Ihre Glaubwürdigkeit kann erhöht werden, wenn sie durch die besondere **Autorität oder Kompetenz der Person** gestützt wird, die sie formuliert (**Autoritätsargument**). Eine solche Person kann zum Beispiel ein Wissenschaftler oder eine bekannte beziehungsweise prominente Persönlichkeit sein. Gut wirkt es, wenn diese Person dem Argument nicht nur kraft ihrer Prominenz Gewicht verleiht, sondern darüber hinaus auch als Experte für das Thema ausgewiesen ist.
- **Erläuterungen und Begründungen** der These sind die wichtigsten Mittel, um ihre Überzeugungskraft zu erhöhen.
  Das kann geschehen durch:
  - Einbringung **subjektiver** Erfahrungen
  - Hinzufügung **verallgemeinerbarer** Erfahrungen, die für eine große Anzahl von Lesern nachvollziehbar sind und aus diesem Grund größere Geltung haben
  - Verweis auf Kenntnisse, die für die Leser möglicherweise neu sind, die ihnen aber unmittelbar einleuchten und die sie auch überprüfen können
  - Beweis durch allgemein und immer geltende unbezweifelbare **Fakten**
  - sowie durch wissenschaftlich begründete **Gesetzmäßigkeiten**

Es bietet sich bei der vorliegenden Aufgabe an, die Argumentation des Textes **auszuweiten**, indem man **konkrete eigene Erfahrungen** mit der Internetnutzung in die Erörterung einbeziehen. Da vermutlich fast alle Leser entsprechende Erfahrungen aufweisen, ist eine solche Argumentation nachvollziehbar und glaubwürdig – sofern die eigenen Erfahrungen repräsentativ sind.

Erörterung auf der Grundlage eines Sachtextes | 49

Aufgabe 42 Versuchen Sie, das Gewicht der im Text enthaltenen kritischen Aussagen zu erhöhen, indem Sie deren Begründungen erweitern und indem Sie sich noch weitere Begründungen zu den Aussagen des Textes überlegen.
Gehen Sie zu diesem Zweck die Aussagen des Textes noch einmal durch und notieren Sie Ihre Ergebnisse zunächst in einigen Stichworten.

Aufgabe 43 Formulieren Sie Ihre Überlegungen in zusammenhängenden Sätzen.

Aufgabe 44 Überlegen Sie, welche kritischen Einwände Sie gegenüber den Ausführungen des Textes haben, und halten Sie diese wiederum zunächst in einigen Stichpunkten fest.

Aufgabe 45 Formulieren Sie nun auch Ihre kritischen Einwände gegenüber dem Text im Zusammenhang.

„Büffeln ade, es klingt so schön: Fakten, Formeln, Grafiken – alles auf Festplatte gespeichert oder abrufbar im Internet."
(Jens Voss: „Surfen statt denken", Z. 1–3)

Aufgabe 46 Als Gelenkstelle zwischen den in den Aufgaben 43 und 45 formulierten Abschnitten Ihres Erörterungsaufsatzes sollten Sie einen **Überleitungssatz** formulieren, der anzeigt, dass Sie nach der bisherigen Zustimmung zum Text nun Kritisches ausführen wollen. Wie könnte solch ein überleitender Satz lauten?

Aufgabe 47 Formulieren Sie – in Abgrenzung zu der in dem Text vertretenen Auffassung – eine knappe Zusammenfassung Ihrer eigenen Position zum Thema.

Erörterung auf der Grundlage zweier Sachtexte

Die Erörterung auf der Basis einer Textvorlage wird nun noch ein zweites Mal – in einer etwas **abgewandelten Form** – geübt.
Diesmal geht es darum, bei der Erörterung auf **zwei** kurze Texte Bezug zu nehmen, in denen gegensätzliche Auffassungen vertreten werden, und sich mit diesen Positionen auseinanderzusetzen. Das kann in der Abiturprüfung folgendermaßen aussehen:

Text 1 **Fredrika Gers über Bekanntschaften per Internet**

1 [...] Ich sitze da also friedlich, gemütlich und sicher zu Hause bei einem Weißbier und schwatze online per Tastatur mit fünf, sechs Typen, die kreuz und quer
5 über die Republik verstreut sind. Einer hat sich auch aus USA zugeschaltet, um sein Deutsch aufzupolieren. Wir reden über dies und das, und die Bemerkungen von dem einen Kerl finde ich immer be-
10 sonders treffsicher und witzig.
Bald weiß ich, was er beruflich macht und wie alt er ist. Ziemlich schnell unterhalten wir uns auch über wesentlich privatere Dinge. Die Vertrautheit der ei-
15 genen Umgebung und das Bewusstsein, jederzeit gehen zu können, tragen viel dazu bei, dass man bei solchen nächtlichen Chats wesentlich mehr aus sich herausgeht als bei einem Kneipengespräch.
20 Übrigens hat mein Gesprächspartner heutzutage natürlich auch eine Homepage, und weil mein Interesse an ihm sich verdichtet, gucke ich mir die an. Und natürlich ist da auch ein Foto von ihm
25 drauf. Ich weiß jetzt so ziemlich alles von ihm – sogar, wie er aussieht. Ist das vielleicht anonym? [...]

Aus: Spiegel spezial 3 / 1997, S. 35

Text 2 **Susanne Fischer über das Internet**

1 [...] Es gibt Leute, die behaupten, per Netz und E-Mail neue und interessante Menschen kennen zu lernen. Bei einer Vorführung dieser virtuellen Bekannt-
5 schaftsanbahnung wurde mir die Kategorie „Mensch" schnell fragwürdig, denn im Internet fällt jeder darunter, der die Frage „Wie heißt du?" mit einem Namen (es muss durchaus nicht der eigene sein)
10 beantworten kann. [...]
Und wer will via World Wide Web mit flüchtigen Bekannten aus Venezuela respektive Singapur schließlich derartige Dialoge führen:
15 *Fahrt ihr in Urlaub?*
Ja, aber Lisa will den Kanarienvogel nicht allein lassen.
Also nicht?
Der Kanarienvogel ist sehr sensibel.
20 *Ja, wohin denn nun?*
Wir bleiben zu Hause.
Und damit die Enkel später eine Freude haben, kann man sich das tägliche World-Wide-Deppenprotokoll auch noch ausdru-
25 cken lassen. [...]
So genannte Suchmaschinen fördern im zähen Datenbrei dafür Erstaunliches zutage. Sie brauchen dringend ein korrektes Zitat aus Dantes „Divina Come-

dia"? Kein Problem. Sie möchten wissen, wo es in den Vereinigten Staaten Peanuts-Museen gibt? Bitte schön. Sie wollen einen Live-Blick von einem Hochhaus in Sydney werfen? Die Kamerabilder werden direkt für Sie ins Internet eingespeist.

Sie finden Sydney langweilig, kommen sowieso nie mehr in die USA, seit Sie immerzu vorm Bildschirm hocken, und können auch niemanden mit Dante-Zitaten beeindrucken, weil alle ihre Computer-Freunde „Inferno" für eine Unterhosenmarke halten? Tja, dann haben Sie ein Problem, denn dann müssen Sie ziellos von einer Website zur nächsten surfen. Von der Bild-Traumfrau zum virtuellen Macy's-Kaufhaus über den Veranstaltungskalender zur Homepage der Karl-May-Stiftung.

Wenn Sie ganz viel Pech haben, landen Sie bei Familie Müller (von nebenan) oder Familie Smith (in Chicago gleich nebenan). Da können Sie in Ruhe die Hochzeitsbilder von Karl und Emma Müller betrachten und nachlesen, wie viele Mäuse Kater Felix vergangene Woche nach Hause getragen hat.

Am Ende wird jeder seine Homepage haben, und das Internet kann nichts anderes mehr sein als die Verdoppelung der Welt mit lächerlichen Mitteln, über die Fachleute allerdings in Ekstase geraten. Schön daran ist, dass die virtuell zappelnde Welt im Netz weniger Platz wegnimmt als ihr gebeuteltes Vorbild.

Und dass man sie ausschalten kann.

Aus: Spiegel spezial, 3/1997, S. 35

Worterklärungen
Zeile 29 f.: Divina Comedia: berühmtes Werk des mittelalterlichen italienischen Dichters Dante
Zeile 41: Inferno: Hölle, Schauplatz des ersten großen Hauptabschnitts von Dantes Dichtung

Aufgabenstellung

Arbeiten Sie die Positionen heraus, die die Texte jeweils zum Internet beziehen, und nehmen Sie zu diesen Positionen Stellung.
Entwickeln Sie auf dieser Basis eine eigene, gut begründete Haltung zu Bedeutung und Möglichkeiten des Internet.

Wie geht man mit dieser Aufgabenstellung um? Eine genaue Gliederung und Analyse des Gedankengangs ist nicht verlangt. Dennoch ist es auch hier sinnvoll, zum richtigen Verständnis der beiden kurzen Texte zunächst ihren gedanklichen Aufbau zu erkennen. Dazu verhilft wiederum eine knappe **Gliederung und Zusammenfassung der einzelnen Abschnitte**. Auf dieser Basis ist es dann leichter, die jeweilige Position zu überblicken und zu formulieren.
Die Untersuchung von zwei Texten zum gleichen Thema läuft immer auf einen **Vergleich** hinaus, selbst wenn dieser nicht ausdrücklich gefordert ist. Entsprechend kommt es darauf an, beide Texte nicht nur für sich zu charakterisieren, sondern auch die Vergleichspunkte und die Unterschiedlichkeit der Positionen, die in ihnen bezogen werden, herauszuarbeiten.

Bei dieser Aufgabenart folgt dann ebenfalls eine **Stellungnahme zu der jeweiligen Position der Texte**.

Der letzte Teil der Arbeitsanweisung bildet bei dieser Aufgabenart wiederum den Schwerpunkt: die **eigene Erörterung des Themas**. Es geht darum, die begrenzte Argumentation in den beiden Texten, die ja nur Teilbereiche der Internetnutzung berücksichtigt, zu ergänzen, über Chancen und Gefahren, Sinn und Unsinn des Mediums Internet nachzudenken und dabei Argumente zu finden und überzeugend zu präsentieren, durch die die vorgegebene Thematik differenzierter dargestellt wird.

Zur überzeugenden **Präsentation der Argumente** gehört auch ihre Anordnung: Sie sollten nicht unverbunden nebeneinander stehen. Jedes neue Argument sollte im Gegenteil möglichst aus den schon angeführten Argumenten hervorgehen, sodass sich insgesamt ein „roter Faden" der Argumentation ergibt. Es kann durchaus vorkommen, dass die Ihnen vorgelegten Texte keinen solchen „roten Faden" enthalten, sondern vielmehr sprunghaft und unzusammenhängend argumentieren. Darauf können Sie in Ihrem Aufsatz hinweisen. Sie sollten es sich aber nicht zum Vorbild nehmen.

Aufgabe 48 Gliedern Sie die Texte und halten Sie den Inhalt der einzelnen Abschnitte in wenigen Worten fest.
Fassen Sie dann zusammen, welche Position in den Texten jeweils vertreten und wie sie begründet wird.

Im Internet auf der Suche nach einem gleichgesinnten Menschen? Ein Paradox an sich oder lediglich eine zeitgemäße Form der Partnerwahl?

Erörterung auf der Grundlage zweier Sachtexte | 53

Aufgabe 49 Vergleichen Sie die beiden Texte miteinander.

Aufgabe 50 Nehmen Sie zu den eben von Ihnen herausgearbeiteten Positionen der beiden Texte Stellung. Achten Sie darauf, überzeugende Begründungen einzubeziehen.

Aufgabe 51 Überlegen und notieren Sie mehrere Gesichtspunkte, von denen Sie bei Ihrer eigenen Erörterung des Themas ausgehen können. Diese Gesichtspunkte sollten erkennbar an die bisherigen Überlegungen zu den beiden Texten anschließen. Das ist wichtig, um den inhaltlichen Zusammenhang Ihres Aufsatzes zu sichern.

Aufgabe 52 Notieren Sie nun positive Aspekte des Internets, die über den Horizont der beiden vorgegebenen Texte hinausführen.

Aufgabe 53 Stellen Sie der Liste positiver Aspekte eine Liste negativer Gesichtspunkte gegenüber.

Ausformulierung der Erörterung
Es bietet sich an, das Formulieren der schriftlichen Erörterung mit dem Gesichtspunkt „Internet als Kommunikationsmittel" zu beginnen, da man mit diesem Aspekt an die Stellungnahmen zu den vorgelegten Texten anknüpfen kann und so ein guter Übergang entsteht. Beispielsweise ließe sich die schon anhand der Texte ausgeführte kritische Haltung zum Chat als Kommunikationsmittel aufgreifen, um dann auf weitere Möglichkeiten der Internet-Kommunikation einzugehen.
Denken Sie auch hier daran, dass Ihre Argumentation nur dann überzeugend wirkt, wenn Sie sie gut begründen.

Der Einstieg in die Darstellung könnte folgendermaßen beginnen:
„*Schon die in den vorgelegten Texten angeführten Beispiele und Argumente sind geeignet, Zweifel daran zu wecken, dass die Kommunikationsform des Chat als ein besonderer Vorzug des neuen Mediums Internet anzusehen ist. Doch muss der Gesichtspunkt „Internet als Kommunikationsmittel" breiter diskutiert werden, denn das Chatten ist ja nicht die alleinige Möglichkeit zu weltweiter Kommunikation, die das Internet bietet. Vielmehr ...*"

Aufgabe 54 Gestalten Sie nun diesen ersten Aspekt argumentativ weiter aus.

Die weitere Ausführung der Erörterung muss vorab gut überlegt werden. Für die Darstellung der Argumente haben sich grundsätzlich zwei verschiedenartige Aufbaumodelle der Erörterung eingebürgert.

Die **eine Vorgehensweise (reihend)** besteht darin, zunächst der Reihe nach die **positiven** Argumente zu entwickeln, in diesem Fall also die Bedeutung des Internets hervorzuheben. Im Anschluss daran werden dann – ebenfalls Punkt für Punkt – die Argumente der Gegenseite dargestellt.

Im **zweiten Verfahren**, das auch als das **dialektische** bezeichnet wird, werden den **positiven Aussagen** die passenden **kritischen Einwände** jeweils unmittelbar gegenübergestellt.

Während die erste Möglichkeit eine systematische und folgerichtige Entfaltung der Gedankengänge erlaubt, bietet die zweite Möglichkeit den Vorzug des stärkeren Kontrastes und Abwechslungsreichtums. Das erste Verfahren lässt sich gewissermaßen mit zwei längeren **Plädoyers** vor Gericht vergleichen, das zweite hingegen mit einem intensiven, aber disziplinierten **Streitgespräch**. Gerade bei nicht allzu komplizierten Streitfragen wirkt das Streitgespräch, also die dialektisch aufgebaute Erörterung, oft interessanter. Es ist aber nicht so, dass diese Variante (als die vermeintlich anspruchsvollere) der anderen grundsätzlich vorzuziehen ist oder die Chance auf eine bessere Bewertung eröffnet.

Schematisch lassen sich beide Darstellungsmodelle so veranschaulichen:

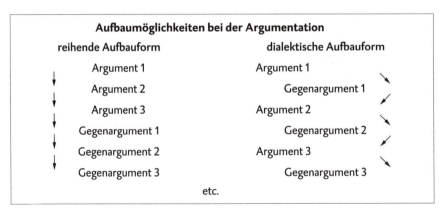

Im vorliegenden Fall soll die zweite, dialektische, Aufbauform benutzt werden, weil auf diese Weise das Für und Wider der jeweiligen Gesichtspunkte besser zur Geltung kommt.

Ein weiterer Gesichtspunkt wäre nun anzuschließen, um Bedeutung und Möglichkeiten des Internets auszuloten. Da das Internet als Informationsmedium auch schon in den Ausgangstexten eine Rolle gespielt hat, bietet es sich an, mit diesem Aspekt fortzufahren, zumal es sich ja um einen besonders wichtigen – vermutlich den zentralen – Gesichtspunkt handelt.

Aufgabe 55 Gestalten Sie den Aspekt „Informationsmittel Internet" in dialektischer Form – also zwischen Pro- und Contra-Argumenten wechselnd – aus.

Ein weiterer Gesichtspunkt sollte noch in die Erörterung einbezogen werden, um die Diskussion der Thematik auszuweiten.

Aufgabe 56 Wählen Sie einen dritten Aspekt aus Ihrer Stichwortsammlung aus und gestalten Sie ihn in zustimmender, aber auch kritischer Hinsicht argumentativ aus.

Es ist natürlich möglich, die Erörterung noch um **weitere Aspekte** aus der eingangs zusammengestellten Stoffsammlung zu erweitern. Doch sollte es in Anbetracht der begrenzten Zeit, die Ihnen in der Prüfung zur Verfügung steht, genügen, es bei den hier behandelten Standpunkten bewenden zu lassen.

Nun fehlt der Erörterung noch ein **Schluss**, in dem Sie eine kurze Bilanz ziehen, die Grundpositionen noch einmal gegeneinander abwägen und Ihre eigene Haltung deutlich machen. Der Schluss sollte zur Abrundung der erörternden Überlegungen auch nochmals auf die Argumentation in den beiden Texten zurückkommen, die den Ausgangspunkt der gesamten Erörterung gebildet haben.

Aufgabe 57   Formulieren Sie im Rückblick auf die von Ihnen untersuchten Texte sowie auf Ihre eigenen Überlegungen zur Thematik einen Schlussteil, der die wesentlichen Punkte Ihrer Ausführungen zusammenfasst. Machen Sie dabei als Konsequenz Ihrer Darstellung die eigene Haltung zum Internet deutlich.

Macht Internet süchtig? Bringt man sich selbst zum Verschwinden, wenn man stundenlang in die virtuelle Welt des „World Wide Web" abtaucht?

Überprüfen Sie abschließend alle Teile Ihres Erörterungsaufsatzes noch einmal auf die Richtigkeit der Ausführungen, auf **Rechtschreibung und Zeichensetzung** sowie auf die sinnvolle Gestaltung der Übergänge.

Freie Erörterung

Ausgangspunkt der so genannten **freien Erörterung** sind in der Regel knappe Thesen, die untersucht und schriftlich erörtert werden müssen.

Beispiel 1   „Buchverlage fürchten das Netz", so lautete im Oktober 2005 die Überschrift eines Beitrags in einer bekannten Sonntagszeitung.
Das Zitat entstammt der „Welt am Sonntag" vom 16. Oktober 2005.

Im Zusammenhang mit dieser Aussage könnte Ihnen im Abitur die folgende Aufgabenstellung begegnen:

Aufgabenstellung   **Erörtern Sie Chancen und Gefahren, die das Internet für das traditionelle Medium Buch mit sich bringt.**

Notebook und Buch: gegenseitiger Vernichtungskrieg oder doch eher friedliche Koexistenz?

Jede Erörterungsaufgabe fordert eine gründliche **eigene Auseinandersetzung** mit einer – oft aktuellen, immer aber bedeutsamen – Fragestellung oder einem Problem aus einem Bereich des gesellschaftlichen Lebens.

Immer geht es darum, **Argumente** zu finden, in denen die unterschiedlichen Aspekte des Themas zum Vorschein kommen und die es ermöglichen, sich ein differenziertes Urteil über das in Frage stehende Problem zu bilden.

Für den Aufbau und die Ausgestaltung der Argumentation bietet das bekannte **Pro- und Kontra-Schema** (vgl. hier S. 54) als Modell eines klar überschaubaren Argumentationsgangs eine geeignete Hilfe.

Wichtig ist, die genaue Formulierung der **Aufgabenstellung** zu beachten. Mit den Begriffen *Chancen und Gefahren* sind in unserem Beispiel bereits konträre Gesichtspunkte vorgegeben, unter denen die Wechselbeziehung zwischen den beiden Medien Internet und Buch – genauer: die Auswirkungen des neuen Mediums auf das traditionelle – untersucht und diskutiert werden soll.

Es bietet sich somit an, bei der **Grobgliederung** der Erörterung von den hier angebotenen Begriffen *Chancen und Gefahren* auszugehen.

Ausgangspunkt jeder Erörterungsaufgabe ist es, Gesichtspunkte, Überlegungen oder auch Materialien zu sammeln, die zur **Erschließung** des Themas beitragen. Nützlich ist die Formulierung von Leitfragen, mit denen die zentralen Begriffe aus der Aufgabenstellung aufgegriffen und nach ihrer Bedeutung befragt werden können.

In diesem Fall könnten **Leitfragen** zum Beispiel so aussehen:
- Was sind typische Merkmale der Internetnutzung?
- Welche Vorzüge hat die Nutzung des Internets?
- Welche Nachteile muss der Internetnutzer in Kauf nehmen?
- Was sind typische Merkmale der Beschäftigung mit einem Buch?
- Welche Vorzüge hat die Nutzung von Büchern?
- Mit welchen Nachteilen muss der Buchleser leben?
- Wie lässt sich das Verhältnis der beiden Medien zueinander beschreiben?
- Inwiefern können sich durch das Medium Internet Gefahren für das Medium Buch ergeben? Welche Gefahren könnten das sein?
- Inwiefern können sich aus dem Nebeneinander von Internet und Buch auch Chancen für das Medium Buch ergeben? Welche Chancen könnten das sein?

Antworten auf die Leitfragen und auch andere Ideen, Gedanken und konkrete Beispiele, die Sie zum Thema zusammentragen können, sollten dann in einer **Stoffsammlung** festgehalten werden, die zunächst ungegliedert sein kann.

Im nächsten vorbereitenden Arbeitsschritt bringen Sie **Ordnung** in Ihre Stoffsammlung. Stellen Sie zusammengehörige oder zueinander passende Überlegungen in einzelnen **Stichwortgruppen** zusammen, um aus ihnen später die Argumente zu bilden.

Zusammenfassender Überblick über die ersten Arbeitsschritte beim Verfassen einer Erörterung

1. genaue Beachtung der Aufgabenformulierung und der dadurch – eventuell – gegebenen thematischen Eingrenzungen oder Hilfestellungen
2. Formulierung von Erschließungsfragen
3. Zusammenstellung einer Stoffsammlung, gestützt auf Vorüberlegungen, vorhandene Kenntnisse zum Thema und die Antworten auf die Erschließungsfragen
4. Systematisierung der Stoffsammlung

Aufgabe 58 Erstellen Sie zu der vorgegebenen Aufgabe eine – zunächst noch ungeordnete – Stoffsammlung in Stichworten.

Aufgabe 59 Bringen Sie Übersichtlichkeit in Ihre Stoffsammlung, indem Sie sich einfache gliedernde Gesichtspunkte überlegen und Ihre Stoffsammlung danach ordnen.

Aus der systematisierten Stoffsammlung lässt sich leicht eine Gliederung der gesamten Erörterung ableiten, wenn Sie Ihre gesammelten und geordneten Überlegungen zur **Entwicklung von Argumenten** verwenden.

Die **Reihenfolge der Argumente** richtet sich nach den Vorgaben der bekannten Aufbauschemata (reihend oder dialektisch) sowie nach ihrer jeweiligen Wichtigkeit und Überzeugungskraft.

Achten Sie darauf, dass Sie mit einem wichtigen, überzeugenden Argument beginnen, aber **nicht** mit dem Ihrer Meinung nach wichtigsten. Denn grundsätzlich sollte die Abfolge der Argumente als **Steigerung** angelegt sein, damit das Interesse des Lesers nicht erlahmt.

Zusammenfassender Überblick über die weiteren Arbeitsschritte
1. **Ableitung von Argumenten** aus den systematisierten Überlegungen
2. Wahl eines geeigneten **Aufbauschemas**
3. Sinnvolle **Anordnung** der Argumente nach ihrem inhaltlichen Zusammenhang und dem Prinzip der **Steigerung**

Die hier vorliegende Aufgabenstellung erleichtert insofern das Zusammenstellen der Argumente, als bereits grundsätzliche Gesichtspunkte der Strukturierung vorgegeben sind, nämlich die Frage nach den Gefahren und Chancen, die das neue Medium für das traditionelle Buch bietet.

Aufgabe 60 Prüfen Sie, welche Punkte der in den Aufgaben 59 und 60 erstellten Stoffsammlung sich den vorgegebenen Aspekten *Chancen und Gefahren* zuordnen lassen.

Aufgabe 61 Entwerfen und skizzieren Sie nun – mithilfe von Stichworten und knappen Sätzen – Gliederungsgesichtspunkte und stellen Sie ein geeignetes Aufbauschema Ihrer schriftlichen Erörterung zusammen, bei dem Sie auch das Prinzip der Steigerung beachten.
Wählen Sie möglichst das dialektische Aufbauschema.

Mit diesen Schritten sind die **Vorarbeiten zur Erschließung** des Erörterungsthemas und zur **Strukturierung** Ihrer Darstellung abgeschlossen und das Ausformulieren des Aufsatzes beginnt.

Da eine Erörterung ein adressatenorientierter Text sein soll, der darauf angelegt ist, nicht nur zur Meinungsbildung des Lesers beizutragen, sondern ihn auch auf interessante Weise in die Thematik einzuführen, wird der eigentlichen sachbezogenen Darstellung eine **Einleitung** vorangestellt. Sie hat die **Funktion**, den Leser mit der zu erörternden **Thematik bekannt zu machen** und ihm deren **Aktualität** und/oder **Bedeutung** vor Augen zu führen. Das kann durch sachliche Hinweise, aber auch anhand eines konkreten Beispiels geschehen, welches allerdings nicht zu breit ausgeführt werden sollte.

Der **Aufbau der Erörterung** folgt also dem **dreiteiligen Schema**:
1. **Einleitung**
2. **Hauptteil der Argumentation**, aufgebaut nach dem reihenden oder dialektischen Prinzip
3. **Schlussteil: Entscheidung oder Kompromiss**

Da Sie sich jetzt schon ausgiebig mit der Thematik beschäftigt haben, sollte es Ihnen nicht schwer fallen, eine Einleitung zu formulieren.

Aufgabe 62 Schreiben Sie einen Einleitungstext zu Ihrer Erörterung, der die oben genannten Funktionen erfüllt.

Nun geht es darum, die einzelnen Argumente möglichst überzeugend zu gestalten. Das haben Sie seit der Mittelstufe oft trainiert; es genügt daher, an die wesentlichen Merkmale eines überzeugenden Arguments zu erinnern: Ein tragfähiges **Argument** entsteht dann, wenn eine **These**, ein noch unbewiesener behauptender Satz, durch **Erklärungen** und **Begründungen** gestützt wird, die dem Leser glaubwürdig oder sogar überzeugend erscheinen.

Genauigkeit und Ausführlichkeit der hinzutretenden Begründungen und Erläuterungen erhöhen die Überzeugungskraft der Beweisführung und tragen damit dazu bei, die These zur Geltung zu bringen.

Die **Qualität** Ihrer Begründungen hängt auch davon ab, ob Sie sich zum Beispiel auf die Beweiskraft persönlicher Erfahrungen oder – besser noch – auf allgemein anerkannte Erkenntnisse stützen können. Lesen Sie dazu auch die Hinweise auf Seite 48 nach.

Aufgabe 63 Gestalten Sie das erste Argument Ihres Aufbauplans. Achten Sie darauf, die Argumentation interessant zu beginnen, sodass der Leser gespannt auf deren Fortgang ist.

Beachten Sie dabei: Bei der Entfaltung des Arguments können bereits Aspekte der Gegenposition berücksichtigt werden, um von vornherein den Eindruck von Einseitigkeit zu vermeiden und einer allzu schematischen Argumentationsführung entgegenzuwirken.

Aufgabe 64   Mit einer kurzen Überleitung sollten Sie nun den nächsten Teil Ihrer Ausführungen vorbereiten, in dem die Gegenposition im Vordergrund steht. Formulieren Sie dann das Argument und achten Sie wieder auf gute, anschauliche Erklärungen und Begründungen.

Aufgabe 65   Gestalten Sie die restlichen vier Argumente Ihres Aufbauplans auf die gleiche Weise, wie Sie es in den beiden vorherigen Aufgaben geübt haben.

Die Erörterung endet mit dem **Schlussteil**. Darin ist – im Rückblick auf die vorgetragene Argumentation – eine begründete **Entscheidung für die eine** oder **die andere Seite** zu treffen.
Es ist aber auch möglich, einen **Kompromiss** zu wählen, der beide der vorgetragenen Seiten mit einbezieht und ihnen jeweils ein Stück weit Recht gibt.

Aufgabe 66   Schreiben Sie den Schlussteil Ihrer Erörterung. Versuchen Sie dabei, einen Kompromiss zu finden, der der Bedeutung beider Medien gerecht wird.

Damit haben Sie diese Erörterung abgeschlossen.

„Surfed too long": Vor einseitiger und übermäßiger Nutzung des Internets ist zu warnen.

Beispiel 2	Zur besseren Übung soll der Erörterungsaufsatz noch anhand eines **zweiten Beispiels** trainiert werden. Das folgende Thema hat gerade auch für Schülerinnen und Schüler eine erhebliche Bedeutung. Die Aufgabe lautet:
Aufgabenstellung	**Ist eine einheitliche Regelung der Rechtschreibung sinnvoll?**
	Die Bearbeitung dieser Fragestellung soll nach denselben Schritten erfolgen, die auch schon bei der vorigen Aufgabe unternommen worden sind. Dabei wird nun vorausgesetzt, dass Sie den Lösungsweg in **größerer Selbstständigkeit** gehen und daher weniger detaillierte Teilaufgaben vorgegeben werden müssen. Schlagen Sie eventuell noch einmal auf den Seiten 57 bis 62 nach, wenn Sie sich an irgendeinem Punkt über den Gang der Lösung nicht ganz im Klaren sind.
Aufgabe 67	Beginnen Sie mit der Formulierung von Erschließungsfragen, die Ihnen helfen, sich über Aspekte des Themas und Möglichkeiten des Umgangs mit ihm klar zu werden.
Aufgabe 68	Stellen Sie nun eine Stoffsammlung zum Thema zusammen und bearbeiten Sie sie so, dass ihre Endfassung nach sachlichen Gesichtspunkten geordnet ist.
Aufgabe 69	Stellen Sie in einer Gliederung die endgültigen Argumente und die geplante Struktur der Erörterung zusammen.
Aufgabe 70	Schreiben Sie eine Einleitung zum Thema, die die vorne erläuterten Anforderungen erfüllt (vgl. S. 61). Nun geht es um die eigentliche Argumentation. Ob Sie Ihren Text **reihend oder dialektisch** aufbauen, müssen Sie selbst entscheiden. Die dialektische Struktur ist immer dann sinnvoll, wenn man auf ein Argument mit einem unmittelbar darauf bezogenen Gegenargument antworten kann, sodass eine fast dialogisch wirkende Auseinandersetzung entsteht. Oftmals ist das aber nicht so gut möglich. Das ist vor allem dann der Fall, wenn die Argumente mit mehreren unterschiedlichen Begründungen versehen und unter sehr verschiedenen Aspekten ausgestaltet werden. Dann entfaltet sich der vollständige Sinnzusammenhang besser, wenn die Argumente jeder Seite aufeinander folgend vorgetragen werden. Aus diesen Gründen ist im Lösungsteil diesmal die reihende Struktur gewählt.

Aufgabe 71   Schreiben Sie den gesamten Hauptteil Ihrer Erörterung.

Um den Umfang des Aufsatzes in einem Rahmen zu halten, der der begrenzten Arbeitszeit in der Abiturprüfung entspricht, sollten Sie sich auf jeweils drei bis vier Pro- beziehungsweise Kontra-Argumente beschränken. Diese Argumente sollten jedoch sehr differenziert – unter Berücksichtigung möglichst vieler Aspekte – vorgetragen werden.

Aufgabe 72   Schreiben Sie nun den Schlussteil, in dem Sie zu einer begründeten Entscheidung der Fragestellung kommen oder in abwägender Weise zu dem von Ihnen zuvor erörterten Thema Stellung beziehen.

Adressatenbezogenes Schreiben

Die Lehrpläne mehrerer Bundesländer haben in den letzten Jahren die traditionellen schriftlichen Aufgabentypen, wie sie etwa auf den vorherigen Seiten dieses Buches dargestellt worden sind, um kreative Formen erweitert. Dazu gehören das Verfassen eines Leserbriefs, eines journalistischen Textes wie Kommentar, Glosse, Interview oder Essay bzw. das Gestalten einer Rede. Diese neuen Schreibaufgaben können in einigen Bundesländern auch im Abitur gestellt werden.

Immer geht es bei diesen Aufgabenarten darum, Texte zu verfassen, die sich statt eines sachlich unpersönlichen Tons einer lebendigen Darstellungsweise und einer persönlichen Ansprache an den Leser bedienen: Sie sind **adressatenbezogen**, d. h., sie verwenden eine Darstellungsweise, die den Rezipienten direkt einbeziehen, ihn auf diese Weise für die jeweilige Thematik besonders interessieren und von der Auffassung des Verfassers überzeugen will. Wenn Sie einen adressatenbezogenen Text verfassen sollen, gilt es immer, zuerst die **Kommunikationssituation** zu klären.

> **Frageansätze für das adressatenbezogene Schreiben**
> - Welche **Textsorte** verlangt die Aufgabenstellung? Welche Merkmale zeichnen einen solchen Text aus? Welche Form und welche sprachliche Gestaltung sind angemessen?
> - Welche **Rolle** müssen Sie einnehmen? Aus wessen Sicht sollen Sie den Text verfassen? Welche Ziele verfolgen Sie als Schreiber?
> - Wer ist der **Adressat**? Welche Vorinformationen und welche Meinung können Sie bei dem Rezipienten Ihres Textes voraussetzen? Welche Erwartungen hat der Leser Ihrer Ausführungen?
> - Welches **Thema** sollen Sie behandeln? Welche Informationen können Sie aus eventuell vorgegebenen Textvorlagen ziehen? Können Sie eigenes Erfahrungswissen einbringen?

Alle Formen des adressatenbezogenen Schreibens zielen darauf ab, den Leser zu beeinflussen und ihn von einer Ansicht zu überzeugen. Großes Gewicht kommt daher der gezielten und durchdachten Verwendung **rhetorischer Mittel** zu, die die jeweilige Intention des Verfassers umsetzen sollen.

Exemplarisch für die Aufsatzarten des adressatenbezogenen Schreibens sollen im Folgenden die Eigenheiten des Kommentars und des Essays näher untersucht und eingeübt werden.

Kommentar

Der Kommentar hat sich im Verlauf des 19. Jahrhunderts in den Printmedien als eigenständige Textsorte entwickelt, die von der rein sachlich-informierenden Nachricht unterschieden wird. Als gesprochener Kommentar spielt er auch heute in Nachrichtensendungen des Fernsehens eine wichtige Rolle – was schon daran erkennbar ist, dass die Rolle des Kommentators häufig dem Chefredakteur des jeweiligen Sendeformats zukommt.

Zur Erarbeitung der Besonderheiten des Kommentars wurde hier zunächst ein Text gewählt, der sich mit dem 2010 erfolgten Beschluss der Bundesregierung beschäftigt, den Plan zum Wiederaufbau des Berliner Stadtschlosses auf der Spreeinsel aus finanziellen Gründen vorerst aufzuschieben.
Damit besser verständlich wird, welche spezifischen Darstellungsmittel einen Kommentar auszeichnen, soll zunächst als Vergleichsbasis ein informierender Text zum gleichen Sachverhalt analysiert werden.

Text

| UNTERNEHMEN | KARRIERE | KONTAKT | SITEMAP | SUCHE

WESTFALEN-BLATT

Baustopp ist Chance und Risiko
Berliner Stadtschloss kommt frühestens 2014 – Manche Beobachter fürchten: nie

1   **Berlin (dpa).** *Nach dem Beschluss, den Wiederaufbau des Berliner Stadtschlosses auf 2014 zu verschieben, fürchten Beobachter, der Baustopp bedeute das endgül-*
5   *tige Aus. Andere warnen, damit verschenke die Republik eine große Chance.*
    Anfang Juni hatte die Bundesregierung beschlossen, die für 2010 geplante Wiedererrichtung der Hohenzollernresidenz
10 auf 2014 zu verschieben. Der Beschluss wurde mit dem Zwang zum Sparen begründet. Kulturstaatsminister Bernd Neumann (CDU) geht davon aus, dass dennoch gebaut wird, „wenn auch mit Ver-
15 zögerungen".
    Auch Bundeskanzlerin Angela Merkel habe gesagt, „wir wollen es machen und wir werden es machen", berichtete Neumann. „Es darf keine grüne Wiese, keine
20 Zahnlücke in der deutschen Hauptstadt geben. Berlin ist das Schaufenster der Kulturnation Deutschland. Die letzte Antwort an dieser historischen Stelle darf nicht Walter Ulbricht, der kulturelle
25 Barbar, sein", meinte der Staatsminister. Der frühere SED-Chef Ulbricht hatte die Ruine des Hohenzollernschlosses 1950 sprengen lassen.
    Bundesbauminister Peter Ramsauer
30 (CSU) hat mittlerweile angedeutet, dass trotz der Sparbeschlüsse bereits im Jahr 2013 der Grundstein zum sogenannten Humboldt-Forum gelegt werden könnte. Das Humboldt-Forum ist eine Kombina-
35 tion aus Museum, Bibliothek und Wissenschaftskomplex, das in das Schloss einziehen soll, um dessen Konzept aber noch gerungen wird.
    Der Wiederaufbau soll 552 Millionen
40 Euro kosten, von denen der Bund 440

Das Berliner Stadtschloss

Millionen übernimmt, die Stadt Berlin 32 Millionen und der private Förderverein unter der Leitung des Unternehmers Wilhelm von Boddien 80 Millionen. Die sollen aus privaten Spenden erbracht werden, aber Boddien hat noch keine 20 Millionen Euro beisammen.

Neumann sagte: „Mit Kürzungen bei der Kultur kann man keinen Haushalt sanieren, liegt doch der Anteil in den Ländern und Gemeinden bei mageren 1,9 Prozent." Bei den Baukosten gehe es zwar um den Etat des Bauministers, andererseits ist Neumann als Dienstherr der Stiftung Preußischer Kulturbesitz für die inhaltliche Ausgestaltung des Humboldt-Forums zuständig. Er habe im Kabinett betont: „Wenn es im Laufe der Jahrhunderte bei den großen Bauten, die wir noch heute zu Recht bestaunen, immer um die gerade aktuelle Finanzsituation gegangen wäre, dann hätten wir heute kein grandioses kulturelles Erbe in Deutschland." Die Kanzlerin habe diese Ansicht geteilt.

Auch andere Kulturpolitiker der Union machen Front gegen den Aufschub. Monika Grütters, die Vorsitzende des Kulturausschusses, sagte, man müsse nach dem Motto „Jetzt erst recht" für die inhaltliche Ausgestaltung des Schlosses als Humboldt-Forum werben. Ihr Fraktionskollege Wolfgang Börnsen, kulturpolitischer Sprecher der CDU/CSU-Fraktion, kündigte an: „Die Kulturpolitiker von Union und FDP werden mit dafür sorgen, dass es noch in dieser Legislaturperiode zur Realisierung des Stadtschlosses kommt."

Auch Hermann Parzinger, der Präsident der Stiftung Preußischer Kulturbesitz, warb leidenschaftlich für einen raschen Baubeginn. Das in den historischen Fassaden geplante Museums- und Veranstaltungszentrum sei eine einmalige Chance, im Herzen Berlins einen „Ort der Weltkulturen" zu schaffen, sagte er. „Diese Chance sollten wir nicht verspielen." Würde das Projekt ganz gestrichen, seien bei dem als Übergangsquartier benutzten Museum in Dahlem rund 200 Millionen Euro Sanierungskosten fällig.

Berlins Regierender Bürgermeister Klaus Wowereit (SPD) hätte nach dem Beschluss zum Baustopp von einem

„Armutszeugnis" gesprochen. Wowereit führte fort, was schon bei Parzinger angeklungen war: Die Verschiebung des Baubeginns bedeute, dass die Zukunft „dieses wichtigen Projekts völlig ungewiss ist".

Bauminister Ramsauer wies das zurück: Der Bundestagsbeschluss aus dem Jahr 2002 zum Schloss gelte nach wie vor. Er will die gewonnene Zeit „als Chance" begreifen, das „Jahrhundertprojekt Humboldt-Forum stärker in der Öffentlichkeit zu verankern".

Jüngere Umfragen belegen, dass zu diesem Punkt noch einiges an Arbeit zu leisten ist. 80 Prozent der Berliner Bürger sind gegen das Schloss.

Daten und Fakten
1443: Baubeginn unter Brandenburgs Kurfürst Friedrich II. **15. Jahrhundert:** Umbau zum Renaissance-Schmuckstück unter Kurfürst Johann II. **1699:** Umbau durch Andreas Schlüter zu einem Juwel des Barock; mehrfache Änderungen in den folgenden Jahrzehnten **3. Februar 1945:** nach einem Bombenangriff ausgebrannt **bis 1950:** Nutzung als Museum **30. Dezember 1950:** Sprengung auf Befehl Walter Ulbrichts **1973–76:** Bau des Palastes der Republik („Erichs Lampenladen") **2006–08:** Abriss des „Palastes" **2007:** Bundestag und Berlin beschließen den Wiederaufbau **2008:** Franco Stella gewinnt den Architektenwettbewerb **Juni 2010:** Beschluss über Baustopp bis **2014**

Aus: Westfalen-Blatt, 29.06.2010; dpa

Aufgabe 73 Entnehmen Sie dem Text zunächst die Informationen, die die historische Entstehung, Entwicklung und Bedeutung des Bauwerks betreffen.
Wo finden Sie diese Informationen und wie sind sie dargestellt?

Aufgabe 74 Untersuchen Sie den Aufbau des informierenden Textes.
Fassen Sie dazu den Inhalt der Abschnitte knapp zusammen.

Aufgabe 75 Stellen Sie stichpunktartig die Argumente zusammen, die **für** den Neubau des Schlosses angeführt werden.

Aufgabe 76 Stellen Sie zur weiteren Reflexion der Sachlage nun noch Argumente zusammen, die für den Baustopp sprechen, und formulieren Sie ein Argument aus.

Computervisualisierung des Berliner Schlosses (Lustgartenfassade mit den Portalen IV und V)

In der gleichen Ausgabe der Zeitung, die so über das Schlossprojekt und dessen Stopp informiert hat, nimmt der Kulturredakteur zu dem Sachverhalt Stellung. Er schreibt den folgenden **Kommentar:**

Berliner Schloss: Des Königs schäbiger Anzug
VON MATTHIAS MEYER ZUR HEYDE

Als man Preußens König Friedrich Wilhelm III. vorschlug, einen fadenscheinig gewordenen Anzug auszumustern, lehnte der des Deutschen nur in Infinitivkonstruktionen mächtige Monarch das Ansinnen per handschriftlicher Notiz ab: „Anzug gut – ihn noch viele Jahre tragen können". Der Gute war halt sparsam. 1817 hielt der König die – längst überfällige – Renovierung der Fassade des Berliner Schlosses für überflüssig. Da warnte ihn Preußens erster Ästhet vor einem gewaltigen Imageschaden: „Welch einen widrigen Eindruck würde es im Lande und im Auslande machen, wenn das Königliche Schloss eines Hauptschmuckes beraubt würde aus einem ökonomischen Grunde".

Jener Ästhet war natürlich niemand anderes als der Architekt und Stadtplaner Karl Friedrich Schinkel, der stilbildende „Vater des Klassizismus". Schinkel hat sich damals durchgesetzt, und das ist der Unterschied zu heute.

200 Jahre nach dem schlichten König regiert erneut die Schlichtheit des ökonomischen Denkens, aber weit und breit ist kein Schinkel in Sicht, der den Kleingeistern in den Arm fiele. Bundesbauminister Peter Ramsauer (CSU) rief Entsetzen hervor, als er die geplante Kuppel des Schlosses in Autobahnkilometer umrechnete – mit einem Betonquader auf Berlins zentraler Brache kann er sich anfreunden, mit Schlaglöchern im Asphalt nicht.

„Das Schloss ist auch ohne Fassade machbar", befand Ramsauer – der oberste Bauherr der Republik sieht nicht, dass architektonische Form und staatliche Funktion zusammengehören. Was soll da hochgemauert werden? Ein Bunker.

So fadenscheinig der Anzug, so ärmlich das, was in ihm steckt: das Humboldt-Forum. Hermann Parzinger, der Präsident der Stiftung Preußischer Kulturbesitz, plant es als „Ort der Weltkulturen". Ein wunderbares Versprechen. Hinter ihm verbirgt sich aber wenig mehr, als dass Amazonas-Indianer und andere Kulturträger aus aller Welt die Präsentation der gesammelten Schätze mit Leben füllen sollen. Die „FAZ" nennt das einen „Kolonialzoo".

Anders die Wissenschaftler der Humboldt-Uni und der Berliner Akademien: Sie möchten zwischen den Vitrinen Forschungslabore einrichten und Tagungen abhalten. Elitäres Marketing? „Interaktives Schulfernsehen", barmt die „FAZ".

Der Bürger reibt sich die Augen und fragt sich, warum es einen Architektenwettbewerb für ein Projekt gab, das weder von der hohen Politik noch von der Geisteselite der deutschen Hauptstadt zu Ende gedacht wurde. Die Spender aus New York und Buenos Aires (die gibt es tatsächlich!) werden ganz offiziell, ministeriell, vor den Kopf gestoßen. Deutschland hängt sein Vorzeigeprojekt Nr. 1 in den Schrank, als sei es des Königs schäbiger Bratenrock von vor 200 Jahren. Das ist nicht bloß kleinlich. Das ist erbärmlich.

Aus: Westfalen-Blatt, 29.06.2010

Nun soll es darum gehen, die Aussageabsicht des Verfassers, die den Kommentar prägt, genauer zu untersuchen und Merkmale der sprachlichen Darstellungsweise zu bestimmen.

Sich mithilfe einer Gliederung einen Überblick über einen Text zu verschaffen, ist immer ein sinnvoller Einstieg.

Aufgabe 77 Gliedern Sie den Text. (Es dürfen etwa 6 Abschnitte werden.)
Halten Sie die wesentlichen Aussagen der Abschnitte in Form von jeweils einer Überschrift fest.

Aufgabe 78 a) Untersuchen Sie den Anfang des Textes (bis Z. 18) genauer: Fassen Sie zusammen, was der Verfasser darstellt und wie er die historischen Persönlichkeiten wertet.
b) Lesen Sie bis zu Zeile 36 weiter und zeigen Sie, welche Parallelen zwischen damals und heute dem Leser nahegelegt werden.
c) Beurteilen Sie die Funktion der historischen Episode am Textanfang. Beziehen Sie dabei auch die Überschrift ein.

Aufgabe 79 Arbeiten Sie anhand des folgenden Textabschnitts (Z. 37–54) heraus, wie der Verfasser des Kommentars die Planungen zum Humboldt-Forum im Berliner Schloss darstellt und bewertet.

Aufgabe 80 Arbeiten Sie die kritischen Folgerungen des Kommentators im Schlussabschnitt (ab Z. 61) heraus. Beachten Sie dabei die sprachliche Gestaltung.

Um die Darstellungsweise und Intention des Kommentars noch einmal zu resümieren und die besonderen Kennzeichen eines Kommentars zu bestimmen, lösen Sie nun die folgenden Aufgaben:

Aufgabe 81 a) Formulieren Sie den Sachverhalt, auf den sich der Kommentar bezieht.
b) Kennzeichnen Sie die Position, die der Kommentator einnimmt.
c) Fassen Sie die Gründe zusammen, die der Verfasser als besonders wichtig herausstellt.
d) Charakterisieren Sie die Mittel, mit denen der Verfasser seine Leser für den Sachverhalt zu interessieren und sie in der Beurteilung auf seine Seite zu ziehen versucht.

Aufgabe 82 Untersuchen Sie die rhetorischen Mittel, die der Kommentator verwendet, um die Leser in seinem Sinn zu beeinflussen.

Zentrale Merkmale eines Kommentars
- Bezugnahme auf einen aktuellen Sachverhalt, eine aktuelle Diskussion
- deutliche Positionierung des Kommentators, d. h. Darstellung seiner subjektiven Ansicht zu der Thematik als zentrale Aussageabsicht des Textes
- Kommentator will die Meinungsbildung beim Leser in seinem Sinne beeinflussen
- Verwendung sprachlich-rhetorischer Mittel zur Unterstützung der Überzeugungskraft der Darstellung
- Weckung und Intensivierung des Leserinteresses durch einen auffälligen und ungewöhnlichen Einstieg

Die Sprachtheorie Karl Bühlers entwickelt drei Kategorien, in die Texte entsprechend ihrer Aussageintentionen eingeteilt werden können:
- **expressive** Texte, die vor allem einem Gefühl oder einer Stimmung des Verfassers Ausdruck verleihen;
- **darstellende** Texte, deren Schwerpunkt auf der umfassenden objektiven Information der Leser liegt;
- **appellative** Texte, durch die ein Sprecher/Schreiber eine Wirkung auf seine Rezipienten ausüben, ihnen z. B. seine subjektiven Überzeugungen vermitteln und/oder sie zu einer Handlung veranlassen will.

Nach dieser Theorie ist der Kommentar als eine vor allem appellative Textsorte einzuordnen.

Die Klausuraufgabe, einen Kommentar auf der Grundlage eines vorgelegten Sachtextes zu verfassen, setzt zunächst die bisher eingeübten und angewendeten Erarbeitungsschritte voraus:
- Ein anhand eines Textes vorgegebener Sachverhalt muss zunächst in seinen Einzelheiten erschlossen werden. Unterschiedliche Ansichten in Bezug auf den Sachverhalt müssen deutlich geworden sein.
- Nach Klärung möglicher Standpunkte zum Thema muss sich der Kommentator ein eigenes Bild machen.
- Um diese Meinung den Lesern überzeugend zu vermitteln, sind spezielle Darstellungs- und Überzeugungsstrategien zu beachten, wie sie oben anhand des Textbeispiels analytisch herausgearbeitet worden sind.
- Diese und ähnliche Strategien müssen dann im eigenen, selbstständig zu schreibenden Kommentar angewendet und produktiv umgesetzt werden.

An einem Beispiel soll der gesamte Lösungsweg, den diese Aufgabenstellung erfordert, nun geübt werden.

Frankfurter Allgemeine

Für die Schule, nicht fürs Leben

Was bringt das Latinum in der heutigen Arbeitswelt? Rein inhaltlich nichts, sagen die Unternehmen. Doch so mancher Chef lässt sich mit Lateinkenntnissen trotzdem beeindrucken. Weil sie Bildung signalisieren.

VON NADINE BÖS

1 Es gibt so einige ungeliebte Sprüche, die wohl jeder Lateinschüler früher oder später einmal zu hören bekommt. „Non scholae sed vitae discimus" ist so einer:
5 „Nicht für die Schule, sondern für das Leben lernen wir." Wirklich? Immerhin: Der Lateinunterricht an Deutschlands Schulen boomt wie selten. Nach den Datenreihen des Statistischen Bundes-
10 amtes geht der Anteil der Lateinschüler seit Jahren nach oben. Lernten im Schuljahr 2004/2005 noch 7,7 Prozent aller Schüler Latein, waren es im Schuljahr 2008/2009 schon 9,3 Prozent. Doch
15 wenn es um die Nützlichkeit von Latein geht, streiten sich die Fachleute weiterhin: Hilft es im Erlernen romanischer Fremdsprachen und im logischen Denken? Und geben die Verantwortlichen in Deutsch-
20 lands Personalabteilungen im Zweifel Bewerbern mit Latinum den Vorzug?

Mit einem klaren „Ja" oder „Nein" sind diese Fragen nicht zu beantworten. Eine Umfrage dieser Zeitung, an der sich
25 22 der 30 Dax-Unternehmen beteiligt haben, ergab: 95 Prozent der Konzerne sehen Latein nicht mehr als formelles Auswahlkriterium für Bewerber an. In nur einem einzigen Konzern – Bayer –
30 hieß es, Lateinkenntnisse seien für einige ausgewählte Positionen von Vorteil. Keine der befragten Personalabteilungen antwortete, dass Lateinkenntnisse ein Kriterium seien, an dem eine Bewerbung
35 scheitern könne. Mancherorts löste die Frage nach der Nützlichkeit des Latinums unter den Mitarbeitern der Personalabteilung gar eine gewisse Erheiterung aus.

Der Lateiner beeindruckt auf informeller
40 **Ebene**

Gleichwohl: Auf informeller Ebene beeindruckt der Lateiner den Personalchef häufig mehr als der Nicht-Lateiner. Mehr als die Hälfte der befragten Konzerne
45 (59 Prozent) sagten, ein vorhandenes Latinum falle positiv auf. „Wenn ich persönlich mir eine Bewerbung anschaue, dann springt mir das schon ins Auge", sagt beispielsweise Ralf Memmel aus der
50 Personalabteilung von Infineon. Er habe selbst Latein gelernt, und auch seine drei Kinder lernten alle Latein. „Latein ist eine Denkschule, ist eine gute Grundlage für das Erlernen weiterer Sprachen, für argu-
55 mentative Fähigkeiten und für die Kommunikation", glaubt Memmel.

Ähnlich sieht das Frank Schmith, Leiter des Personalmarketings der Deutschen Lufthansa. Zwar könne eine ein-
60 zelne Qualifikation wie das Latinum nie den Ausschlag für eine Bewerberauswahl geben, aber: „Sich heute dem Studium und Erlernen des Lateins zu widmen, sagt auch etwas über einen Kandidaten, etwa
65 seine Lerndisziplin, aus." Andere Unternehmen führen an, dass das Latinum auf eine humanistische Allgemeinbildung schließen lasse. „Bei Akademikern kann ich im Einzelfall nicht ausschließen, dass
70 ein Latinum im Abiturzeugnis den Aus-

schlag für einen Bewerber geben kann, wenn ansonsten die Qualifikationen identisch sind", sagt Helbert Dühr aus der Personalabteilung von RWE Power.

„**Ob jemand Latein kann, sagt über einen Bewerber so viel wie seine Haarfarbe**"
Elsbeth Stern, Professorin für Lehr- und Lernforschung an der Eidgenössischen Technischen Hochschule Zürich, kann darüber nur den Kopf schütteln. „Ob jemand Latein gelernt hat oder nicht, sagt über einen Bewerber ungefähr so viel aus wie seine Haarfarbe", sagt sie. Stern konnte in Studien gemeinsam mit dem Bayreuther Schulpädagogik-Professor Ludwig Haag nachweisen, dass Latein weder Vorteile für das logische Denken noch für das Erlernen von Fremdsprachen bringt – im Gegenteil: In einer ihrer Untersuchungen verglichen die Forscher die Spanischleistungen von Studenten, die in der Schule Latein gelernt hatten, mit denen von Studenten, die Französisch gelernt hatten. Dabei schnitten die Lateiner klar schlechter ab. Das Fazit der Forscher: „Latein ist offensichtlich keine optimale Grundlage für das Erlernen moderner Sprachen."

Elsbeth Stern würde den Lateinunterricht deshalb gern in die Sphären der Wahlfächer für besonders interessierte Schüler verbannen. „Schulische Ressourcen sind knapp", argumentiert sie. „Deutschland hinkt hinterher, wenn es um die mathematisch-naturwissenschaftlichen Fähigkeiten der Schüler geht." Wenn deutsche Arbeitgeber Lateinkenntnisse noch immer mit einem bildungsbürgerlichen Hintergrund assoziierten und deshalb positiv werteten, so sei das nichts anderes als das Aufrechterhalten einer „Kulturmafia" und „international völlig überholt". [...]

Aus: FAZ, 24.06.2010

Aufgabenstellung: Geben Sie den Inhalt des Artikels wieder. Verfassen Sie dann einen Kommentar zur beruflichen Relevanz von Lateinkenntnissen. Erläutern Sie abschließend die inhaltliche und sprachlich-rhetorische Gestaltung Ihres Textes.

Aufgabe 83: Gliedern Sie den Text und fassen Sie die jeweiligen Abschnitte knapp zusammen.

Aufgabe 84: Schreiben Sie eine strukturierte Inhaltsangabe, die die Gliederung des Textes deutlich macht und seine Hauptaussagen zusammenfasst.

Nachdem Sie die Gliederung und die Aussagen des Textes herausgearbeitet haben, müssen Sie Ihre eigene Haltung zu dem Thema bestimmen. Welche Ansichten vertreten Sie zur Bedeutung von Lateinkenntnissen? Wie schätzen Sie die Meinungen der Personalchefs ein? Betrachten Sie auch die Aussagen der Wissenschaftler kritisch!

Aufgabe 85 Schreiben Sie einen selbstständigen Kommentar, der kritisch in die Diskussion um die Bedeutung von Lateinkenntnissen eingreift und Stellung bezieht.
Denken Sie daran, Ihre Leser durch Ihre sprachliche Darstellungsweise anzusprechen und ihnen Ihre Ansicht eindringlich zu vermitteln.

Oft wird von Ihnen als Abschluss eines adressatenbezogenen Schreibens in einer separaten Teilaufgabe verlangt, die Gestaltung Ihres eigenen Textes zu reflektieren und zu erläutern. Dabei sollen Sie auf der Metaebene zeigen, wie Sie Ihre Intentionen bewusst durch sprachliche Mittel gestützt haben.

Aufgabe 86 Erläutern Sie die inhaltliche und sprachlich-rhetorische Gestaltung Ihres Textes.

Leserbrief, Glosse, Rede

Eng verwandt mit dem Kommentar ist der **Leserbrief**. Zwar ist hier in der Regel kein professioneller Schreiber am Werk, sodass die sprachlich-rhetorische Gestaltung meist einfacher gehalten ist, doch teilt der Leserbrief mit dem Kommentar die vergleichbare Kommunikationssituation, nämlich die enge Orientierung des Textes an einem aktuellen Thema, aus dem sich jeweils auch der Grund des Schreibens ergibt. Wie der Kommentar dient der Leserbrief dazu, die Meinung seines Verfassers auszusprechen und anderen die Richtigkeit der eigenen Auffassung nahezubringen. Allerdings sind Sie beim Verfassen eines Briefes stärker an formale Kriterien gebunden und müssen den Adressaten direkt und persönlich ansprechen.

Als Sonderform des Kommentars kann die **Glosse** bezeichnet werden, die ebenfalls zu den journalistischen Textsorten gehört. Auch sie äußert sich zu einem aktuellen gesellschaftlichen Thema, zeichnet sich aber vor allem durch ihre Darstellungsweise aus, indem sie sprachlichen Witz, Ironie, Anspielungen auf literarische Texte oder auch Sarkasmus einsetzt, um intelligent und unterhaltsam zugleich die Meinung des Verfassers wirksam zum Ausdruck zu bringen. Als problematisch erweist sich die Glosse dann, wenn die Ernsthaftigkeit eines Themas durch ihre belustigende Darstellungsweise beeinträchtigt wird oder die Adressatenorientierung leidet, sobald das ironisch-witzige Spiel mit der Sprache, das der Verfasser entfaltet, am Verstehenshorizont des Lesers vorbeigeht. Auch hier sollten Sie als Verfasser stets den Rezipienten im Blick haben.

Die **Rede** ist zwar auf den ersten Blick keine Form des adressatenorientierten Schreibens, doch basiert sie, wenn auch mündlich vorgetragen, meist auf einem schriftlichen Konzept. Beim Verfassen einer Rede nehmen Sie eine Rolle ein, die sich aus der in der Aufgabenstellung vorgegebenen Kommunikationssituation erschließt. Stellen Sie sich zur Verdeutlichung der Rahmenbedingungen folgende Fragen: An wen richten sich meine Ausführungen? Vor welchem Publikum spreche ich? Welche Interessen vertrete ich? Welche Vorkenntnisse und Interessen kann ich bei meinen Zuhörern voraussetzen? Welches Ziel verfolge ich mit meiner Rede? Auch die Rede zeichnet sich durch überlegte sprachliche Darstellungsstrategien aus, die der Verfasser verwendet, um die Zuhörer zu beeinflussen und von seinem Standpunkt zu überzeugen. Dafür eignen sich manipulative sprachliche Mittel, wie rhetorische Fragen, Provokationen, Polemik, Übertreibungen o. Ä. Besondere Bedeutung kommt dem Schluss der Rede zu, da dies der letzte Eindruck ist, den die Zuhörer aufnehmen, und er daher entscheidend für die Wirkung der Rede ist.

Die Kommunikationssituation, die den bisher behandelten adressatenbezogenen Textsorten zugrunde liegt, könnte man bildlich etwa so zusammenfassen:

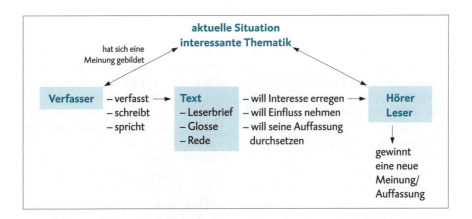

Essay

Eine besonders wichtige Form des adressatenbezogenen Schreibens soll nun noch genauer behandelt werden. Es handelt sich um den **Essay**, eine Textsorte, deren Entstehung auf einen bedeutenden französischen Politiker und Literaten des 16. Jahrhunderts, Michel de Montaigne, zurückgeführt wird und die – in Anlehnung an die Bedeutung des englischen Begriffs essay bzw. des französischen essai – als „Versuch" zu verstehen ist, sich mit einem gesellschaftlichen oder kulturellen Thema auseinanderzusetzen. Die unmittelbare Aktualität der Thematik steht dabei nicht so sehr im Vordergrund, wie das beispielsweise beim Kommentar der Fall ist, doch hat der Gegenstand, mit dem sich der Essay beschäftigt, immer eine besondere Nähe zum Umfeld und zu Problemen der Zeit, die auf das Leben der Leser einwirken.

Gestaltungsweise und Absichten eines Essays sollen nun zunächst an einem Beispiel anschaulich erarbeitet werden.

Aufgabe 87 Lesen Sie zunächst nur Titel und Untertitel des Textes und formulieren Sie stichwortartig, welche Erwartungen beim Leser geweckt werden.

Text

WELT am SONNTAG

Ich bin ein Teil von jener Kraft

Richard Herzinger hält das Public Viewing für eine neue Selbstdarstellung der offenen Gesellschaft. Das könnte auch politische Folgen haben.

VON RICHARD HERZINGER

1 Welche Kraft, um nicht zu sagen Gewalt, im Public Viewing steckt, wurde mir während der Fußball-WM 2006 klar. Wer wie ich einen guten Kilometer Luft-
5 linie von der Berliner Fanmeile am Brandenburger Tor entfernt wohnt, brauchte Spiele der deutschen Mannschaft nicht unbedingt im Fernsehen verfolgen. Man konnte den Spielstand anhand der Ge-
10 räuschkulisse erahnen, die aus dem Abstand wirkte, als würde sie von einem einzigen, ungeheuren Organismus erzeugt. Ein fernes, dauerndes Grollen und Rauschen, vergleichbar einem Wasser-
15 kocher kurz vor der Explosion, dann ein markerschütterndes, schrilles Aufkreischen, das langsam erstarb, wenn die Deutschen dicht dran waren, aber die Torchance ausgelassen hatten, ein gigan-
20 tisches Seufzen und Ächzen wie von Generationen gequälter Seelen aus dem Jenseits, wenn ein Angriff des Gegners fast zum Erfolg geführt hätte. Die Entladung bei deutschen Toren, die buch-
25 stäblich die Erde beben, die Fenster und die Nerven erzittern ließ. Und dann, als fast unheimlicher Kontrast beim Halbfinale, gegen Ende der Verlängerung:

schlagartig Grabesstille. Kein Zweifel,
Italien musste gewonnen haben.

In diesem Jahr findet die Weltmeisterschaft fernab der Heimat statt, und so nimmt das öffentliche Fußballfest nicht ganz die gigantischen Ausmaße an wie vor vier Jahren im eigenen Land. Doch auch dieses Mal sieht und spürt man, dass Public Viewing zu einer regelrechten Volksbewegung geworden ist, die Frauen und Männer, Arm und Reich, Alt und Jung gleichermaßen erfasst. Public Viewing ist weit mehr als nur gemeinsames, öffentliches Fußballgucken. Es ist das Medium, in dem sich die offene Gesellschaft selbst darstellt und selbst feiert. Der Fußball gibt den Anlass, die Straßen und Plätze in Besitz zu nehmen und dort im Wortsinne Flagge zu zeigen – die Gesellschaft tritt damit aus der Anonymität eines Abstraktums hinaus und wird sinnlich fassbar und sichtbar. Jedenfalls in der Weise, wie sie sich sehen und wie sie gesehen werden will und wie sie sich spontan darzustellen in der Lage ist. Dabei verbindet das Eintauchen in das schwarz-rot-goldene Farbenmeer die Sehnsucht rückhaltloser Vereinigung spielend mit dem nicht minder starken Drang nach der individuellen Unterscheidung. Die Farben sind gleich, wie auch der Wunsch, Deutschland und immer nur Deutschland unbedingt siegen zu sehen, aber die individuellen Kostümierungen steigern die öffentliche Zurschaustellung zu einer Mischung aus multikulturellem Karneval und improvisierter Modenschau. Besonders auffällig, kreativ, sexy, gar frivol aufzutreten wird zum impliziten Wettbewerb vor allem beim weiblichen Teil der vibrierenden Menge. Von einer großen Zeitung wird jetzt eine „Miss Public Viewing" gewählt. An das große, durch den Fußball gebündelte Spektakel sind potenziell unendlich viele Elemente der Trivial- und Unterhaltungskultur anschließbar.

Wer beim Public Viewing mitmacht, will nicht nur dabei sein, sondern vermittels der Masse auf der großen öffentlichen Bühne selbst ins Geschehen eingreifen. Dabei verschwimmen Wirklichkeit und virtuelle Realität auf höchst eigentümliche Weise. Während die Menge gebannt auf den Riesenbildschirm starrt, wird die eigene Mannschaft mit Trommeln, Tröten und Sprechchören lautstark angefeuert, als könnte sie das auf dem fernen afrikanischen Kontinent hören. Das kann sie natürlich nicht – das Ritual dient vielmehr der Selbstbefeuerung der feiernden und mitfiebernden Menge. Die bringt damit gleichwohl zum Ausdruck, dass sie nicht mehr nur unterstützendes Anhängsel des eigenen Teams sein will, sondern sich zum eigenständigen Akteur in der globalen Megainszenierung „Fußball-WM" emanzipiert hat. Im medialen Gewitter aus weltweit in Echtzeit übertragenen Bildern wetteifert die nationale Public-Viewing-Community auch um einen Spitzenplatz in der globalen Aufmerksamkeit. Auch das ist ja ein Widerspruch, den die Public-Viewing-Kultur mühelos in Einklang zu bringen scheint: Man sonnt sich im nationalen Überschwang, will das eigene Land als das beste und stärkste sehen. Zugleich aber ist man Teil einer globalisierten, nationen- und kulturenübergreifenden Völkergemeinschaft, Farbtupfer im Riesengemälde einer einzigen Weltnation der enthusiastisch berauschten Zuschauaktivisten.

Voll integriert wird dabei auch, wer mit dem Fußball im engeren Sinne nicht allzu viel anzufangen weiß. Gewiss, das

Fußballspiel bleibt im Zentrum des Geschehens. Das eigene Land muss stets der Gewinner sein, ein anderer Ausgang gleicht dem jähen Einsturz einer scheinbar für immer fest gefügten Weltordnung. Doch muss die eigene Mannschaft vor allem siegreich bleiben, damit die Partystimmung unvermindert aufrechterhalten – beziehungsweise plangemäß bis zum großen Höhepunkt, Finale und Weltmeistertitel, gesteigert werden kann.

Kann man an kulturellen Massenphänomenen überhaupt gesellschaftliche und politische Entwicklungen ablesen, so sagt uns die Public-Viewing-Begeisterung dies: Wir sind auf dem Weg in die umfassende Mitmachgesellschaft. Die demokratische Gesellschaft will nicht länger nur indirekter Urheber und Objekt von Haupt- und Staatsaktionen sein, sondern selbst zur Hauptsache werden, und das möglichst sofort, unmittelbar und ununterbrochen. Es zeigt sich eine Tendenz, dass sich an etablierten Institutionen, denen man zunehmend misstraut, vorbei ein gesellschaftliches Eigenleben entwickelt, das irgendwann auch die Institutionen erfassen und verändern könnte. Auf der Ebene des Fußballs passt es in diese Stimmung, dass man es bei der Nationalmannschaft mit einer – durch den Ausfall Ballacks unfreiwillig – jäh verjüngten Truppe aus als unverbraucht und authentisch wahrgenommenen Spielern zu tun hat. Das verstärkt noch die Identifikation mit dem eigenen Team. […]

Aus: Welt am Sonntag vom 20.06.2010

Bild von der Fanmeile in Berlin, die zur Fußball-WM 2010 in Südafrika eingerichtet wurde.

Ein typisches Merkmal des Essays gerät bei dieser Untersuchung des Titels schon ins Blickfeld: Sein Ansetzen bei einem aktuellen und bekannten Geschehen, von dem weitergehende, grundsätzlich gesellschaftliche und interessierende Fragestellungen abgeleitet und reflektiert werden.

Um die Darstellungsweise und die Aussagen des Textes genauer zu erarbeiten, werden nun bekannte Verfahren der Textanalyse angewendet.

Aufgabe 88 Gliedern Sie den Text zunächst grob in drei Abschnitte und benennen Sie die wesentlichen Aussagen und Funktionen der Abschnitte.

Aufgabe 89 Untersuchen Sie den von Ihnen festgelegten ersten Abschnitt genauer.
Arbeiten Sie heraus, wie es dem Verfasser gelingt, Interesse bei seinen Lesern zu wecken, und beachten Sie dabei sowohl die inhaltliche wie auch die sprachliche Seite des Textes.

Aufgabe 90 Zeichnen Sie den Gedankengang des zuvor definierten zweiten Textabschnitts in knappen Sätzen nach.

Aufgabe 91 Erläutern Sie anhand des zweiten Textabschnitts die Bedeutung, die Richard Herzinger dem Public Viewing zuschreibt, und untersuchen Sie, welcher sprachlichen Mittel er sich dabei bedient.

Aufgabe 92 Skizzieren Sie nun den Gedankengang, der den dritten Textabschnitt bestimmt.

Aufgabe 93 Zeigen Sie auf, inwiefern hier eine Weiterführung des bisherigen Gedankengangs vorliegt.

Da Sie nun einen Überblick über die Aussagen des Essays gewonnen haben, ist die noch ausstehende Frage nach der Bedeutung des rätselhaften Titels zu klären. Es handelt sich um ein Zitat aus Goethes *Faust I*, in dem zu Beginn Gott und Mephisto einen Dialog führen. Dabei stellt sich Mephisto als Gegenpol zu Gott dar, als eine Art kosmische Kraft, die er als Kraft des Bösen charakterisiert. Faust, die Titelfigur von Goethes Schauspiel, wird im Verlauf des Dramas zwischen diesen beiden Polen Gott und Teufel stehen, und Mephisto wird alles versuchen, um Faust auf seine Seite zu ziehen.

Aufgabe 94 Informieren Sie sich noch genauer über diesen Eingangsdialog in Goethes *Faust I* (Prolog im Himmel).
Beurteilen Sie anschließend die Bedeutung, die das Zitat hier als Titel des Essays hat.

Aus der Erschließung des Textes ergeben sich folgende Charakteristika der Textsorte Essay:

Merkmale eines Essays
- Aufgreifen einer Thematik, die das aktuelle Leserinteresse anspricht
- Gestaltung eines attraktiven sprachlichen und inhaltlichen Einstiegs in den Text, der zum Weiterlesen motiviert
- Verknüpfung des aktuellen Einstiegs mit weiterführenden Überlegungen oder Folgerungen, mit denen der Verfasser über gesellschaftliche Bedeutsamkeiten nachdenkt und/oder auf Veränderungen hinweist
- Verwendung einer bewusst rhetorisch gestalteten, pointierten Sprache, die den Text lebendig und anschaulich macht
- Verzicht auf argumentativ begründende und belegende Beweisführung zugunsten eigenständiger, manchmal auch überraschender Reflexion: subjektive Tönung des Textes
- Tendenz zum assoziativen „Gedankenspaziergang", der aber trotzdem einem roten Faden folgt und sich aus verschiedenen Richtungen einer komplexen Thematik annähert
- Der Essay will unterhalten, interessieren, appellieren, provozieren

Nun geht es darum, selbst einen Essay zu schreiben.
Ein Essay ist keine wissenschaftliche Abhandlung, in der exakte Argumente entfaltet und Fakten zur Begründung herangezogen werden müssen. Dennoch ist es notwendig, sich einen intensiven Einblick in die Thematik zu verschaffen und dadurch genügend Anregungen für das Schreiben zu gewinnen.

Aufgabenstellung **Verfassen Sie einen Essay zum Thema „Sprache – Jugendsprache – Sprachverfall". Wählen Sie selbst einen Titel für Ihren Text.**

Das folgende Dossier ist dazu gedacht, Ihnen Hintergrundinformationen zum vorgegebenen Thema zu verschaffen, zu dem Sie einen essayistischen Text verfassen sollen.

Aufgabe 95 Lesen Sie die fünf folgenden Materialien und formulieren Sie zu jedem ein Abstract, in dem Sie die jeweilige Hauptaussage knapp zusammenfassen – Aufbau und Argumentationsgang eines Textes bleiben in einem Abstract unberücksichtigt.

Adressatenbezogenes Schreiben | 81

Text 1

DER TAGESSPIEGEL

Deutsche fürchten Sprachverfall

Vor allem ältere Bundesbürger sind der Meinung, dass es mit der deutschen Sprache bergab geht. Die Jugend sieht das gelassener. Einigkeit herrscht bei der Frage über den unbeliebtesten Dialekt: Sächsisch.

Die Deutschen fürchten um ihre Sprache. Knapp zwei Drittel der Bundesbürger meinen, die deutsche Sprache drohe „mehr und mehr zu verkommen". Ursache dafür sei
5 unter anderem der stark zunehmende Einfluss anderer Sprachen auf den deutschen Wortschatz. Außerdem werde weniger Wert auf eine gute Ausdrucksweise gelegt, vor allem im Elternhaus, der Schule und in den
10 Medien. Auch die Kommunikation per SMS oder E-Mail wurde als möglicher Grund für den Verfall genannt, genauso wie der Trend zu ständig neuen und unverständlichen Abkürzungen. Über 40 Prozent
15 der Befragten fanden, viele Menschen könnten sich heute schlechter ausdrücken als noch vor 20 oder 30 Jahren.

Allerdings zeigen sich deutliche Altersunterschiede in der Bewertung des Sprach-
20 verfalls: Jüngere Altersgruppen sehen auch positive Entwicklungen. Der Wortschatz sei heute größer als früher und durch die Arbeit am Computer werde mehr gelesen und geschrieben. Insgesamt soll die deut-
25 sche Sprache vielseitiger und lebendiger geworden sein, befinden 18 Prozent.

Aus: Tagesspiegel vom 13.06. 2008; dpa

Text 2

© Bernd Pohlenz/toonpool.com

Text 3 Von der Internetseite der Uni Magdeburg

Warum gibt es überhaupt Jugendsprache?

Bleibt noch zu klären – warum gibt es überhaupt eine Jugendsprache? Eine Zusammenstellung der vielen Gründe Jugendlicher, sich sprachlich abzugrenzen, listet Hermann Ehmann auf:

1) Der Protestaspekt

Fast immer steht Protest im Vordergrund, wenn Jugendliche sich in ihrer Sprechweise von der Alltagssprache der Erwachsenen bewusst abgrenzen. Sie verstehen „ihre" Sprache in erster Linie als Instrument gegen die – aus ihrer Sicht – zur Sprache gebrachte Sprachlosigkeit der Erwachsenenwelt und als Gegenpol zu bestehenden sprachlichen und gesellschaftlichen Normen bzw. Konventionen, die antiquierte Relikte aus vorangegangenen Zeiten darstellen. Schlagendes Beispiel hierfür ist „Dinos" als Synonym für „Eltern".

[…]

5) Der affektiv – emotionale Aspekt

Aufgestaute Aggressionen werden am sinnvollsten durch konkrete Handlungen oder verbal abgebaut. Hunde, die bellen, beißen nicht. Also: Die Jugendsprache kann als ein Stück „kanalisierter Emotionsabfuhr" mit therapeutischem Effekt gedeutet werden: Wer sich sprachlich abreagiert, begeht keinen Vatermord und braucht keine Therapeuten. Da sich Jugendliche während der Pubertät mit ziemlich vielen Konflikten auseinandersetzen müssen, die sie allesamt nicht lösen können, drängen ihre aufgestauten Affekte und Emotionen in die Sprache.

www.uni-magdeburg.de/didaktik/projekte_student/Projektseiten/Jugendsprache/index.htm
Autorinnen: Nicole Rohrbeck, Regina Meißner, Jasmin Lippert, Sabrina Fitzner

Text 4 Gustav Wustmann: Allerhand Sprachdummheiten

Kleine deutsche Grammatik des Zweifelhaften, des Falschen und des Häßlichen; ein Hilfsbuch für alle die sich öffentlich der deutschen Sprache bedienen (1891)

„Die Sprache wird heute so schnell umgebildet, daß sie heute verkommen und verlottert ist. Unbeholfenheit und Schwerfälligkeit, Schwulst, Ziererei und grammatische Fehlerhaftigkeit nehmen zu. An die Stelle einer guten Schriftsprache ist eine häßliche Papiersprache getreten. Dazu kommt noch die Ausländerei, eine Erbschwäche des Deutschen. Der Deutsche mag so alt werden, wie er will, er wird immer und ewig der Affe der anderen Nationen bleiben. Franzosennachäfferei und Engländernachäfferei sind verbreitet. [...] Der eigentliche Herd und die Brutstätte dieser Verwilderung sind die Zeitungen, genauer die Tagespresse. Seit der Pressefreiheit von 1848 gibt es ein Überangebot, das zur Verwilderung führt. [...]

Aus: Gustav Wustmann, Allerhand Sprachdummheiten, 1891

Text 5 Vortrag von Prof. Rudi Keller, Uni Düsseldorf

Es ist wichtig zu klären, in welchem Sinne man das Wort Sprache verwendet, wenn man über deren Verfall redet; denn dieses Wort wird in unserer Umgangssprache äußerst vieldeutig gebraucht. In den Ausdrücken „die Sprache des jungen Goethe", „die Sprache der Jugendlichen" und „die deutsche Sprache" wird „Sprache" in je verschiedener Bedeutung verwendet. Im ersten Fall meint man einen bestimmten Ideolekt, eben die typischen Besonderheiten des Sprachgebrauchs des jungen Goethe; im zweiten Fall eine bestimmte gruppenspezifische Varietät des Deutschen, einen bestimmten Soziolekt. Sprache im Sinne von Deutsch, Englisch oder Suaheli meint ein bestimmtes System von konventionellen Regeln – phonologischen, syntaktischen und semantischen Konventionen, die gegenwärtig gelten. Da gesellschaftliche Konventionen ständigem Wandel unterliegen und außerdem (beispielsweise) sozial, regional, alters- und möglicherweise geschlechtsspezifisch variieren, ist der Begriff „die deutsche Sprache" notwendigerweise äußerst unscharf. Aber immerhin gibt es einen harten Kern derselben, sagen wir die Schnittmenge all dieser Varietäten. In einem solchen Sinne ist „Sprache" wohl gemeint, wenn vom Verfall derselben die Rede ist. Damit ist aber auch klar, dass man Sprache nicht gleichsetzen darf mit bestimmten Äußerungen oder Texten einzelner Personen. Fehlerhafte Äußerungen lassen keine Schlüsse auf den Zustand „der Sprache" zu – es sei denn, es handelt sich um sehr systematisch und frequent vorkommende Fehler.

Damit sind wir an einem Punkt, der ausschlaggebend sein könnte für die verbreitete Ansicht, die Sprache gehe allmählich zugrunde: Jede Veränderung einer Konvention beginnt notwendigerweise mit deren Übertretung, und Übertretungen sprachlicher Konventionen nennt man „Fehler". Wenn der Fehler schließlich zum allgemeinen Usus geworden ist, dann hat er aufgehört, ein Fehler zu sein und eine neue Konvention ist entstan-

den. Solange das Präteritum des Verbs schrauben noch schrob lautete, machte der, der schraubte sagte, einen Fehler. Heute machen wir alle diesen „Fehler" und
55 genau deshalb ist es keiner mehr. (Erhalten geblieben ist uns nur noch die starke Form des Partizips von verschrauben in seiner metaphorischen Bedeutung: verschroben.)

http://www.joern.de/tipsn133.htm

Aufgabe 96 Schreiben Sie nun selbst einen Essay zum Thema „Sprache – Jugendsprache – Sprachverfall". Formulieren Sie selbst eine passende und den Leser ansprechende Überschrift.
(Die Informationen des vorangegangenen Dossiers zum Thema können, müssen aber nicht von Ihnen aufgegriffen und verwertet werden.)

Lösungen

Textanalyse

Aufgabe 1 Schlüsselwörter des Textes, die immer wieder genannt werden, sind: *Leidenschaften, Mitleid(en), Schrecken, Bewunderung.*

Zu den Namen Ödipus und Lajus (auch: Laios): Ödipus ist der Held der gleichnamigen griechischen Tragödie des Dichters Sophokles. Unwissend tötet er seinen Vater Lajus und heiratet anschließend seine Mutter. Als alles ans Licht kommt, sticht er sich die Augen aus und verlässt seine Heimat.

Aufgabe 2
- Kommunikationssituation des Textes
  Gotthold Ephraim Lessing schreibt einen Brief an Friedrich Nicolai. Beide sind, wie Ihnen vielleicht bekannt ist, wichtige Vertreter der Aufklärung. Lessing antwortet auf eine vorangegangene Mitteilung von Nicolai, der ihm einen Auszug aus einer von ihm verfassten Abhandlung über das Trauerspiel geschickt hatte (vgl. Z. 1–3).
- Thema des Textes
  Die Schlüsselwörter des Textes (vgl. Aufgabe 1) weisen darauf hin, dass Lessing in seinem Brief erläutert, auf welche Weise die Tragödie seiner Ansicht nach auf den Zuschauer oder Leser wirken solle.

Formulierungsvorschlag zur Zusammenfassung des Themas:
1756 erläutert Lessing in einem Antwortbrief an Nicolai seine Vorstellung vom Trauerspiel. Er weist ihm die Aufgabe zu, in den Zuschauern Leidenschaften zu erregen, und beschreibt dann „das Mitleiden" (Z. 31) als diejenige Leidenschaft, auf die im Trauerspiel alles ankomme. Die Bedeutung des Mitleidens wird genauer abgegrenzt und als grundlegende menschliche Fähigkeit erläutert, die nach Lessings Ansicht durch die Betrachtung eines Trauerspiels gefördert wird.

Aufgabe 3
1. Z. 1–6: Lessings Dank an Nicolai und Ankündigung seiner kritischen Auseinandersetzung mit dessen Ausführungen zum Trauerspiel
2. Z. 8–12: Lessings eigene Bestimmung des Zwecks eines Trauerspiels: Erregung von Leidenschaften
3. Z. 14–28: Überlegung, welche Leidenschaften im Zuschauer hervorgerufen werden können, und Hinweis darauf, dass diese nicht mit der Bandbreite von Leidenschaften übereinstimmen, die der Dramatiker seine Figuren durchleben lassen kann
4. Z. 29–31: Schlussfolgerung, dass der Zuschauer nicht die gleichen Gefühle durchlebt wie die Figur im Trauerspiel, sondern mit ihr mitempfindet: Mitleiden ergibt sich daher als die entscheidende Leidenschaft, um die es im Trauerspiel geht.
5. Z. 31–36: Fingieren einer Gesprächssituation, einer Gegenrede: Schrecken und Bewunderung als mögliche Leidenschaften, die der Zuschauer empfinden soll; Zurückweisung dieses Einwands
6. Z. 38–57: Entkräftung des fingierten ersten Gegenvorschlags: Schrecken ist lediglich „überraschte[s] Mitleid" (Z. 54 f. und 39 f.)
7. Z. 58–67: Entkräftung des fingierten zweiten Gegenvorschlags: Bewunderung als „das entbehrlich gewordene Mitleiden" (Z. 61)
8. Z. 68–82: Klärung des Zusammenhangs und der Abgrenzung der drei Begriffe „Schrecken, Mitleid, Bewunderung" (Z. 68 f.); Schrecken und Bewunderung als Hilfsmittel, Mitleid zu erwecken und andauern zu lassen
9. Z. 83–102: Schlussfolgerung: Zweck des Trauerspiels ist es, „unsere Fähigkeit, Mitleid zu fühlen, [zu] erweitern" (Z. 88 f.). Dieses Mitleiden soll sich auch jenseits des Theaters und der Kunst im praktischen Leben bewähren. Weil Mitleid den Menschen tugendhaft macht, macht folglich auch das Trauerspiel den Menschen „besser und tugendhafter" (Z. 100 f.).

Aufgabe 4 *Formulierungsvorschlag:*
Lessing beginnt seinen Brief mit dem Hinweis darauf, dass er seine Überlegungen zum Trauerspiel darstellen und damit in eine Auseinandersetzung mit seinem Briefpartner Nicolai eintreten wolle.
Am Anfang seiner Erörterung steht die thesenartige Behauptung, dass das Trauerspiel (den Begriff verwendet er gleichbedeutend mit Tragödie, vgl. Z. 12 oder auch 87) die Aufgabe habe, „Leidenschaften [zu] erregen" (Z. 12). Diese Aussage erfolgt zunächst ohne sachliche Begründung, son-

These zur Aufgabe des Trauerspiels

Lösungen

Textanalyse

Aufgabe 1 Schlüsselwörter des Textes, die immer wieder genannt werden, sind: *Leidenschaften, Mitleid(en), Schrecken, Bewunderung.*

Zu den Namen Ödipus und Lajus (auch: Laios): Ödipus ist der Held der gleichnamigen griechischen Tragödie des Dichters Sophokles. Unwissend tötet er seinen Vater Lajus und heiratet anschließend seine Mutter. Als alles ans Licht kommt, sticht er sich die Augen aus und verlässt seine Heimat.

Aufgabe 2
- Kommunikationssituation des Textes
  Gotthold Ephraim Lessing schreibt einen Brief an Friedrich Nicolai. Beide sind, wie Ihnen vielleicht bekannt ist, wichtige Vertreter der Aufklärung. Lessing antwortet auf eine vorangegangene Mitteilung von Nicolai, der ihm einen Auszug aus einer von ihm verfassten Abhandlung über das Trauerspiel geschickt hatte (vgl. Z. 1–3).
- Thema des Textes
  Die Schlüsselwörter des Textes (vgl. Aufgabe 1) weisen darauf hin, dass Lessing in seinem Brief erläutert, auf welche Weise die Tragödie seiner Ansicht nach auf den Zuschauer oder Leser wirken solle.

Formulierungsvorschlag zur Zusammenfassung des Themas:
1756 erläutert Lessing in einem Antwortbrief an Nicolai seine Vorstellung vom Trauerspiel. Er weist ihm die Aufgabe zu, in den Zuschauern Leidenschaften zu erregen, und beschreibt dann „das Mitleiden" (Z. 31) als diejenige Leidenschaft, auf die im Trauerspiel alles ankomme. Die Bedeutung des Mitleidens wird genauer abgegrenzt und als grundlegende menschliche Fähigkeit erläutert, die nach Lessings Ansicht durch die Betrachtung eines Trauerspiels gefördert wird.

Lösungen

Aufgabe 3
1. Z. 1–6: Lessings Dank an Nicolai und Ankündigung seiner kritischen Auseinandersetzung mit dessen Ausführungen zum Trauerspiel
2. Z. 8–12: Lessings eigene Bestimmung des Zwecks eines Trauerspiels: Erregung von Leidenschaften
3. Z. 14–28: Überlegung, welche Leidenschaften im Zuschauer hervorgerufen werden können, und Hinweis darauf, dass diese nicht mit der Bandbreite von Leidenschaften übereinstimmen, die der Dramatiker seine Figuren durchleben lassen kann
4. Z. 29–31: Schlussfolgerung, dass der Zuschauer nicht die gleichen Gefühle durchlebt wie die Figur im Trauerspiel, sondern mit ihr mitempfindet: Mitleiden ergibt sich daher als die entscheidende Leidenschaft, um die es im Trauerspiel geht.
5. Z. 31–36: Fingieren einer Gesprächssituation, einer Gegenrede: Schrecken und Bewunderung als mögliche Leidenschaften, die der Zuschauer empfinden soll; Zurückweisung dieses Einwands
6. Z. 38–57: Entkräftung des fingierten ersten Gegenvorschlags: Schrecken ist lediglich „überraschte[s] Mitleid" (Z. 54 f. und 39 f.)
7. Z. 58–67: Entkräftung des fingierten zweiten Gegenvorschlags: Bewunderung als „das entbehrlich gewordene Mitleiden" (Z. 61)
8. Z. 68–82: Klärung des Zusammenhangs und der Abgrenzung der drei Begriffe „Schrecken, Mitleid, Bewunderung" (Z. 68 f.); Schrecken und Bewunderung als Hilfsmittel, Mitleid zu erwecken und andauern zu lassen
9. Z. 83–102: Schlussfolgerung: Zweck des Trauerspiels ist es, „unsre Fähigkeit, Mitleid zu fühlen, [zu] erweitern" (Z. 88 f.). Dieses Mitleiden soll sich auch jenseits des Theaters und der Kunst im praktischen Leben bewähren. Weil Mitleid den Menschen tugendhaft macht, macht folglich auch das Trauerspiel den Menschen „besser und tugendhafter" (Z. 100 f.).

Aufgabe 4 *Formulierungsvorschlag:*
Lessing beginnt seinen Brief mit dem Hinweis darauf, dass er seine Überlegungen zum Trauerspiel darstellen und damit in eine Auseinandersetzung mit seinem Briefpartner Nicolai eintreten wolle.

Am Anfang seiner Erörterung steht die thesenartige Behauptung, dass das Trauerspiel (den Begriff verwendet er gleichbedeutend mit Tragödie, vgl. Z. 12 oder auch 87) die Aufgabe habe, „Leidenschaften [zu] erregen" (Z. 12). Diese Aussage erfolgt zunächst ohne sachliche Begründung, son-

These zur Aufgabe des Trauerspiels

dern wird lediglich mit der selbstbewussten Feststellung „das erkenne ich für wahr" (Z. 8) eingeleitet, die hier die Funktion eines Autoritätsarguments erfüllt.

Anschließend grenzt Lessing die möglichen Arten von Leidenschaften ein, die ein Dramatiker beim Zuschauer hervorrufen kann. In einer Reihung rhetorischer Fragen geht er Gefühlsregungen wie zum Beispiel Freude oder Zorn durch, um schließlich festzustellen, dass ein Zuschauer nicht dieselben Empfindungen wie eine Dramenfigur erleben, sondern ‚nur' mit der dramatischen Gestalt mitempfinden könne. Es gibt also keine Identifikation des Zuschauers mit einer Figur des Schauspiels, wohl aber eine Nähe. Lessing definiert daraufhin „das Mitleiden" (Z. 31) als die „einzige Leidenschaft" (Z. 29 f.), die beim Zuschauer des Trauerspiels hervorgerufen wird.

Abgrenzungen zum Zweck der Definition des Mitleidens

Danach fingiert er den möglichen Einwand, dass der Zuschauer durch das Trauerspiel auch in „Schrecken und Bewunderung" (Z. 34 f.) versetzt werden könne, um diese Gegenmeinung anschließend zu entkräften.

weitere Abgrenzungen: Schrecken und Bewunderung

Lessings Auffassung ist, dass diese beiden Begriffe „keine Leidenschaften" (Z. 35) bezeichnen. Er geht zunächst genauer auf den Begriff des Schreckens ein und erklärt seine Vorstellung, indem er zwei Beispiele einbezieht, deren erstes der *Ödipus*-Tragödie des Sophokles entstammt. Er argumentiert, dass der Schrecken lediglich dazu diene, als überraschender Anstoß das Mitleid mit einer Person in Gang zu setzen.

Auch den Begriff der Bewunderung setzt Lessing dann mit dem Mitleiden in Beziehung. Erneut verwendet er das Beispiel eines dramatischen Helden: Wenn dieser aufgrund der Charakterstärke, mit der er sein Unglück erträgt, vom Zuschauer nicht bedauert, sondern bewundert wird, ist das Mitleiden überflüssig geworden. Deshalb definiert Lessing die Bewunderung als „das entbehrlich gewordene Mitleiden" (Z. 61). Dass die Bewunderung gleichwohl ein wichtiger Bestandteil der Wirkungsweise der Tragödie ist, begründet Lessing später mit dem Argument, dass sich der Zuschauer in der Bewunderung zeitweilig vom Mitleiden erholen könne. Werde hingegen das Mitleiden ständig in

Anspruch genommen, nütze es sich ab (vgl. Z. 81 f.). Die Bewunderung dient also letztlich dem Zweck, das Mitleiden lebendig zu erhalten und ist ihm insofern untergeordnet.

Als Hierarchie der drei Begriffe ergibt sich für Lessing demnach die Anordnung „Schrecken, Mitleid, Bewunderung" (Z. 68 f.), wobei der Schrecken den Anstoß für das Mitleiden gibt und die Bewunderung der zeitweiligen Erholung vom Mitleiden dient. Dieses aber steht für Lessing im Zentrum des Trauerspiels.

Zusammenhänge zwischen Schrecken, Mitleiden und Bewunderung

Diesen Zusammenhang der Begriffe zu verstehen ist für jeden Dichter eines Schauspiels sehr nützlich. Denn wenn er durch eine geschickte Handlungsführung Schrecken beziehungsweise Bewunderung als Zuschauerreaktionen hervorruft, kann er so das ihm eigentlich wichtige Gefühl des Mitleidens schneller und besser entstehen lassen beziehungsweise in Gang halten.

Der Zuschauer, der durch die Trauerspielhandlung intensiv zur Empfindung des Mitleidens angehalten wird, überträgt diese Haltung – so Lessings Hoffnung und Erwartung – auch auf das praktische Leben; und für Lessing ist der „mitleidigste Mensch [...] der beste Mensch" (Z. 95 f.). Dieses Resultat der Besserung der Menschen, ihres Charakters und ihres Verhaltens, ist nach Lessings Vorstellung das eigentliche Verdienst des Trauerspiels und damit des dramatischen Dichters. Seine Kunst ist kein Selbstzweck, sondern wirkt sich auf das Zusammenleben der Menschen in der Gesellschaft förderlich aus.

Nutzen des Mitleidens für das gesellschaftliche Zusammenleben

Aufgabe 5 *Formulierungsvorschlag:*
Lessing verwendet grundsätzlich eine sachlich darstellende Sprache. Da er sich mit theoretischen Überlegungen zum Trauerspiel beschäftigt, spielen abstrakte Begriffe wie „Mitleiden" oder „Bewunderung", die menschliche Empfindungen bezeichnen, natürlich eine wichtige Rolle. Lessing bemüht sich aber, abstrakte Begriffe durch Beispiele anschaulich werden zu lassen (z. B. Z. 21 f. oder 41 ff.) oder sie zu konkretisieren (Z. 69 f.).

sprachliche Analyse

Um den klaren gedanklichen Verlauf seines Textes zu unterstreichen, benutzt er eine Reihe von Konjunktionen. Häufig signalisiert er mit „aber" (vgl. Z. 8, 19, 62, 70), dass er einen Gedanken anfügt, der zum Vorherigen im Gegensatz steht. Mit „wenn" (Z. 49, 79, 81, 83) entwickelt er Ketten konditionaler Zusammenhänge, um die Beziehungen zwischen seinen zentralen Begriffen zu klären. Überhaupt fällt auf, dass Lessing immer dann, wenn es ihm um genaue Beschreibung und Unterscheidung geht, einen stark hypotaktischen Satzbau verwendet (vgl. etwa Z. 48–55 und 83–89). Auf der anderen Seite wird eine zu strenge Sachlichkeit des Textes dadurch verhindert, dass Lessing seinen Leser direkt anredet – wie es in einem Brief ja auch nicht weiter verwunderlich ist (Z. 31 und 55) – und sich mit dessen möglichen Einwänden auseinandersetzt (Z. 32 ff.). Auch wechselt er aus seinem sachlichen Ton in eine rhetorisch geprägte Redeweise, sobald es darum geht, dem Leser seinen Hauptgedanken, die Bedeutung des Mitleidens im Trauerspiel, eindringlich zu vermitteln. Hier verwendet er eine Reihung von kurzen anaphorisch gebundenen rhetorischen Fragen (Z. 21 f.), mit denen er deutlich macht, dass andere „Leidenschaften" als das Mitleiden zwar in die dramatischen Figuren hineingelegt, nicht aber im Zuschauer hervorgerufen werden können.

klare, logische Strukturierung durch die Sprache Lessings

rhetorische Elemente

Durch die Verwendung solcher abwechslungsreicher sprachlicher Gestaltungsweisen gelingt es Lessing, seinen Text trotz der theoretischen Thematik gut verständlich zu machen.

gabe 6 *Formulierungsvorschlag:*
Lessing erläutert in seinem Text, warum „das Mitleiden" seiner Überzeugung nach die alleinige und entscheidende „Leidenschaft" ist, die ein Trauerspiel im Zuschauer hervorruft. Er grenzt es von anderen Gefühlsregungen, die durch ein Schauspiel erzeugt werden, genau ab, um seine Bedeutsamkeit und Wirkungsweise sichtbar zu machen. Für Lessing bleibt die durch das Schauspiel geförderte

Zusammenfassung

Fähigkeit des Zuschauers, Mitleid zu empfinden, nicht auf das Feld der Kunst beschränkt. Sie wirkt sich vielmehr auch auf das gesellschaftliche Leben aus, indem sie die Menschen und ihren Umgang miteinander verbessert. Dieser alltagspraktische Bezug ist für Lessing besonders wichtig. Er ist der Zielpunkt seiner Argumentation.

Aufgabe 7 *Formulierungsvorschlag:*
Der Text des Germanisten und Journalisten Dieter E. Zimmer erschien 1986 in seinem Buch *Redens Arten*. Zimmer befasst sich mit Entwicklungen innerhalb der deutschen Gegenwartssprache, die vielfach als Anzeichen eines Sprachverfalls angesehen werden.

Einleitung

Aufgabe 8 Stichworte zur Gliederung:
1. Z. 1–28: These, dass das Deutsche sich seit einem Jahrtausend von einer synthetischen zu einer analytischen Sprache entwickle, und Beispiele zur Begründung und Veranschaulichung der These
2. Z. 30–50: Feststellung, dass sich der Nominalstil ausbreite, und Beispiele für diese Tendenz
3. Z. 51–69: der Nominalstil als Verstoß gegen das natürliche Gleichgewicht im deutschen Satzbau; der Nominalstil als Merkmal einer blassen und bürokratisch wirkenden Sprache
4. Z. 70–98: der Nominalstil als Ausweg aus dem für das Deutsche charakteristischen Rahmungszwang: die Effektivität des Nominalstils
5. Z. 99–109: Nutzen und Schrecken des Nominalstils

Aufgabe 9 *Formulierungsvorschlag:*
Dieter E. Zimmer beginnt seinen Text, indem er den seit 1000 Jahren andauernden Entwicklungsprozess erwähnt, im Zuge dessen sich das Deutsche von einer „synthetischen" zu einer mehr und mehr „analytischen" Sprache umgestaltet habe (Z. 1–7). Diese beiden sprachwissenschaftlichen Begriffe werden in Nebensätzen erklärt (Z. 3 f. und 5–7) und durch Beispiele sinnfällig gemacht (Z. 7 ff., eingeleitet durch das Signalwort „So"). Auf diese

Tendenzen des sprachlichen Entwicklungsprozesses

Weise werden anhand konkreter Beispiele Tendenzen des
Sprachwandels beleuchtet. So fallen Kasusendungen (wie *Wegfall von*
die Genitivendung -s), die Zusammenhänge von Nomina *Kasusendungen*
kennzeichnen, in der modernen Alltagssprache vielfach
fort und werden durch einzelne ungebeugte Wörter ersetzt, die nunmehr dafür verantwortlich sind, Sinnzusammenhänge herzustellen. Den Titel von Goethes Briefroman *Die Leiden des jungen Werthers* führt Zimmer als
Beispiel an (Z. 10–14).

Ein weiterer Aspekt dieses Sprachwandels ist für Zimmer, *Schwund des Konjunktivs*
dass der Konjunktiv zu schwinden droht. Zimmer nennt
Beispiele von heute weitgehend unbekannten Konjunktivformen (Z. 16 f.), die deshalb in Vergessenheit geraten
seien, weil der Konjunktiv mittlerweile verbreitet mithilfe
von *würde* gebildet werde. Zimmer betont, dass dieser
Verlust deshalb so ernst zu nehmen sei, weil er zugleich
einen Verlust an Eindeutigkeit bedeute, und führt hierzu
wiederum ein Beispiel an (Z. 24–28).

Nach einem Auslassungszeichen (Z. 29) folgt ein neuer *Nominalstil*
Teilaspekt des Themas: Zimmer wendet sich nun dem in
der deutschen Sprache sich stark ausbreitenden Nominalstil zu. Die Diskussion dieses Phänomens bildet, wie sich
in der Folge zeigt, das Kernstück des vorliegenden Textauszugs, sodass dem bisher untersuchten Teil (Z. 1–28)
im Rückblick die Funktion einer Einleitung zukommt.

Den Nominalstil veranschaulicht Zimmer mit zwei längeren, überwiegend aus Nomen bestehenden Sätzen, über
die er sich anschließend ein wenig lustig macht, indem er
die noch vorkommenden Verben als „schwächlich" (Z. 41)
und „kümmerlich" (Z. 49 f.) vermenschlicht und zugleich
abwertet.

Zur näheren Kennzeichnung des Nominalstils bezieht sich *Kritik am Nominalstil*
der Verfasser auf das menschliche Sprachgefühl, das nach
einer gleichgewichtigen Verteilung von Subjekt und Prädikat in einem Satz verlange (Z. 51–57). Im Nominalstil
hingegen werde das Prädikat in Umfang und inhaltlicher
Aussagekraft zurückgedrängt. Die Nomen übernehmen die
traditionelle Funktion des Verbs, die Aussage des Satzes
zu vermitteln. Sie werden gleichsam zu den alleinigen Be-

deutungsträgern des Satzes. Dies führt zu dem typischen Nominalstil, den der Verfasser als steif und bürokratisch kennzeichnet.

Zimmer geht davon aus, dass sich der Nominalstil trotz aller Kritik weiter durchsetzen wird. Er begründet seine Überzeugung zunächst mit dem Hinweis darauf, dass der Gebrauch des Nominalstils Nebensätze vermeiden helfe (Z. 76 f.). Dies diene nicht nur dem Zweck, Sätze zu verknappen, sondern biete vor allem die Chance, dem so genannten Rahmungszwang als einem Merkmal des deutschen Satzbaus zu entgehen.

Vorteile des Nominalstils

Mithilfe eines Beispiels erläutert der Verfasser, dass unter Rahmungszwang die Notwendigkeit zu verstehen ist, bei zweiteiligen Prädikaten (also beispielsweise bei jeder Perfekt- oder Plusquamperfekt-Form) Hilfsverb und Vollverb auseinanderzureißen, um die weiteren Satzteile zwischen ihnen unterzubringen. Das erschwert vor allem in längeren Sätzen die Verständlichkeit, da die Aussage so lange in der Schwebe bleibe, bis am Ende des Satzes das Verb auftauche.

Der Nominalstil löse dieses Problem, da er in diesen Fällen eine knappere und übersichtlichere Formulierung der Aussage ermögliche.

Die Kehrseite dieser positiven Eigenschaft des Nominalstils ist nach Ansicht von Zimmer, dass die Möglichkeit zum knappen und klaren Formulieren (und der damit einhergehende Eindruck von Wichtigkeit) einen besonderen Reiz auf Menschen ausübe, die Zimmer als „Wichtigtuer" (Z. 102) bezeichnet. Sie nutzen den Nominalstil gern und lieben es, mit seiner Hilfe jede noch so einfache Aussage künstlich ‚aufzumotzen'. Auf diese Weise entstünden nominal aufgeblähte Satzkonstruktionen, die Zimmer ebenfalls mit einem Beispiel veranschaulicht (Z. 103–105).

Missbrauch des Nominalstils

Dieses abschließende Urteil betont die negativen Aspekte des Nominalstils, da in der eben dargestellten Verwendung der Vorteil, knapp zu formulieren, verloren geht und nur der vorher gekennzeichnete Nachteil einer aus dem Gleichgewicht geratenen Satzstruktur übrig bleibt.

Aufgabe 10   *Formulierungsvorschlag:*
Die Entwicklungen, die in der deutschen Sprache sichtbar werden, führen nach Zimmer einerseits – durch den Wegfall grammatischer Formen – zur Vereinheitlichung und Vereinfachung der Sprache, aber auf der anderen Seite auch zu einem Verlust an sprachlicher Präzision. *zusammenfassendes Urteil Zimmers*

Im Bereich des Satzbaus kann die vordringende Verwendung des Nominalstils zwar komplizierte und schwerer verständliche Nebensatzstrukturen vereinfachen, doch ist damit oft eine bürokratisch wirkende Unpersönlichkeit der Formulierung verbunden. Auch birgt nach Zimmer der Nominalstil häufig die Gefahr, dass durch überflüssige Nominalisierungen einfachster Aussagen Sätze künstlich aufgebläht werden und damit der Vorteil einer knappen Ausdrucksweise wieder verloren geht.

Zimmer räumt also zwar eine Berechtigung des Nominalstils ein, doch wird dessen Nutzen seiner Auffassung nach in der alltäglichen Anwendung häufig wieder zunichte gemacht.

Weitere Aufgabenstellungen für die analytische Arbeit mit Sachtexten

Aufgabe 11
- Fremdwörter
  Hypothek (Z. 11): finanzielle Belastung eines Grundstücks oder Wohnungseigentums als Sicherheit für eine geliehene Geldsumme
  Utopien (Z. 25 f.): unrealistische Vorstellungen von Zukunft
  Makulaturen (Z. 27): überholte, veraltete, wertlos gewordene Texte
  imaginär (Z. 29): nur scheinbar existierend
  ideologisch (Z. 30): einseitig, einer bestimmten (politischen) Meinung verpflichtet

- Vorschläge für Unterstreichungen wichtiger Aussagen
  – Z. 5–7: *Wirklichkeit, diese sogenannte Wirklichkeit, die stieß ihr auf. Es gab sie ja gar nicht mehr [...].*
  – Z. 17–19: *Zittern des Mittelalters bei der Auflösung der religiösen [Wirklichkeit]*

- Z. 19–21: *welche fundamentale Erschütterung jetzt seit 1900 bei Zertrümmerung der naturwissenschaftlichen [Wirklichkeit]*
- Z. 29 f.: *Sinn und Ziel waren imaginär, gestaltlos, ideologisch*
- Z. 30 f. und 31–34: *Auflösung der Natur [...]. Die alten Realitäten Raum und Zeit: Funktionen von Formeln; Gesundheit und Krankheit: Funktionen von Bewußtsein!*
- Z. 39 f.: *untergangsgeweihte Welt*
- Z. 43–45: *Expressionisten [...] diese Gläubigen einer neuen Wirklichkeit [...] hielten*
- Z. 49 f.: *[...] hielten ihre Existenz dieser Zertrümmerung entgegen*
- Z. 68–71: *Aufstand mit Eruptionen, Ekstasen, Haß, neuer Menschheitssehnsucht, mit Zerschleuderung der Sprache zur Zerschleuderung der Welt*

- Thematik
Es geht Benn um eine kritische Auseinandersetzung mit dem Verlust von Wirklichkeit in den beiden Jahrzehnten zwischen 1900 (vgl. Z. 20) und 1920 (vgl. Z. 39). Er beschreibt die dramatischen Veränderungen der Lebensverhältnisse und der Weltsicht der Menschen nach 1900 und wie dieser Wandel zu einer existenziellen Verunsicherung der Menschen führte. Das kleine Häufchen der Expressionisten (vgl. Z. 58 ff.) betrachtet er demgegenüber als Träger der Hoffnung auf eine neue Wirklichkeit. Insgesamt ist Benns Text getragen vom Pathos der Konfrontation zwischen den Wenigen, die die Zeichen der Zeit erkannt haben und angemessen darauf reagieren (zu ihnen zählt er sich selbst), und der Masse derjenigen, denen das intellektuelle Vermögen, aber auch die Unerschrockenheit fehlt, sich den Herausforderungen der neuen Zeit zu stellen.

- Gliederungsaspekte in Stichworten
  - Z. 1–13: die Entstehung des Expressionismus und seine Einsicht, dass die bisherige Wirklichkeit im emphatischen Sinne (also die mit geistigem Wert erfüllte Welt, wie sie durch Traditionen, Religiosität, Kunst vermittelt wird) zu existieren aufgehört hat und an ihre Stelle nichts getreten ist als der Einfluss der ökonomischen Verhältnisse
  - Z. 14–42: Diagnose der Gegenwart als Auflösungsprozess von Wirklichkeit anhand von einzelnen Bereichen der Gesellschaft und des traditionellen Denkens
  - Z. 42–71: Erinnerung an den durch die Expressionisten heraufbeschworenen „Sturm" (Z. 42) auf die „untergangsgeweihte Welt" (Z. 39 f.), der durch abschätzige Bemerkungen über die Künstler, die zur selben Zeit in routinierter und risikoloser Weise mit längst überholten Kunstmitteln

Erfolge feierten, noch zusätzlich als revolutionäre Leistung herausgestrichen wird.
- Schlussfolgern der wesentlichen Aussage: Beschreibung der Veränderungen der Wirklichkeit aus der Sicht der Expressionisten und ihre Reaktion darauf.

Formulierungsvorschlag:
Der 1955 geschriebene Text von Gottfried Benn beschäftigt sich im Rückblick mit der Entstehungszeit des Expressionismus. Benn versteht expressionistische Dichtung als kritische Antwort auf eine sich verändernde Wirklichkeit. Er beschreibt, wie sich durch unterschiedliche Faktoren der wissenschaftlichen, wirtschaftlichen und gesellschaftlichen Entwicklung überlieferte, bis dahin für unveränderbar gehaltene Sichtweisen der Menschen auf die Wirklichkeit auflösten. Übrig blieb die Wahrnehmung einer Welt, in der der Einzelne sich und seine Umgebung nur noch als Produkt wissenschaftlich oder ökonomisch beschreibbarer und definierter Vorgänge erfuhr und das Bewusstsein eines übergeordneten Lebenssinns schwand.

Benns Thema

Die Leistung der expressionistischen Kunst sieht Benn darin, sich unerschrocken diesen Erfahrungen einer existenziellen Verunsicherung und der Zerstörung des Überlieferten gestellt und sich nicht an die tradierte, zum Klischee gewordene Sprache geklammert zu haben. Sie sei vielmehr konsequent *zerschleudert* worden, um damit die alte, unwahr gewordene Wirklichkeit zu zerstören (vgl. Z. 70 f.). Benn betrachtet die Expressionisten jedoch nicht nur als mutige Anarchisten, sondern auch als Visionäre einer neuen Wirklichkeit, die – aus seiner Sicht wohl gerade durch ihre Radikalität und Entschlossenheit – mit dem Einsatz ihrer ganzen Existenz der „Zertrümmerung" der Wirklichkeit entgegengetreten seien (vgl. Z. 49 f.). Für Benn waren die Expressionisten die Retter der Wirklichkeit, weil sie als erste erkannten, dass die Wirklichkeit nur zu bewahren sei, indem man nicht ängstlich an ihr festhielt (sie war ja nicht mehr da, an ihre Stelle waren ja „ihre Fratzen" getreten, vgl. Z. 7 ff.), sondern sie – paradoxer-

die Leistung der expressionistischen Kunst und die Rolle der Expressionisten

weise – entschlossen zerstörte. Damit wurden die Expressionisten für Benn zu Hoffnungsträgern für eine neue Wirklichkeit, in der das „alte Absolute" fortdauern würde (Z. 44 ff.). Wie eine solche neue Wirklichkeit konkret ausgesehen hätte, vermag Benn aber auch im Rückblick offenbar nicht zu sagen.

Aufgabe 13
- Einleitung: Angaben zum Text und zur Thematik
  Der Text des italienischen Sprachwissenschaftlers Umberto Eco erschien im Jahre 1993 in dem Band *Wenn man mit einem Lachs verreist und andere nützliche Ratschläge*. Der vorliegende Ausschnitt setzt sich mit dem 1993 gerade aufgekommenen massenhaften Gebrauch des Handys als neuem Kommunikationsmittel auseinander und beschäftigt sich mit unterschiedlichen Typen von Handybenutzern und ihren besonderen Interessen an dem neuen Gerät.
- Gliederung
  - Z. 1–33: Unterscheidung von drei Personengruppen, deren Handy-Nutzung dem Verfasser als gerechtfertigt beziehungsweise nicht als Belästigung der Mitmenschen erscheint
  - Z. 34–62: Erörterung der vom Verfasser abgelehnten Verwendung des Handys als Mittel der Selbstdarstellung und Entlarvung dieser Nutzergruppe als innerlich leer und „Fall für den Psychologen" (Z. 51 f.)
  - Z. 63–77: kritische Darstellung der irrtümlichen Einschätzung des Handys als Symbol für die eigene Wichtigkeit, meist bezogen auf die berufliche Stellung
  - Z. 78–96: Fortsetzung der Argumentation des vorherigen Abschnitts: Schlussfolgerung, wie man sich durch wichtigtuerischen Handygebrauch als unwichtige Person entlarvt
- Stichworte zum Gedankengang (die passenden Stichwörter haben Sie bei Ihrer Lektüre sicherlich unterstrichen)
  - Will sich Eco insgesamt über Handybenutzer lustig machen?
  - sinnvoller Einsatz des Handys als Hilfe für Behinderte
  - Ermöglichung der ständigen Erreichbarkeit bei bestimmten Berufsgruppen
  - Ironisierung des eben genannten Vorteils durch Wahl eines makabren Beispiels (vgl. Z. 14–16)

- Handy als diskretes Kommunikationsmittel – angeführt wiederum in der Absicht, einen scheinbaren Vorteil des Handygebrauchs lächerlich zu machen
- Handygebrauch zum Zweck andauernden Schwatzens, als unbewusstes Überspielen der eigenen „innere[n] Ödnis" (Z. 54)
- Handy als Symbol vermeintlicher Wichtigkeit
- Unabhängigkeit vom Handy als wirkliches Anzeichen von Erfolg
- Handygebrauch als unbeabsichtigte Selbstentlarvung

• Darstellung des Gedankengangs

Formulierungsvorschlag:

Mit der Feststellung, dass man sich über Handybenutzer leicht „lustig [...] machen" (Z. 2) könne, leitet Eco seinen Text ein. Dass er das ebenfalls beabsichtigt, sagt er nicht, sondern beginnt zunächst im ersten Hauptteil seines Textes damit, die Benutzer von Handys in unterschiedliche Kategorien einzuteilen und diese zu beschreiben.   *Einleitung: Kategorisierung von Handynutzern*

Für die Gruppe derjenigen, die aufgrund von Krankheit oder Behinderung auf ärztliche Nähe angewiesen sind, hebt er den Nutzen des Handys als permanente Kommunikationsmöglichkeit hervor (Z. 4–10).   *sinnvolle Handynutzung bei bestimmten Berufsgruppen*

Auch für manche Berufsgruppen wird die Möglichkeit ständiger Erreichbarkeit als positiv vermerkt. Durch die Wahl der Beispiele (Z. 13–16) wird der Leser jedoch stutzig, ob Eco es mit dieser Einschätzung wirklich ernst meint. Denn wenn er von „Organverpflanzer[n]" spricht, die mithilfe des Handys besser an „frische Leichen" herankommen können (Z. 14 f.), zeigt dieses makabre Beispiel an, dass Eco den Vorteil der ständigen Erreichbarkeit eher lächerlich machen möchte.   *Ironisierung der Handynutzung*

Als nächsten Vorteil kommt Eco auf den Aspekt der diskreten, privaten Nutzung des Handys zu sprechen, doch wird wiederum durch die Art seiner Darstellung deutlich, dass er sich eigentlich über die „Ehebrecher" (Z. 33) lustig macht. Diese erscheinen in ihrem Bemühen, sich nicht beim Seitensprung ertappen zu lassen, als komische Figuren.

Bei der folgenden Beschreibung von zwei weiteren Kategorien von Handynutzern spricht Eco seine kritische Absicht explizit aus.   *explizite Kritik*

Er beschreibt zum einen die Menschen, die unfähig sind, von ihrem Kommunikationsdrang abzulassen, die sich nicht auf neue Situationen mit anderen Gesprächspartnern konzentrieren und schon gar nicht das Alleinsein ertragen können und deshalb die Möglichkeiten allgegenwärtiger Handykommunikation ausschöpfen. Sie versuchen, vergangene Gesprächssituationen zu verlängern und versäumen es, die jeweilige Gegenwart „auszukosten" (Z. 47). Eco sieht in solchem durch das Handy ermöglichten Kommunikationsverhalten eine psychische Störung. Auch hier kommt Ecos Neigung zum Ausdruck, ironische Distanz zu signalisieren, wenn er aus Gründen der Nächstenliebe dazu auffordert, diesen Menschen zu verzeihen und ihnen und ihrer störenden Handynutzung auch noch „das andere Ohr" zu leihen (Z. 61 f.). Diese Formulierung spielt auf die Mahnung von Jesus an, nicht nur davon abzusehen, Gleiches mit Gleichem zu vergelten („Auge um Auge, Zahn um Zahn", wie es im Alten Testament heißt), sondern dem, der einem eine Ohrfeige gegeben hat, auch noch die andere Wange hinzuhalten, um ihn durch betonte Friedfertigkeit zu beschämen und zur Umkehr zu bewegen (vgl. Matthäus-Evangelium 5, 38 ff.).

Handygebrauch als Anzeichen gestörten Kommunikationsverhaltens

Die letzte Gruppe, die Eco beschreibt, wird von vornherein deutlich abgewertet, indem sie – zumindest potenziell – der „untersten Stufe der sozialen Leiter" (Z. 64) zugeordnet wird. Es handelt sich um Leute, die durch ihren öffentlichen Handygebrauch die Bedeutsamkeit ihrer eigenen Person demonstrieren wollen. Eco begründet seine Einschätzung mit dem Hinweis auf die typischen Gesprächsinhalte dieser Menschen, die stets laut von großen finanziellen Transaktionen reden (Z. 69–77).

abwertendes Urteil über solche Handynutzer, die nur die Bedeutsamkeit ihrer Person demonstrieren wollen

Besonders deutlich und lächerlich zugleich wird dieses allein auf die Selbstdarstellung bezogene Motiv der Handynutzung bei solchen Leuten, die nur eine Mobiltelefonattrappe verwenden (Z. 63–66).

Dem Glauben solcher Handynutzer, dass der Handygebrauch auf Geld oder sogar Macht schließen lasse, hält Eco entgegen, dass der „wahrhaft Mächtige" (Z. 84) es eben gerade *nicht* nötig hat, selbst ans Telefon zu gehen. Macht

zeigt sich – wie Eco anhand von anschaulichen Beispielen beschreibt – vielmehr auch daran, dass man es sich erlauben kann, für andere unerreichbar zu sein.
Eco schließt deshalb mit der Feststellung, dass derjenige, der das Handy zum Zweck der Aufwertung der eigenen Person einsetzt, gerade dadurch ungewollt seine untergeordnete Position offenbart.

- Zur sprachlichen Darstellungsweise des Textes

Formulierungsvorschlag:
Auf den ersten Blick verwendet Eco eine sachliche Darstellungsweise: Er bildet Kategorien von Handynutzern und beschreibt deren kommunikative Verhaltensweisen. Hierbei benutzt er einen meist hypotaktischen Satzbau und einige Fremdwörter.

sachliche Sprache

Bei genauerer Betrachtung wird an der Sprache deutlich, dass Eco den Handygebrauch nicht sachlich-neutral untersuchen, sondern ironisieren will. Bei der Wahl seiner Beispiele von Handynutzern zeigt sich das, wenn er die einen mit dem makabren Neologismus „Organverpflanzer, die auf frische Leichen warten" (Z. 14–16) abwertet oder andere durch Zuordnung zur Nutzergruppe der „Ehebrecher" und Beschreibung ihrer Geheimhaltungsprobleme (Z. 20 ff.) ins Lächerliche zieht. Entsprechend wirkt die Versicherung, dass diese Gruppen von Handynutzern „unseren Respekt" verdienten (Z. 29 f.), wiederum sehr ironisch. Durch die Verwendung des Possessivpronomens in der ersten Person Plural („unseren") macht Eco zudem ein verlockendes Angebot an den Leser, sich mit der gutmütig-herablassenden Haltung zu identifizieren, mit der er die persönlichen Schwächen der Handynutzer offen legt. Dass der Respekt, den er den von ihm bis dahin charakterisierten Handynutzern zu zollen behauptet, nicht sehr ernsthaft gemeint ist, zeigen unmittelbar anschließend die beiden Beispiele – Eco gibt an (und schließt wieder den Leser mit ein), dass „wir" für Behinderte, Feuerwehrleute, Notärzte und andere Menschen „bereit" seien, „uns im Restaurant oder während einer Beerdigungsfeier stören zu lassen" (Z. 30–32) –, denn Respekt erweist sich kaum

Ironiesignale

daran, dass man sich von jemandem in einem Restaurant stören lassen mag.

Der ironisch-unterhaltsame Tonfall, den Eco hier benutzt, um seine kritischen Gedanken zu äußern, durchzieht den ganzen Text und lässt sich auch an zahlreichen anderen Stellen nachweisen (besonders deutlich zum Beispiel Z. 52–62). Viele Leser werden mit diesem Tonfall sympathisieren, zumal dann, wenn sie selbst dem Handygebrauch gegenüber kritisch eingestellt sind. Andere Leser (nämlich die, die sich in dem einen oder anderen Beispiel wiedererkennen) werden sich dagegen ‚auf den Schlips getreten' fühlen; aber das liegt ja offenkundig auch in der Absicht des Verfassers, der seine Kritik andererseits auch dort, wo sie recht gehässig ist (vgl. Z. 52 ff. oder Z. 63 ff.), mit so viel Charme vorträgt, dass man ihm nur schwer ernstlich böse sein kann. Das ist darauf zurückzuführen, dass Eco, bei aller Ironie, doch immer auch ein wenig Verständnis für menschliche Schwächen und Eitelkeiten durchklingen lässt, weil der Verfasser offensichtlich klug genug ist, auch sich selbst von solchen Schwächen nicht frei zu wissen (wenn auch vielleicht an anderer Stelle als beim Handygebrauch). So entsteht trotz aller Kritik eine heiter-unterhaltsame Atmosphäre, die es auch dem Leser, der sich intuitiv angegriffen fühlt, erleichtert, sich nicht als humorloser Spielverderber aufzuführen und die Berechtigung mancher der von Eco gutgelaunt vorgetragenen Argumente anzuerkennen.

ironischer Tonfall und seine Wirkung auf den Leser

- Zusammenfassung

Formulierungsvorschlag:
Ecos Text wurde 1993, kurz nach dem Aufkommen der ersten Handys, geschrieben. Die schnelle Ausbreitung dieses neuen Mediums und die damit verbundenen neuartigen Kommunikationsweisen waren seinerzeit eine so auffällige Entwicklung, dass es nahe lag, dieses Phänomen einmal näher unter die Lupe zu nehmen; und wie alle allzu rasanten Veränderungen der Alltagsgewohnheiten bot auch die Handynutzung manche Ansätze zu einer ironisch-kritischen Behandlung des Themas. Ecos Text beschreibt

Zusammenfassung: Ecos Zweifel an dem neuen Medium

unterschiedliche Gruppen von Handynutzern und ihre Motive für die Wahl dieses neuen Kommunikationsmediums. Dabei wird deutlich, dass er den angeblichen Vorteil der ständigen Kommunikationsmöglichkeit durch das Handy sehr in Zweifel zieht; er äußert vielmehr die Überzeugung, dass das neue Medium zu einer inhaltsleeren Dauerkommunikation verleitet und auch als vermeintliche Möglichkeit missbraucht wird, den eigenen sozialen Status unter Beweis zu stellen.

Aufgabe 14
Die folgenden Stichworte zur Stellungnahme können natürlich nur Anregungen für die eigenen Überlegungen sein.
- Mögliche **kritische** Anmerkungen zu Eco
  - Die Vorteile einer permanenten Erreichbarkeit durch das Handy werden nicht genügend berücksichtigt.
  - Die Kategorisierung der Gruppen von Handynutzern ist zu pauschal und damit tendenziell ungerecht.
  - Offenbar ernst gemeinte und unverkennbar ironische Ausführungen werden zu sehr vermischt – man weiß infolgedessen nicht so recht, woran man bei dem Verfasser ist: Nimmt er das Thema ernst oder erlaubt er sich lediglich einen Spaß?
  - Die Verurteilung bestimmter Personengruppen und ihrer Motive, sich des Handys zu bedienen, ist zu scharf und zu pauschal.
- Mögliche Gesichtspunkte der **Zustimmung**
  - Das Handy dient tatsächlich als Mittel der Angeberei.
  - Andauernder öffentlicher Handygebrauch ist wirklich eine Zumutung für alle, die unfreiwillig mithören müssen.

Aufgabe 15
- Der Text ist unterhaltsam zu lesen.
- Er enthält eine Reihe anschaulicher Beispiele, die aber teilweise auch recht makaber sind.
- Aber: sachliche Kritik, Ironie und der Drang, bestimmte Handynutzer lächerlich zu machen, sind zum Teil nicht genau zu trennen.
- Die Kritik an manchen Gruppen von Handybenutzern ist überscharf und abwertend formuliert.

Aufgabe 16 Die Stellungnahme braucht aus den vorher (Aufgaben 14 und 15) zusammengestellten Überlegungen nur ein paar Gesichtspunkte herauszugreifen. Es sind hier natürlich auch andere Schwerpunktsetzungen und Urteile möglich.

Formulierungsvorschlag:

Umberto Eco möchte den Leser unterhalten. Entsprechend beschränkt er sich nicht darauf, in einem sachlichen Ton Vorzüge und Nachteile des Handys gegeneinander abzuwägen, sondern stellt in ironischer Weise dar, wie bestimmte Gruppen von Nutzern mit dem seinerzeit neuen Kommunikationsmedium umgehen. — *eigene Stellungnahme*

Er deutet zwar Vorteile des Handys an, doch wird schnell erkennbar, dass er insgesamt wenig von den neuen kommunikativen Möglichkeiten hält. Die Leute, die mit dem Handy seiner Ansicht nach bloß „schwatzen" wollen, werden übertrieben und in der Sache verletzend scharf angegriffen. Dass Eco die Angeberei mit dem Handy verurteilt, ist sicherlich eher verständlich, denn jeder hat wohl schon öfter unter großsprecherischen Reden von Handynutzern gelitten. Wenn Eco das als unnütze und störende Angeberei verurteilt, ist ihm daher zuzustimmen. Doch schießen seine weiteren Überlegungen meiner Meinung nach etwas über das Ziel hinaus. Wenn er in solcher Angeberei den Versuch einer Machtdemonstration sieht und das Handy also als Machtinstrument deutet, übertreibt er sehr. Doch passt andererseits solch eine übertreibende Darstellung zum insgesamt ironischen Ton seines Textes. Auch tragen solche offensichtlichen Übertreibungen dazu bei, dass man dem Verfasser, selbst wenn man sich angegriffen fühlt, nicht wirklich böse sein kann. Zu unverkennbar ist seine Lust, die Dinge zuzuspitzen und den Leser auf diese Weise zu unterhalten. — *Zustimmung zu Eco* / *Kritik an Ecos Übertreibungen*

Insgesamt ist es sicherlich sinnvoll, sich mit Nutzern und veränderten Kommunikationsweisen, die durch ein neues Medium entstehen, kritisch auseinanderzusetzen. Indem der Verfasser – aus dem durchaus etwas eitlen Wunsch heraus, nie langweilig zu wirken – jedoch ernsthafte Einwände gegen die Handynutzung ständig mit ironischen Bemerkungen würzt, riskiert er, dass sein Text als in erster — *Kritik an mangelnder Sachlichkeit seiner Argumentation*

Linie unterhaltend abgetan wird. Wer zu oft anzeigt, dass er selbst nichts ganz ernst nimmt, wird möglicherweise am Ende auch selbst nicht ganz ernst genommen.

Aufgabe 17
- Einleitung: Angaben zum Text und zur Thematik

  Formulierungsvorschlag:
  Unter der Überschrift *Literaturjugend von heute* entwirft Friedrich Lienhard in einem programmatischen Text aus dem Jahre 1900 seine Vorstellungen von den Aufgaben der Literatur und setzt sich gleichzeitig kritisch mit der Literatur seiner Gegenwart auseinander. [Einleitung]

- Gliederung
  - Z. 1–4: kritisch-ironische Anfrage an die Literatur der jungen Generation um 1900
  - Z. 5–39: Skizzierung der aktuellen gesellschaftlichen Faktoren, die die Ausbildung der Persönlichkeit beeinträchtigen
  - Z. 39–49: Formulierung des Ziels, auf die Stärkung der menschlichen Persönlichkeit hinzuarbeiten; Betonung der positiven Rolle, die die Künste dabei spielen könnten
  - Z. 49–81: Vorwürfe gegenüber der Literatur der jungen Generation, die jede Bindung zum Volk verloren habe
  - Z. 82–92: zusammenfassendes kritisches Urteil über diese Literatur unter namentlicher Nennung einzelner ausländischer Autoren, die nach Meinung Lienhards nicht zum Vorbild taugen
  - Z. 93–103: Formulierung der Problemlage des Künstlers um 1900

- Stichwörter zum Gedankengang (bzw. sinnvolle Unterstreichungen)
  - herausfordernde Anfrage an die zeitgenössische Literatur, inwiefern sie „Lebens- und Seelenkraft vorbildlicher Persönlichkeit" (Z. 3 f.) zu bieten habe
  - Notwendigkeit eines Freiraums für die Persönlichkeitsentwicklung
  - Störung durch „Hast des Werktags" (Z. 12)
  - Gefahr der Verflachung im „Gewimmel" (Z. 10, 17) des gesellschaftlichen Lebens
  - Ersticken der Seele des Einzelnen
  - „Geschäftsklugheit" (Z. 29 f.) als Gegensatz zum „reinere[n] Gemütsleben" (Z. 33 f.)

- Zielvorstellung: Förderung des „*höheren* Menschen" (Z. 41 f.)
- Vorwürfe an die Literaten der jungen Generation:
  - Verlust einer emotionalen Beziehung zur Familie (Z. 50 f.)
  - Verlust des Verantwortungsgefühls für Volk und Sprache (Z. 52–60)
  - Genügen an angeblich künstlerischen Experimenten (Z. 63–67)
  - Verlust der Beziehung zum Großteil des Publikums (Z. 67–81)
  - Gesamturteil: Trennung von „Volksseele" und Literatur (Z. 83 f.)
- schmerzliche Alternative: „*Volk oder Literatur? Menschentum oder Künstelei?*" (Z. 101 f.)

• Darstellung des Gedankengangs

Formulierungsvorschlag:
Friedrich Lienhard eröffnet seinen Text mit einer ironisch-kritischen Anfrage an die zeitgenössischen Schriftsteller der jungen Generation. Seine Formulierung („was habt ihr uns eigentlich [...]", Z. 1 f.) macht deutlich, dass seine Frage rhetorischer Natur ist, weil er sich offenbar für sein Anliegen einer charakterlich-seelischen Stärkung des Einzelnen (vgl. 41 ff.) und damit insgesamt des deutschen Volks (vgl. 86 f.) von den angesprochenen „Literat[en]" (Z. 103) nichts erhofft. Diese Vermutung bestätigt sich im weiteren Verlauf des Textes.

<small>kritische Anfrage an die zeitgenössische Literatur als Ausgangspunkt der Darstellung</small>

Was Lienhard von der Literatur erwartet, ist in seinem Vorwurf schon ausgesprochen: Die Gestaltung von „markiger Lebens- und Seelenkraft vorbildlicher Persönlichkeit" (Z. 3 f.). Das ist zwar noch keine genaue Definition, zeigt aber schon an, in welche Richtung sein Verständnis von Literatur geht: Sie soll offenbar Menschen zeigen, die aufgrund ihrer charakterlichen Stärke als Vorbilder für andere dienen können.

<small>Lienhards Erwartungen an die Literatur</small>

Der Text wendet sich nach dieser Einleitung zunächst von der Literatur ab und aktuellen gesellschaftlichen Verhältnissen und ihren Folgen zu. Lienhard beschreibt Faktoren, die die Persönlichkeitsentwicklung des Menschen beeinflussen. Als positiv wertet er, wenn sich eine solche Entwicklung in einem Freiraum vollziehen kann. Die aktuelle gesellschaftliche Situation jedoch bietet diesen nicht. Der Verfasser kennzeichnet das gesellschaftliche Leben abwertend als „Gewimmel" (Z. 10, 17). Er macht Faktoren der –

<small>Analyse der neuartigen gesellschaftlichen Erfahrung des Großstadtlebens</small>

die traditionellen gesellschaftlichen Unterschiede einebnenden – sich formierenden ‚Massengesellschaft' (wie man damals voll Sorge und Abscheu sagte) wie Industrialisierung, Wachsen der Großstädte und den neuen Bereich der Massenunterhaltungen (vgl. Z. 19 f.) dafür verantwortlich, dass die seelisch-charakterlichen Kräfte des individuellen Menschen „verflachen" (Z. 17), um schließlich ganz zu schwinden. Er nennt Beispiele typischer Orte der modernen Gesellschaft – „Fabriken", „Redaktionen", „Bureaus" (Z. 25–27), die für ihn wesentlich durch Geschäftssinn bestimmt sind und in denen das menschliche Gemüt unterdrückt werde, wie er in der Metapher vom Staub, der sich über die Lungen legt, veranschaulicht (Z. 34–36).

Da somit in der industriellen Gesellschaft der Mensch in Gefahr ist, zur bloßen „Sache" zu werden – was in der Metaphorik der „Nummern und Maschinenschrauben" zum Ausdruck gebracht ist (Z. 38 f.) –, muss nach Auffassung des Verfassers demgegenüber der „Stolz" und das Bewusstsein der Individualität gefördert werden (Z. 43 f.). Wenn das „Gemütsleben" und die „Seele" (Z. 46 f.) gestärkt werden, kann der Mensch Lienhard zufolge wieder zu dem zurückfinden, was er den „*wahren,* den *höheren* Menschen" nennt (Z. 41 f.). *Notwendigkeit einer Gegenbewegung gegen die Verdinglichung des Menschen*

Eine entsprechende Orientierung zu geben, darin sieht der Verfasser die Leistung der Dichtung und insgesamt der Kunst, aber auch der Religion. (Dass Kunst und Religion in einem Atemzug genannt werden, wirft ein bezeichnendes Licht auf die Situation um 1900, in der die traditionelle Religiosität bei den Künstlern bereits stark im Schwinden begriffen und die Vermittlung von übergreifendem Sinn und von Transzendenz mehr und mehr den Künsten zugefallen war.) Wenn Lienhard im folgenden Abschnitt die Literatur der jungen Generation scharf kritisiert, steht diese Forderung, den Weg zum „wahren Menschen" zu zeigen, als Maßstab hinter seiner Kritik. Er hält den Schriftstellern vor, in ihren Werken die Beziehung zum Denken und Gefühlsleben der breiten Bevölkerung verloren zu haben; die „vielen guten Menschen" im deutschen Volk (Z. 58) finden sich in diesen literarischen Texten *geforderte Leistung der Literatur*

Maßstab für die Literatur

nicht wieder und deshalb werden die meisten und auch gerade die Besten der Bevölkerung von der Literatur nicht angesprochen.

Stattdessen werden – so erscheint es zumindest dem Verfasser – abseitige Einfälle eines Schriftstellers als angeblich interessant ausgegeben; diese werden von einer kleinen Gruppe „Eingeweihter" beklatscht, die Lienhard mit dem merkwürdigen Hinweis, sie stammten „meist aus Emporkömmlingskreisen" (Z. 70 f.), näher charakterisiert. Der Hinweis ist deshalb merkwürdig, weil er hier sachfremd wirkt und von einem bedenklichen Ressentiment des Verfassers gegenüber Menschen zeugt, die nicht in seine Vorstellungen vom gewachsenen Volkskörper passen. Diesen hält er offenbar für das Gesunde, das lediglich durch die modernen Lebensverhältnisse geschwächt ist, die „Emporkömmlinge", und unter ihnen natürlich die mit ihren abseitigen Einfällen beschäftigten Künstler der jungen Generation, hingegen für das Zersetzende, Krankhafte. Wer den Kontakt zum Volk verloren hat, erscheint dem Verfasser als eine Gefahr und wird recht bedenkenlos diffamiert, um ihn als potenziellen Schädling zu kennzeichnen. *Lienhards Kritik an Autoren, die seine Auffassung von Literatur nicht teilen*

Lienhard kommt dann noch auf die künstlerischen Vorbilder der jungen Generation zu sprechen. Die beiden einflussreichen skandinavischen Dramatiker Ibsen und Strindberg und der französische Romancier Zola – gewissermaßen der „Erfinder" des Naturalismus – werden namentlich genannt und sogar respektvoll als „bedeutende Vertreter des Zeitgeistes" (Z. 87 f.) bezeichnet, was wohl in erster Linie ein Seitenhieb gegen ihre, wie sich schlussfolgern lässt, unbedeutenden deutschen Nachahmer ist. Aber das ist natürlich ein zwiespältiges Lob, denn schließlich betrachtet Lienhard diesen „Zeitgeist" als Gefahr, wie zuvor deutlich geworden ist (vgl. Z. 50 ff.); auch für diese Autoren gilt demnach sein Urteil einer fehlenden Beziehung zum Denken und Fühlen des Volkes. *Kritik am angeblichen „Zeitgeist"*

Durch die namentliche Nennung dieser bedenklichen Vorbilder wird die Zielgruppe, die Lienhard kritisiert, klarer: Es handelt sich um Schriftsteller des Naturalismus, die in *Zielgruppe der Kritik: Die Naturalisten* ihren Texten das soziale und psychische Elend meist am Beispiel von Personenkreisen des unteren sozialen Milieus in sehr detaillierter und oft drastischer Weise zu schildern versuchten. Der von Lienhard beklagte fehlende Zusammenhang von zeitgenössischer Literatur und gesamter Bevölkerung erhält so eine Erklärung. So wie die Sozialdemokraten, die politischen Interessenvertreter der ‚Proletarier', vor und nach 1900 als „vaterlandslose Gesellen" diffamiert und ausgegrenzt wurden, so werden auch die Schriftsteller, die sich um die soziale Frage, wie es damals hieß, kümmerten, als undeutsch angeklagt. Vermutlich hat Lienhard aber nicht nur die Naturalisten im Blick, die um 1900 auch unter den jüngeren Schriftstellern schon seit einigen Jahren nicht mehr den Ton angaben. Darauf deutet die Erwähnung Strindbergs, der selbst eine künstlerische Entwicklung vollzogen hatte, die vom Naturalismus weg und hin zu einem übersteigerten Kult des Ich führte, der sich mit einem weltanschaulichen Mystizismus verband. Auch das traf eine Stimmung der Zeit, die die Jungen eifrig aufgriffen und nachahmten. Das führte um 1900 zum Entstehen einer Literatur, die tatsächlich alle Fühlung mit der Gegenwart und dem Alltag verloren zu haben schien – sofern man nicht erkannte, dass auch dies natürlich eine Reaktion auf Umbrüche innerhalb der modernen Gesellschaft war.

weitere Zielgruppe der Kritik

Nach seiner kritischen Bestandsaufnahme der gegenwärtigen Zeitsituation und Literatur beschreibt der Verfasser die Lage eines Dichters, der – wie Lienhard es wünscht – seine Verbundenheit mit dem Volk in seinen Werken zum Ausdruck bringen möchte, als schmerzliche Erfahrung des Gegensatzes zwischen Volk und Literatur, der in den Entscheidungsfragen *„Volk oder Literatur? Menschentum oder Künstelei?"* (Z. 101 f.) zum Ausdruck komme. Was eigentlich nach Lienhards Auffassung zusammengehört, erscheint ihm in der gegenwärtigen Zeit als getrennt: Die aktuelle Literatur beschäftigt sich nicht mit dem Denken und Fühlen des Volkes und umgekehrt interessiert sich das Volk nicht für eine Literatur, in der es keine Rolle mehr spielt.

Zielvorstellung: der dem Volk verbundene Schriftsteller

Eine Antwort auf die Entscheidungsfrage gibt der Verfasser am Schluss des Textauszugs, indem er das „Menschsein" höher wertet als die Zugehörigkeit zur Gruppe der bewusst abschätzig so bezeichneten „Literat[en]" (Z. 102 f).

- Zur Sprache des Textes

Formulierungsvorschlag:
Lienhards Text ist gut verständlich. Er verwendet nur selten einen hypotaktischen Satzbau. Dennoch sind seine Sätze häufig lang, weil er Reihungen von Wörtern oder von Satzteilen benutzt und auch adversative, mit „aber" eingeleitete, Zufügungen einschiebt, um eine stärkere Einprägsamkeit zu erzielen (z. B. Z. 5–9, 25–31, 53–78). Er spricht die Autoren der zeitgenössischen Literatur direkt und herausfordernd an (Z. 1–4) und gestaltet seine Vorwürfe rhetorisch durch das Mittel der Anapher. Auch scheut er nicht davor zurück, die von ihm Angegriffenen mit Behauptungen abzuwerten, für die er zumindest im Rahmen des vorliegenden Textauszugs die entsprechenden Beweise schuldig bleibt (vgl. Z. 49 ff.). *[Satzstruktur und rhetorische Mittel]*

Die Darstellung seines eigenen Verständnisses von Menschen und Literatur ist durch eine recht abstrakte Sprache gekennzeichnet. Er verwendet Nomen und Adjektive, die seine Vorstellungen von den Aufgaben der Literatur deutlich positiv konnotieren – etwa „Lebens- und Seelenkraft vorbildlicher Persönlichkeit" (Z. 3 f.), „Kulturwert der Poesie" (Z. 48 f.) oder „weitsichtig und weitherzig" (Z. 54 f.) –, die aber in ihrer konkreten Aussage unanschaulich sind. Stattdessen verwendet er zur Verdeutlichung das Mittel antithetischer Darstellungsweise, wenn er seiner Position die abwertenden Beschreibungen der zeitgenössischen Literatur und der gegenwärtigen Gesellschaft gegenüberstellt. Das ist einerseits wirkungsvoll, verdeckt aber nur notdürftig seine offensichtliche Verlegenheit, das ihm vorschwebende positive Leitbild konkret zu beschreiben. *[sprachliche Hervorhebung der eigenen Position]*

- Zusammenfassung

Formulierungsvorschlag:
Angesichts des um 1900 aufbrechenden Wandels der Gesellschaft und in ablehnender Haltung gegenüber einer Literatur, die sich weigert, die traditionelle Anschauung vom „*wahren,* […] *höheren* Menschen" (Z. 41 f.) weiter mitzutragen, entwirft Lienhard sein zeitkritisches Konzept:
Er sieht in den Lebens- und Arbeitsverhältnissen um 1900 Faktoren, die zum Verlust ‚wahrer menschlicher Persönlichkeit' führen. Die zeitgenössische Literatur tut aus seiner Sicht nichts, um diese negativen Wirkungen auszugleichen. Damit lasse sie die eigentlichen Bedürfnisse der Menschen außer Acht.
Lienhard fordert dagegen eine Literatur, die sich nicht auf bestimmte soziale Milieus beschränkt, sondern die das ganze Volk anspricht. Er wünscht sich eine Literatur, die zur Ausbildung einer Persönlichkeit beiträgt, die dem Charakter des „deutschen Volksgeist[es]" (Z. 52) entspricht.

Aufgabe 18

Pro	Kontra
Zustimmung zu Lienhards Auffassung wegen:	Ablehnung von Lienhards Auffassung wegen:
• Wahrnehmung der Bedrohung menschlicher Individualität durch das industriell geprägte Großstadtleben; Eintreten für erzieherische Aufgaben der Literatur	• Abwertung des modernen Lebens; Flucht in eine „bessere und höhere Welt" • Indienstnahme der Literatur für ein Ideal, das jedoch sehr unbestimmt bleibt: Die Begriffe für die Beschreibung des gewünschten Menschenbildes erscheinen als Leerformeln, sie sind nicht im Hinblick auf ihre konkrete Bedeutung in der zeitgenössischen Realität gefüllt • pathetisch aufgeladene Wörter ersetzen deutliche Erläuterung und Begründung
• Beachtung einer prinzipiell wünschenswerten Verbindung zwischen der Literatur und ihren Rezipienten	• pauschales Sprechen vom Denken und Fühlen in Familie und Volk • national-betonte Akzentuierung des Literaturverständnisses

Aufgabe 19 *Kritikpunkte an Lienhards Argumentation:*
- Die Lebensverhältnisse der modernen Industriegesellschaft sind als von Enge und Hast geprägt beschrieben; das ist für den Leser aufgrund seiner Erfahrungen nachvollziehbar; auffällig ist aber die starke Betonung des Negativen durch entsprechende Konnotierungen, womit der Verfasser wertend eingreift und dem Leser keinen Raum zum eigenen Überlegen lässt.
- Negative Auswirkungen auf die Persönlichkeitsentfaltung werden nur behauptet, Beweise sind nicht vorhanden, hier liegt kein Argument vor.
- Die Auffassung, die Literatur werde als ‚Retter' der menschlichen Persönlichkeit benötigt, erscheint daher überzogen.
- Wie die Literatur, die Lienhard wünscht, positive Wirkungen auf den Menschen entfalten soll, bleibt ungesagt – auch hier liegt kein Argument vor.
- Die Zielbeschreibungen, die für die positive Funktion der Literatur genannt werden („Lebens- und Seelenkraft", „höheren Menschen" etc.) sind völlig abstrakt; was Lienhard konkret damit meint, wird nirgends greifbar, es gibt keine Beispiele, die Zielbeschreibungen erscheinen als Leerformeln.
- Die Zielbeschreibungen beziehen ihre Wirkung nur daraus, dass sie immer antithetisch zu den negativen Beschreibungen der gesellschaftlichen Wirklichkeit gesetzt sind.
- Sie sind in fast aufdringlicher Weise positiv konnotiert (z. B. „höheren Menschen") und wirken dadurch als Hochwertwörter, denen zu widersprechen schwierig ist.
- Die Erwartungen an die Literatur werden mit emotionalen und nationalen Wertvorstellungen verbunden (besonders in Z. 51 ff.).
- Auch dabei fehlt wieder eine konkrete Beweisführung; das Beschwören von Gefühlen ersetzt klare Argumente.

Aspekte an Lienhards Argumentation, denen zugestimmt werden kann:
- Dass Lienhard der Literatur eine erzieherische Aufgabe zuweist, ist nicht von vornherein zu kritisieren, denn diese Vorstellung ist in der Geschichte der Literatur nicht neu und hat auch schon gute Früchte getragen (vgl. z. B. die Erziehungsvorstellung in der Literatur der Aufklärung im 18. Jahrhundert, die unter anderem zur Verbreitung des Toleranzgedankens beitrug).
- Dass Lienhard verschiedene Formen der Bedrohung des Menschen durch die Lebensverhältnisse der Großstadt wahrnimmt, ist ihm sicherlich positiv anzurechnen; diese Wahrnehmung teilt er ja sogar mit den von ihm abgelehnten Autoren des Naturalismus.

Unterschiedlich aber sind die Folgerungen:
- Während der Naturalismus die Realität des großstädtischen Elends auf zum Teil brutale Weise offen legt,
- fordert Lienhard, in der Dichtung müssten ‚heile Verhältnisse' geschildert werden – Literatur wird so zur ‚Fluchthilfe' aus einer innerlich abgelehnten Gegenwart und nicht zum Mittel der Veränderung.
• Die geforderte ‚Nähe' zwischen Rezipient und der in der Literatur präsentierten Welt erscheint akzeptabel, – ob Lienhard aber mit seinen Ausführungen dazu beiträgt, ist zu bezweifeln.

Aufgabe 20

Formulierungsvorschlag:
Das von Lienhard dargelegte Literaturverständnis wirft einige kritische Fragen auf. Der Verfasser sieht Literatur als eine Art Erziehungsmittel an, das den Rezipienten zu einem „höhere[n] Menschen" – wie auch immer man sich einen solchen vorzustellen hat – veredelt. Wie das geschieht und aus welchen Gründen bleibt jedoch völlig offen. Der Verfasser versucht gar nicht erst zu erklären, wie solche erzieherischen Wirkungen zustande kommen können, sondern er behauptet einfach, dass Literatur das bewirken könne.

Kritik an Lienhards Verständnis von Literatur als Erziehungsmittel

Auch die Darstellung der Ziele, die zu erreichen die Dichtung beitragen soll, ist zu kritisieren. Mit den Formulierungen, die Friedrich Lienhard zur Beschreibung dieser Ziele verwendet, wird eigentlich nichts konkret Greifbares ausgesagt. Der Verfasser belässt es bei vagen Formulierungen wie „vorbildlicher Persönlichkeit" (Z. 4) oder „die Seele adeln" (Z. 47), ohne zu definieren, was damit gemeint ist. Das hat zur Folge, dass man – im vermeintlichen Einklang mit den Forderungen Lienhards – sehr unterschiedliche Vorstellungen von Individualität und Persönlichkeit als erstrebenswerte erzieherische Ziele ausgeben könnte. Je nach Weltanschauung eines Schriftstellers könnten also ganz unterschiedliche Bilder einer vorbildlichen Persönlichkeit bestehen und als Leitbilder in literarische Werke einfließen. Lienhards Literaturverständnis kann aufgrund dieser Unschärfe ideologisch ausgenutzt werden.

Kritik an der Unanschaulichkeit der Ziele Lienhards

Auch in sprachlicher Hinsicht ist Kritik anzumelden. Der Verfasser benutzt, wie die schon zitierten Beispiele zeigen, positiv konnotierte ‚Hochwertwörter', die teilweise noch durch ebensolche Adjektive verstärkt werden (*vorbildlich, wahr, höher, weitherzig*, vgl. Z. 4, 41 und 54 f.), und versucht damit, den Leser gefühlsmäßig für seine Position einzunehmen – denn wer möchte schon widersprechen, wenn es angeblich darum geht, „den *höheren* Menschen wieder aufzurichten" (Z. 41 f.)?

Kritik an seiner Sprache

Zu kritisieren ist auch, dass das Literaturverständnis des Verfassers mit national-politischen Begriffen vermengt ist (Z. 52, 55 f., 84, 86 f., 97 f., 101 ff.). Auch hier fällt wieder die inhaltliche Undeutlichkeit auf, denn Formulierungen wie „Pulsschlag der Volksseele" (Z. 84) beinhalten keine konkrete Aussage über einen Vorzug oder einen Mangel eines literarischen Textes, sondern versuchen in plakativer Weise, nationale Gefühle der Rezipienten auszunutzen und damit Stimmung zu machen oder Vorurteile (dass eine bestimmte Form von Literatur ‚undeutsch' sei) zu schüren.

Kritik an der Vermengung von politischen Zielen und Literatur

Auch sonst fällt die Neigung des Verfassers zu pauschalen Urteilen auf, etwa, wenn er die gesellschaftliche Wirklichkeit in den Blick nimmt. Er beschreibt die Gesellschaft um 1900 unter einseitig negativer Perspektive. Dass er etwa auf die Enge der neu entstandenen Großstädte anspielt und die dort herrschende Hast beklagt, ist aus der Sicht der Zeitgenossen sicherlich nachvollziehbar. Doch sieht Lienhard überall nur negative Entwicklungen: Ob Arbeits- oder Freizeitwelt, die im Text angesprochenen Bereiche werden sämtlich einseitig ablehnend wahrgenommen, möglichst negativ bewertet – so spricht er vom „abschleifenden Gewimmel" (Z. 10), „demokratisch-nivellierenden Gewimmel" (Z. 16 f.) und vom „verflachende[n] Witz" (Z. 30 f.), um nur einige der zahlreichen Beispiele zu nennen – und dann als Faktoren gekennzeichnet, die die Persönlichkeitsbildung des Menschen schädigen beziehungsweise eine positive Charakterentwicklung verhindern.

Kritik an Lienhards pauschalen Urteilen über die gesellschaftliche Situation

Lienhard gibt als Beleg seiner negativen Sicht der Wirklichkeit Beispiele (z. B. Z. 19 ff.), aber auch diese Beispiele bleiben recht allgemein. Ganz ausgeblendet werden die positiven Auswirkungen der Modernisierung der Lebensverhältnisse. Hier ließe sich beispielsweise auf die Verbesserung der Hygiene, das Sozialversicherungssystem oder die wachsenden Bildungsmöglichkeiten für Frauen hinweisen.

Kritik an Lienhards einseitiger Wahrnehmung

Man kann dem Verfasser zwar zugute halten, dass er Bedrohungen und Gefahren wahrnimmt, die aus dem raschen Wandel der Gesellschaft vor und um 1900 resultierten – die Stichworte sind: Hast, Möglichkeiten der Ablenkung in bisher ungekanntem Maße, Verdinglichung des Menschen –, doch ist seine Wahrnehmung viel zu einseitig, um als Gesamtdiagnose zu überzeugen. Sein Vorwurf gegenüber der zeitgenössischen Literatur, nicht die Vielschichtigkeit der gesellschaftlichen Wirklichkeit aufzugreifen, fällt daher auf ihn selbst zurück. Lienhards Forderung an die Literatur, als eine Art ‚Gegenspieler' zur schlimmen Wirklichkeit das Ideal höherer Menschheit zu bewahren (oder neu zu entwerfen? – man weiß es nicht, weil Lienhard sich darum drückt, in diesem entscheidenden Punkt explizit zu werden), bleibt letztlich zu undeutlich und unbegründet, als dass sie den Leser überzeugen oder auch nur dazu veranlassen könnte, über ihre Berechtigung nachzudenken.

Aufgabe 21 *Formulierungsvorschlag:*
Friedrich Lienhard eröffnet seinen Text mit einer ironisch-kritischen Anfrage an die jungen zeitgenössischen Schriftsteller. Damit macht er gleichzeitig deutlich, dass er von ihnen für sein literarisches Anliegen keine Hilfe erwartet. Er möchte nämlich erreichen, dass in der Literatur charakterlich starke Menschen gezeigt werden, die als Vorbilder dienen und deshalb auf das deutsche Volk einen positiven, aufbauenden Einfluss nehmen können.

(Implizite) Formulierung des Vorwurfs

Nach dieser Einleitung, die schon die grundsätzliche Position des Verfassers aufgezeigt hat, wendet sich Lienhard

Beschreibung der Lage

der aktuellen gesellschaftlichen Situation zu. Er beschreibt Faktoren der neuen industriellen Massengesellschaft und macht sie dafür verantwortlich, dass die seelisch-charakterlichen Kräfte der Menschen verflacht sind. Lienhard führt diesen Gedanken noch weiter, indem er die Gefahr der Verdinglichung des Menschen beschreibt, die durch die veränderten Lebensverhältnisse entstanden sei. Deshalb sei es nötig, die Seele und das Bewusstsein des Individuums zu stärken, um dieser Verdinglichung entgegenzuwirken und zu dem zurückzufinden, was Lienhard den „wahren, den höheren Menschen" nennt.

Die zentrale Forderung an die Literatur – wie auch die Kunst und Religion – besteht für den Verfasser in eben dieser Aufgabe, den Menschen Orientierung zu geben. *Ausgabe des Ziels*

Da er diese Forderung von der zeitgenössischen Literatur nicht erfüllt sieht, verfällt sie seiner Kritik. Lienhard meint, dass sich gerade die „vielen guten Menschen" des deutschen Volkes in diesen literarischen Texten nicht wiederfinden könnten und sie daher auch nicht von ihnen angesprochen würden. *Verfehlung des Ziels durch die Schriftsteller der jungen Generation*

Der Verfasser geht dann noch ausführlicher auf diese Literatur ein: Er wertet deren Rezipienten ab und stellt auch die künstlerischen Vorbilder – er nennt die bekannten ausländischen Autoren Ibsen, Strindberg und Zola – kritisch infrage, da diese seiner Auffassung nach sich nur am oberflächlichen Zeitgeist orientierten. Unter den Einflüssen dieser Autoren sei eine Literatur entstanden, die jegliche Beziehung zum Alltag der Menschen verloren habe. *Abwertung der neuen Literaturströmungen*

Nach seiner kritischen Bestandsaufnahme der Zeitsituation und der Literatur beschreibt Lienhard die vorhandene Trennung von Volk und Literatur als eine schmerzliche Erfahrung, die gerade für *den* Schriftsteller fühlbar werde, der sich bemühe, seine Verbundenheit mit dem Volk in seinen Werken zum Ausdruck zu bringen – so wie Lienhard ihn sich vorstellt. *Anspruch, im Einklang mit der Volksseele zu dichten*

Aufgabe 22 Faktoren, die die Redesituation bestimmen, sind:
- die katastrophale militärische Niederlage in Stalingrad wenige Wochen zuvor und deren mentale Auswirkungen auf das eigene Volk
- der Zweifel am Sinn des Krieges, der sich im Volk auszubreiten droht
- damit einhergehend: aufkommende Zweifel an der Kriegspropaganda der Regierung und somit auch an Hitler selbst
- Der Anlass des Totengedenktages stellt die Frage nach dem Sinn des Todes der gefallenen Soldaten und erfordert eine einleuchtende Antwort.
- Auch die entfernten, nicht vom Sprecher direkt ‚kontrollierbaren' Hörer an den Rundfunkgeräten müssen durch die Wirkung der Worte eingenommen werden.
- Der Redner muss überzeugende Antworten bereithalten, wenn er zu weiterer Kriegsbegeisterung motivieren und die Anerkennung seiner Position als „Führer" aufrechterhalten will.

Formulierungsvorschlag:

Am 21. März 1943 hielt Hitler aus Anlass des so genannten Heldengedenktages eine Rede. Geladene Zuhörer waren eine Auswahl ehemaliger Soldaten, Angehöriger der im Krieg Getöteten und Parteiangehöriger, aber über das Medium des Rundfunks richtete sich die Rede zudem an das gesamte Volk.

Redesituation und ihre Problematik

Das zentrale Problem des Redners bestand darin, wie er die verheerende militärische Niederlage der völlig aufgeriebenen deutschen Armee in Stalingrad erklären sollte, die gerade erst einen Monat zurücklag. Dass eine solche Niederlage nicht nur bei den Soldaten, sondern ebenso bei der Zivilbevölkerung zu Hause Schrecken, Enttäuschung, Unzufriedenheit und letztlich Zweifel am Sinn des Krieges, der Kriegspropaganda und der Regierung selbst hervorrufen würde, war dem Redner bewusst. Auch wenn die – ausgewählte – Zuhörerschaft es nicht gewagt hätte, derartige Zweifel zu äußern, konnte Hitler in Anbetracht der Hörer an den Rundfunkgeräten diese Fakten nicht einfach übergehen. Weil die Rundfunkhörer nicht unter dem Einfluss der suggestiven Wirkung seiner Person und der Inszenierung der Veranstaltung standen, musste er eine wie auch immer geartete Antwort darauf geben, die das Volk auch argumentativ überzeugte.

Mit der Verschiebung des Gedenktages hatte die politische Führung bereits versucht, den Erinnerungstag an die gefallenen Soldaten von der verheerenden Niederlage bei Stalingrad abzurücken und damit zu verhindern, dass die Feier durch ein verbreitetes Gefühl der Verzweiflung oder gar des heimlichen Aufbegehrens getrübt würde. Gerade an solche Erinnerungsfeiern wird ja die Erwartung gerichtet, dass der Tod der Gefallenen als sinnvoll, als notwendiges Opfer gedeutet wird und als Beitrag zum „Endsieg" empfunden werden kann. Das setzt allerdings voraus, dass eine Mehrheit des Volkes noch an einen solchen „Endsieg" glaubt. *Problematik des Datums der Rede*

Hitler musste eine Erklärung der jüngsten Niederlage anbieten, aber zugleich Zweifel am Krieg, am Sieg und am Sinn des Todes der gefallenen Soldaten ausräumen – und zwar so überzeugend, dass auch die anonymen Hörer am Rundfunkgerät, die den Sprecher nur akustisch erleben, sich von seiner Botschaft würden hinreißen lassen. *Zusammenfassung der Erwartungen an den Redner*

Aufgabe 23 Gliederung:
1. Z. 1–16: kurze Begründung, warum der Gedenktag verlegt worden ist, und Versicherung, dass die jüngste große Krise überwunden worden sei
2. Z. 18–33: Hinweise auf die Größe des Kampfes, die Macht des Gegners und die vermeintlichen Hintermänner der Auseinandersetzung mit ihren ‚schmutzigen Interessen'
3. Z. 34–42: Andeutung des Ausmaßes der Gefahr einer Niederlage, Feststellung, dass sie gebannt sei, und erneute Hervorhebung der Leistung der deutschen Soldaten
4. Z. 43–60: Hervorhebung der Weitsicht und Entschlossenheit der Nationalsozialisten beim Kampf gegen den Bolschewismus als den ganz Europa bedrohenden Gegner
5. Z. 61–67: Nochmalige Stilisierung des gegenwärtigen Krieges als weltgeschichtliches Ereignis allererster Ordnung

Aufgabe 24 *Formulierungsvorschlag:*
Nach seinem Einleitungssatz, mit dem er auf die inzwischen vorhandene Tradition des Gedenktages hinweist, *Selbstdarstellung des Redners*

geht Hitler auf die Verschiebung des Gedenkdatums ein. Als Begründung verweist er auf sein eigenes Verantwortungsgefühl, das es ihm nicht gestattet habe, in einer kritischen Phase des Krieges seine Aufmerksamkeit zu teilen (vgl. Z. 3–7). Dass er nun Zeit findet, die Feier abzuhalten, lässt sich insofern auch als Signal verstehen, dass die Gefahr nun überwunden sei. Hitler argumentiert denn auch ausdrücklich in diesem Sinn (vgl. Z. 7–16). Damit schlägt er aus einer Situation, in der sich das Regime zunächst scheinbar eine Blöße gegeben hat, geschickt Kapital: Er betont seine eigene Wachsamkeit und seine Fähigkeit, auch große Gefahren abzuwehren. Solange er auf dem Posten ist, kann das deutsche Volk ruhig schlafen. Und: Wenn die schwere Arbeit getan ist, kommt er zuverlässig, wenn auch vielleicht verspätet, wieder ‚nach Hause' und spricht seinem Volk neuen Mut zu.

Von der eigenen Tätigkeit spricht Hitler auf eine Weise, die Ehrfurcht fordert: Feierlich-pleonastisch spricht er von den „Stätten meiner Arbeit" (Z. 4 f.), an die er „gebunden" (Z. 6) gewesen sei – was zugleich eine euphemistische Verfälschung der wahren Beschäftigung mit der militärischen Bedrohung darstellt. Zwar weiß jeder Zuhörer (und soll es auch wissen), dass der ‚Führer' als oberster Kriegsherr gefordert ist (davon ist ja im Anschluss noch vielfach und drastisch die Rede); dennoch dient die euphemistische Formulierung an dieser Stelle offenbar dem Zweck zu unterstreichen, wie souverän Hitler sein Amt verwaltet, wie wenig er sich aus der Ruhe bringen lässt, wie sehr er bemüht ist, sein Volk nicht unnötig zu beunruhigen.

rhetorische Mittel:
Pleonasmus
Euphemismus
Hendiadyoin

Zur Bestätigung des Endes jeglicher Gefahren hebt er in einem Hendiadyoin auch die Leistung der deutschen Soldaten hervor (Z. 7 ff.) – wobei er sich des Beifalls der Hörerschaft sicher sein kann – und formt mit diesen Worten gleichzeitig den Tod so vieler Soldaten euphemistisch um. Die drohende Niederlage spielt er mit einem weiteren Euphemismus als bloße „Krise" (Z. 10) herunter, für die er darüber hinaus ein „unverdientes Schicksal" (Z. 11) als anonyme ungreifbare Macht verantwortlich macht. Auf diese Weise wird zugleich die Gefahr einer Schuldzuweisung

Verfälschungen durch Euphemismen

an die deutschen Soldaten und an die politische Führung bezüglich der Niederlage von Stalingrad ausgeschlossen.

Um den so entstehenden Eindruck von gestiegener Sicherheit und Selbstbewusstsein zu erhöhen, weist der Redner nun in einer Klimax auf die – angeblichen – Erfolge hin: die Stabilisierung der Front (Z. 13) und den in naher Zukunft zu erwartenden „endgültigen Sieg" (Z. 16). Dieser hoffnungsvolle Euphemismus überdeckt die Undeutlichkeit der Hinweise, mit welchen Mitteln – „jene[n] Maßnahmen" (Z. 13 f.) – dies denn zu erreichen sei.

Klimax
Euphemismus

Trotz der geäußerten Siegeszuversicht geht der Redner im zweiten Abschnitt noch einmal auf die Gefahren der zurückliegenden Kämpfe ein. Er vermeidet dabei jeden Hinweis auf militärische Aktionen, sondern spricht allgemein von „Auseinandersetzung" (Z. 20) und hebt zugleich durch das Adjektiv „gigantisch" und durch die weitere Beschreibung „zu Lande [...]" (Z. 21 f.) hyperbolisch ihre Bedeutung und außerordentlichen Dimensionen hervor. Mit einer abwertenden Metonymie – „Steppen des Ostens" (Z. 25) kennzeichnet er die Feinde als öd, ungestalt, unzivilisiert und durch seine folgende metaphorische und hyperbolische Wortwahl – „Millionenmassen", „wälzen", „Vorwärtsgepeitscht" (Z. 26 f.) – lässt er das Bild einer riesigen Kampfmaschinerie entstehen, die Europa vernichten will. Er deutet an, dass hinter allem eine andere Macht stehe, die er beschuldigt, schon immer für die eigenen egoistischen Interessen Kriege inszeniert zu haben. Gemeint ist hier natürlich das „internationale Judentum", wie es im ideologischen und rassistischen Jargon der Nationalsozialisten hieß. Dass die Juden angeblich hinter allem steckten, was Deutschland vermeintlich Schaden zufügte – vor allem hinter „kapitalistische[n] Interessen" und „bolschewistische[n] Instinkte[n]" (Z. 31 f.) –, war den durch jahrelange Indoktrination verblendeten Deutschen so geläufig, dass Hitler die Juden an dieser Stelle gar nicht mehr ausdrücklich nennen musste. Dass der eigentliche Gegner hier auf eine so vage Art bezeichnet wird, hat zusätzlich die Wirkung, dass er besonders geheim und damit auch besonders bedrohlich wirkt: Er ist gewissermaßen so

Darstellung der zurückliegenden Kämpfe und abwertende Beschreibung des Gegners:
Hyperbolik
Metapher
Metonymie

gut getarnt, dass er auch sprachlich kaum dingfest zu machen ist. Dieser Gegner kämpft, so gibt der Redner dem Publikum zu verstehen, nicht mit offenem Visier.

Im folgenden Abschnitt betont Hitler die Gewalt der – überstandenen – Gefahr, indem er metaphorisch von einer „Überrennung" (Z. 34 f.) spricht, die ganz Europa gedroht habe. Um die Katastrophe des möglichen Untergangs zu veranschaulichen, hebt er die Rolle Europas als „ältest[r] Kulturkontinent" (Z. 35) hyperbolisch hervor. Als Antithese stellt er dann den beschworenen Gefahren die beruhigende Gewissheit gegenüber, dass der Gegner besiegt sei, und kommt damit auf die Leistung der Soldaten und den Anlass des Gedenktags zurück.

Betonung der – angeblich überstandenen – Gefahren:
Metapher
Hyperbolik
Antithese

Trotz dieser beruhigenden Worte von der vermeintlich gebrochenen Macht des Feindes geht der Redner aber noch einmal auf dessen Stärke und auf die aktuelle Kriegssituation ein, da ihm eine Zufriedenheit der Zuhörer mit dem Erreichten nicht genügt (und nach der tatsächlichen Lage der Dinge auch gar nicht genügen kann) und er das Volk auf weitere Kriegshandlungen vorbereiten will.

Er entwirft ein hyperbolisches Schreckensbild des Gegners als Zerstörer „unserer Welt" (Z. 45) und stellt dieser Bedrohung antithetisch die Leistung der eigenen Partei gegenüber. Er erinnert an den geschichtlichen Aufstieg der Partei bis hin zur Übernahme der Macht im Staat und hebt das Verdienst der von ihm angeführten Bewegung mittels einer weiteren Antithese besonders hervor, indem er sich überzeugt davon gibt, dass die aus seiner Sicht haltlose „Parteienwirtschaft" (Z. 58) des „Weimarer Deutschland" (Z. 56) in einer solchen Situation krass versagt hätte. Die Vorstellung eines von den Weimarer Parteien geführten Deutschland wird ferner mithilfe eines Neologismus – „zertrümmlerisch" (Z. 57) – abgewertet und in seiner Schwäche metaphorisch (vgl. Z. 58 ff.) und zusätzlich durch einen bildhaften Vergleich – „wie Spreu" (Z. 60) – lächerlich gemacht. Dabei wird der Gegner erneut mithilfe einer Metonymie – „Ansturm Innerasiens" (Z. 59) – als unpersönliche Masse dargestellt und metaphorisch mit einer gefährlichen Naturgewalt gleichgesetzt.

Kennzeichnung der eigenen Partei als angeblicher Garant der Sicherheit:
Hyperbolik
Antithese

Neologismus
Metapher
Vergleich
Metonymie

Zum Abschluss des Textes entwirft der Redner die hyperbolische Vorstellung, dass Deutschland in einen weltgeschichtlichen Kampf verwickelt sei, den man einst zu den entscheidenden Epochen der Menschheitsgeschichte zählen werde. Klar ist, dass man aus einem solchen außerordentlichen geschichtlichen Moment nur dann siegreich hervorgehen kann, wenn man alle Kräfte bündelt. Unausgesprochen wird dem Zuhörer damit eine Heldenrolle angetragen, der er nun gerecht zu werden hat. Auf diese Weise soll das Selbstbewusstsein des Volkes und vor allem das der Soldaten gestärkt werden.

Hyperbolik eines weltgeschichtlichen Kampfes

Aufgabe 25 Stichpunkte zu kritischen Überlegungen
- Verfälschung historischer Fakten in der Rede
- Schüren unbegründeter Siegeshoffnungen
- Schüren von Ängsten durch wiederholte Dämonisierung des Feindes
- Verharmlosung des Todes
- Verächtlichmachung des Gegners
- Verfälschung der Kriegsursachen
- heuchlerisches Reden von europäischer Kultur und der Aufgabe der Nationalsozialisten (die zur gleichen Zeit dem restlichen Europa einen mörderischen Krieg aufgezwungen haben), das gesamteuropäische Erbe zu schützen
- Verwendung einer Vielzahl von rhetorischen Figuren zur Manipulation des Hörers
- Einschwörung der Zuhörer auf eine Heldenrolle, die eine weitere Eskalation des Krieges befürchten lässt

Aufgabe 26 *Formulierungsvorschlag:*
Hitler versucht mit seiner Rede, die militärische Niederlage von Stalingrad und ihre Auswirkungen zu überspielen. Er bemüht sich, die Heldenrolle der Soldaten zu betonen, um ein Gefühl von Sicherheit und Selbstbewusstsein wiedererstehen zu lassen. Von dieser Basis aus stilisiert er den Krieg zu einer nicht nur militärischen, sondern auch kulturellen Auseinandersetzung zwischen Europa, als dessen Beschützer sich die Nationalsozialisten aufspielen, und der zwar verachteten, aber dennoch gewaltigen Kampfma-

Kritik an der verfälschenden Stilisierung des Krieges

schinerie „Innerasiens". Deutschland und den deutschen Soldaten gehe es somit angeblich nicht nur um den militärischen Sieg, sondern ihnen wird die verantwortungsvolle Aufgabe zugewiesen, die kulturelle Tradition Europas vor ihrem Untergang zu bewahren.

Hitlers Rede enthält eine Reihe von irreführenden und falschen Aussagen, die aus heutiger Sicht deutlich als Lügen erkennbar sind, von denen einige jedoch auch damals angezweifelt werden konnten.

In Anbetracht der schweren militärischen Niederlage von Stalingrad sind Hitlers Aussagen von der Überwindung einer Krise und dem nahen Sieg nichts als rhetorische Leerformeln, die die Realität verfälschen. Sie versuchen vergeblich, dem sinnlosen Tod von Hunderttausenden von Soldaten einen Sinn zuzuschreiben und damit den Angehörigen vorzuspiegeln, dass ihre Kinder, Männer oder Väter nicht umsonst gestorben sind (Z. 7 ff.). *Verfälschungen der militärischen Situation*

Darüber hinaus versucht Hitler den Eindruck zu erwecken, dass Deutschland letztlich unverwundbar ist, solange er auf dem Posten bleibt und die Kriegsgeschicke leitet. Seine eigene Siegesgewissheit soll alle Zweifel seiner Anhänger zerstreuen. Sie sollen vielmehr beschämt sein und sich schuldig fühlen, wenn sie insgeheim an ‚ihrem Führer' und an dem von ihm versprochenen ‚Endsieg' zweifeln. Diese Redestrategie war damals vermutlich sehr wirksam, weil die Bevölkerung in den Jahren des nationalsozialistischen Regimes eine starke ‚Führer'-Hörigkeit entwickelt hatte. Indem Hitler sein persönliches Ansehen in die Waagschale wirft, schaltet er das kritische Urteilsvermögen der Hörer aus. *Manipulation mithilfe der Selbstdarstellung des Redners*

Gefühle spielen auch bei der Darstellung der Gegner eine Rolle. Die Beschreibung des Gegners als unpersönliche bedrohliche Masse löst Ängste und Hass aus. Umso erleichterter kann der Hörer dann auf die beruhigende und deshalb gern geglaubte Botschaft reagieren, dass diese monströse Gefahr beseitigt sei. *Manipulation durch die Art der Darstellung des Gegners*

Auch wenn Hitler dem Gegner unterstellt, den Krieg von langer Hand geplant zu haben (Z. 43 ff.), verfälscht er die Fakten. Bedenkenlos werden hier die Rollen vertauscht und der Aggressor Deutschland wird zum Angegriffenen. Ebenso haltlos ist die Behauptung, das nationalsozialistische Deutschland habe erst „nach zahllosen fehlgeschlagenen Bemühungen einer Rüstungsbeschränkung den Wiederaufbau der deutschen Wehrmacht eingeleitet" (Z. 52 ff.). Hitler stilisiert sein Regime hier zu einer Friedensmacht, deren guter Wille bei den kriegslustigen Nachbarländern jahrelang auf taube Ohren gestoßen sei, bis man sich aus reinem Selbsterhaltungstrieb entschlossen habe, ebenfalls aufzurüsten. Dass die tatsächliche Politik der Nationalsozialisten in den Dreißigerjahren eine ganz andere gewesen war, konnte man, trotz gezielter Desinformation durch die ‚gleichgeschalteten' Medien, wohl dennoch wissen, wenn man es denn wissen wollte.

Kritik an der Stilisierung des Dritten Reichs als Friedensmacht

Ebenso verfälschend ist es natürlich, wenn Hitler sich als Beschützer und Retter der europäischen Kultur aufspielt (vgl. Z. 34 f., 45 ff.). Diesem Anspruch liegt das Verständnis zugrunde, dass Deutschland die natürliche kulturelle Vormacht in Europa sei, europäische Kultur und deutsche Kultur mithin identisch seien. Mit entsprechender Selbstverständlichkeit wurde in den von den deutschen Armeen besetzten Ländern die einheimische Kultur unterdrückt, sofern sie von den kulturellen Leitbildern der Nationalsozialisten abwich. Vermutlich war dieser Anspruch einer kulturellen Hegemonie Deutschlands gegenüber Europa den meisten Deutschen so in Fleisch und Blut übergegangen, dass wohl nur wenige Zuhörer in der Lage gewesen sein werden, die Anmaßung und das Unrecht zu empfinden, die in Hitlers Behauptung lagen, Deutschland führe einen Abwehrkampf zur Rettung der europäischen Kultur. Das mindert jedoch aus heutiger Wahrnehmung in keiner Weise das Empörende einer solchen Behauptung.

Kritik an der Selbststilisierung des Redners als Retter der europäischen Kultur

Aufgabe 27   Stichworte zur gedanklichen Struktur
- Z. 1–12: „Einfühlung" als Zentralbegriff des traditionellen Theaters
- Z. 14–34: Weitere Beschreibung der „Einfühlung"; im Theater emotionale Erfahrungen zu machen, entspricht dem Wunsch der Rezipienten.

- Z. 35–43: Fragestellung Brechts: Ist es möglich, die „Einfühlung" zu ersetzen?
- Z. 44–57: Vorschlag, die Verfremdung an die Stelle der Einfühlung treten zu lassen, und kurze Beschreibung der Verfremdung
- Z. 58–81: Erläuterungen und Beispiele, was die Verfremdung im Hinblick auf den Zuschauer zu leisten vermag

Aufgabe 28 Zu Abschnitt 1
- Bezug auf die Poetik des Aristoteles: Katharsis (seelische Läuterung) des Zuschauers durch die Fähigkeit des Schauspielers, den Zuschauer das Schicksal des tragischen Helden unmittelbar miterleben zu lassen.
- Der Zuschauer identifiziert sich auf diese Weise mit dem Helden, erfährt also die gleiche Katharsis wie jener.

Zu Abschnitt 2
- Einfühlung ist das zentrale Darstellungsmittel einer früheren Zeit, die noch „Helden" kennt (vgl. die Metapher „seines Schicksals Sterne in der eigenen Brust").
- Konsequenz: Eigentlich ist die Einfühlung als Kunstmittel nicht mehr angemessen.
- Auf sie zu verzichten, käme jedoch einem Umsturz im Theater gleich. Die Zuschauer erwarten auch heute „selbstverständlich", im Theater emotional „mitgerissen" zu werden.

Zu Abschnitt 3
- Ist Einfühlung im Theater notwendig? Kann sie ersetzt werden?

Zu Abschnitt 4
- Einführung des Gegenbegriffs der Verfremdung, kurze Charakterisierung dieses Begriffs als Betonung der Zeitgebundenheit und Vergänglichkeit von Personen und Vorgängen

Zu Abschnitt 5
- Erläuterungen, wie sich eine verfremdende Darstellungsweise auswirkt: als Erkennen des Zusammenhangs von Ursache und Wirkung, von den bestehenden Verhältnissen einerseits und dem konkreten Handeln von Menschen andererseits
- Vermittlung eines neuen Menschenbilds durch das Theater: Der Mensch hat die Fähigkeit zur Gestaltung der Gesellschaft (entsprechend den naturwissenschaftlichen Fähigkeiten, die der moderne Mensch sich erworben hat).

Formulierungsvorschlag:
In seinem Text aus dem Jahr 1939 setzt sich Brecht mit dem traditionellen Theater auseinander und stellt seine eigenen, neuen Vorstellungen von den Aufgaben und der dramatischen Technik des Theaters im 20. Jahrhundert vor.

Brecht beginnt seine Darstellung mit einer Beschreibung der Wirkungsabsichten des traditionellen Theaters, wobei er sich auf die Poetik des Aristoteles aus dem 4. Jahrhundert vor Christus – und damit auf den wirkungsmächtigsten Text der Dramentheorie überhaupt – bezieht. Er bezeichnet die Einfühlung als Zentralbegriff dieser Theaterkonzeption, da der Zuschauer sich durch die Darstellungskunst des Schauspielers mit dem dramatischen Helden identifizieren solle. Auf diese Weise mache er dieselben Erfahrungen, Gedanken und Gefühle durch wie die Figur des Schauspiels, und die „seelische Läuterung", die bei Aristoteles Zielsetzung des Schauspiels ist, teile sich auch dem Rezipienten mit.

Brecht erläutert das Mittel der Einfühlung weiter, indem er es als zeitbedingt beschreibt und an eine geschichtliche Phase knüpft, in der der Mensch davon überzeugt war, dem Walten eines höheren Schicksals ausgeliefert zu sein. Sich einzufühlen ist nach Brecht nur möglich, wenn die dramatische Figur, mit der sich der Rezipient identifizieren soll, „seines Schicksals Sterne in der eigenen Brust trägt" (Z. 18 f.), wie Brecht es metaphorisch ausdrückt. Die Metapher ist nicht Brechts eigener Einfall, sondern stammt von Friedrich Schiller. In dessen Stück *Die Piccolomini* (dem zweiten Teil der *Wallenstein*-Trilogie) wird Wallenstein von seinem Feldmarschall Illo mit ähnlichen Worten ermahnt, einen wichtigen Moment der Entscheidung nicht verstreichen zu lassen (Szene II,6). Wallenstein jedoch zögert, weil er glaubt, noch auf ein höheres Schicksalszeichen warten zu müssen.

Der heutige Mensch lässt sich jedoch nicht länger als Held betrachten, dessen Lebenskampf im Zeichen eines übermächtigen Schicksals steht. Entsprechend müsste man auch die Einfühlung als zentrales Mittel der dramatischen Tech-

---

Einleitung

Brechts Darstellung der Wirkungsabsichten des traditionellen Theaters

der Zentralbegriff der Einfühlung

falsche Erwartungen des heutigen Rezipienten an das Theater

nik als nicht mehr zeitgemäß aufgeben. Aufgrund der langen Tradition, auf die das auf Einfühlung setzende Theater zurückblicken kann, erwarten sich aber auch die zeitgenössischen Zuschauer von einem Theaterbesuch nach wie vor Gefühlserlebnisse, die sie mitreißen, aus der Gegenwart entführen und mit „Illusionen" (Z. 29) versorgen.

Unbefriedigt von einer solchen unzeitgemäßen Theaterpraxis stellt Brecht die Frage, ob das Drama nicht auch auf anderer Grundlage funktionieren könne. Er sucht nach Möglichkeiten, den alten, von Aristoteles eingeführten Begriffen „Furcht und Mitleid" (Z. 41), die ja zur Einfühlung führen, einen zeitgemäßen Begriff entgegenzusetzen. *Brechts Suche nach alternativen Wirkungsmöglichkeiten des Theaters*

Im nächsten Absatz zeigt sich, dass Brecht und seine Mitstreiter ein solches Gegenkonzept bereits gefunden und damit auch schon praktisch experimentiert haben (vgl. Z. 44 ff.). Es handelt sich um das Konzept der „Verfremdung" (Z. 49), dessen näherer Erläuterung die restlichen Abschnitte des Textes gewidmet sind. Brecht kennzeichnet diesen Begriff zunächst als Darstellungsprinzip, in dem es darum geht, die „Vorgänge und Personen" (Z. 52) im Schauspiel so darzustellen, dass dem Zuschauer deren Zeitbedingtheit und Vergänglichkeit bewusst werden. *das Konzept der Verfremdung*

Brecht verbindet mit der Darstellungsweise der Verfremdung die Zielsetzung, dass die Zuschauer Mensch und Umwelt als veränderbare Größen wahrnehmen, dass ihnen auffällt, wie sich Veränderungen der Umwelt auf den Menschen auswirken – und umgekehrt. *Zielsetzungen des Verfremdungskonzepts*

Der Zuschauer lernt dadurch, so will es Brecht, die „Verhältnisse" (Z. 64 f.) nicht einfach als unveränderbar zu akzeptieren, sondern vielmehr zu erkennen, dass sie sich ändern lassen und dass er dazu beitragen kann. Er erlernt durch das Theater eine „neue Haltung" (Z. 71 f.) gegenüber seiner Umwelt, indem ihm die Fähigkeit des Menschen, „gesellschaftliche[] Prozesse" (Z. 78 f.) zu ändern, ins Bewusstsein gerufen wird. Er soll sich aufgerufen fühlen, die Welt (gemeint ist hier: die gesellschaftlichen Verhältnisse) so zu „meister[n]" (Z. 81), wie er im Zuge der großen naturwissenschaftlichen Fortschritte im 19. und 20. Jahrhundert die Natur zu beherrschen gelernt hat.

126 | Lösungen

Aufgabe 29 *Gegensätze*
- Lessing geht davon aus, dass das Schauspiel *gefühlsmäßig* auf den Zuschauer wirken soll. Der Zuschauer soll insbesondere zum *Mitleiden* veranlasst werden.
- Brecht lehnt eine solche gefühlsbezogene Dramaturgie ab (und nennt dabei in Zeile 41 ausdrücklich das Mitleid). Er setzt mit der *Verfremdung* auf eine gegensätzliche Wirkungsweise.
- Brecht will ausdrücklich Rezeptionsweisen unterbinden, die auf Identifikation zwischen Zuschauer und dramatischer Figur beruhen.

Ähnlichkeiten
- Auch Lessing geht es nicht darum, dass sich der Zuschauer mit der Dramenfigur identifiziert (er meint sogar, dass das gar nicht möglich sei, während Brecht, der sich allerdings zu diesem Punkt nicht sehr bestimmt äußert, die grundsätzliche Möglichkeit einer solchen Identifikation nicht zu bezweifeln scheint). Lessing glaubt, dass es „nur" möglich sei, im Zuschauer die Empfindung des Mitleidens hervorzurufen.
- Beide Autoren streben mit ihrem Theater eine *Lehre* an, es handelt sich in beiden Fällen um didaktisches Theater.
- Ähnlichkeiten gibt es auch in der Zielrichtung der Lehre:
  - Bei Brecht bekommt der Zuschauer Einblicke in die Zusammenhänge zwischen Mensch und gesellschaftlichen Verhältnissen und wird so darauf vorbereitet, seine eigene Welt mit kritischem Blick zu betrachten und auf ihre Verbesserung hinzuwirken.
  - Bei Lessing soll der Zuschauer die Fähigkeit zum Mitleiden erwerben, um anschließend, im praktischen Leben, selbst Humanität zu zeigen und auf diese Weise an der Verbesserung der Gesellschaft mitzuwirken.

Aufgabe 30 *Formulierungsvorschlag:*
Die große Zeitspanne von fast 200 Jahren, die zwischen der Lebenszeit Brechts und der Lessings liegt, drückt sich auch in der Unterschiedlichkeit ihrer Vorstellungen vom Wesen und von der Aufgabe des Theaters aus.
Scharf wendet sich Brecht gleich zu Beginn seines programmatischen Aufsatzes gegen die „herrschende[] Ästhetik" (Z. 2), indem er sie einer vergangenen Epoche zuordnet. Ihr stellt er anschließend seine eigene, nach seiner Überzeugung zeitgemäßere, Theaterkonzeption entgegen.

Gegensätzlichkeiten in der Theaterkonzeption

Das bisherige Theater beruht seiner Auffassung nach darauf, dass es im Rezipienten gefühlsmäßige Wirkungen auslöst. Das trifft auch auf Lessings Theaterkonzept zu: Lessing spricht davon, dass das Theater Leidenschaften hervorrufen solle, und stellt dann das Mitleiden ins Zentrum seiner Theorie.

unterschiedliche Einschätzungen der Wirkungsweisen des Theaters

Brecht lehnt das ab. Die Zuschauer sind es zwar gewöhnt, vom Theaterstück ein Spektrum von aufregenden Empfindungen zu erwarten, das dadurch erzeugt wird, dass sich der Zuschauer mit der dramatischen Hauptperson identifiziert; aber Brecht möchte sich mit seinem Theater von dieser Konzeption lösen, die er mit dem Begriff der „Einfühlung" kennzeichnet. Mit dem Darstellungsmittel der Verfremdung, wie er es nennt, will er Identifikationen ausschließen und im Gegensatz zu der traditionellen „Einfühlung" eine *distanziert kritische* Haltung des Zuschauers zum Bühnengeschehen ermöglichen.

In diesem Punkt ergeben sich Berührungspunkte mit der Position Lessings, denn auch Lessing geht es nicht um eine Identifikation der Zuschauer mit den Dramenfiguren (er glaubt, in diesem Punkt gewissermaßen sogar radikaler als Brecht, gar nicht an eine solche Möglichkeit). Zwischen Figur und Zuschauer herrscht aus seiner Sicht eine Distanz, die ausschließt, dass beide die gleichen Gefühle erleben. Lessings Begriff des Mitleidens beruht gerade auf dieser Unterscheidung der Empfindungen, die der Dramatiker seinen Helden durchleiden lässt, und denen, die im Zuschauer hervorgerufen werden können.

Berührungspunkte

Es gibt allerdings noch weitere Ähnlichkeiten zwischen den Positionen beider Autoren. Grundsätzlich wollen beide durch ihr Theater belehren, das demnach grundsätzlich als didaktisch zu bezeichnen ist. Und beiden geht es um eine Verbesserung der Gesellschaft: Brecht zufolge soll der Zuschauer im Theater erkennen, dass der Mensch des 20. Jahrhunderts als „Änderer" (Z. 77) fähig ist, „die Welt" zu „meister[n]" (Z. 80 f.). Er ist nicht mehr, wie der Held der traditionellen Dramatik, einem über ihn verhängten Schicksal hilflos ausgeliefert, sondern fähig, die gesellschaftlichen Verhältnisse zu verbessern.

Hier trifft sich Brechts Position mit der Lessings. Auch Lessing zeigt sich ja davon überzeugt, dass die Verhältnisse, in denen die Menschen leben, von Menschen gemacht und damit besserungsfähig sind. Er plädiert für eine Erziehung zum „Mitleiden", das dazu beitragen soll, die Gesellschaft insgesamt humaner zu machen.

eine wesentliche Gemeinsamkeit

Aufgabe 31 *Formulierungsvorschlag:*
Lessing und Brecht gehen somit verschiedene Wege: Lessing wählt den Weg über das Empfinden, speziell über das Mitleiden der Menschen, um seine Ziele zu erreichen. Brecht dagegen will durch Verfremdung Erkenntnisse hervorrufen, um das Bewusstsein für die Zeitbedingtheit und damit für die Änderbarkeit des Menschen und seiner gesellschaftlichen Lebensbedingungen wecken.

Verschiedenheit der Lösungsansätze

Beide treffen sich aber in der grundlegenden Überzeugung, durch die belehrenden Wirkungen des Theaters die Gesellschaft bessern zu können, also insgesamt zu humaneren Verhältnissen beizutragen. Damit stimmen die beiden wichtigsten deutschen Dramatiker des 18. und des 20. Jahrhunderts hinsichtlich ihrer Idee, welchen Zweck das Theater erfüllen soll, in einem wesentlichen Punkt überein.

gemeinsame Grundüberzeugung bei Lessing und Brecht

Aufgabe 32 *Formulierungsvorschlag:*
Der Prinz von Guastalla hat sich in Emilia Galotti leidenschaftlich verliebt. Als er erfährt, dass sie in Kürze heiraten wird, versucht er alles, um sie für sich zu gewinnen, und lässt dabei seinem Kammerherrn Marinelli freie Hand, der daraufhin eine Intrige einfädelt, bei der Emilias Verlobter, Graf Appiani, getötet wird. Emilia wird unmittelbar nach dem Überfall auf den Grafen ins Schloss des Prinzen gebracht, wo sie mit ihm zusammentrifft.

Vorgeschichte zur Einordnung der Szene

Die Handlung der Szene selbst lässt sich in drei Abschnitte unterteilen:
Im ersten Abschnitt (bis Z. 30) sprechen Emilia und der Prinz miteinander. Es zeigt sich, wie verwirrt Emilia durch

Gliederung

die Vorfälle ist, die sie noch nicht durchschaut. Der Prinz bemüht sich, sie zu beruhigen.

Im zweiten Teil (bis Z. 67) beginnt der Prinz in einer längeren Rede allmählich Druck auf Emilia auszuüben, um sie zuletzt in einen privateren Raum zu führen.

Der letzte Teil der Szene besteht aus dem Kommentar des zurückbleibenden Marinelli, der dem Gespräch zwischen dem Prinzen und Emilia bis dahin als schweigsamer Beobachter beigewohnt hat. Durch Marinellis Selbstgespräch wird der Zuschauer über die Intrige – ihren bisherigen Erfolg und den gegenwärtigen Stand der Dinge – weiter aufgeklärt.

Aufgabe 33   *Formulierungsvorschlag:*
Der Beginn der Szene zeigt den Prinzen in Aufregung. Reihen von Fragen nach Emilias Ergehen scheinen Besorgnis auszudrücken. Etwas merkwürdig unbestimmt wirkt dann allerdings seine Antwort auf Emilias Frage nach dem Verbleib der Mutter (Z. 8 f.); er scheint einer klaren Auskunft ausweichen zu wollen. Vor allem ist es ihm offensichtlich wichtig, Emilia in einen anderen Raum zu bringen, da er sie schon mit seiner folgenden Äußerung zu drängen beginnt (Z. 16 f.) und dann zur Eile auffordert (Z. 23 ff.).

Analyse der Szene: Eindrücke des Prinzen

Emilia ist durch den Überfall auf ihren Verlobten verwirrt; sie durchschaut nicht, was geschehen ist, und fragt besorgt nach ihren Begleitern, vor allem – ein wenig kindlich – nach ihrer Mutter (Z. 7). Doch gleichzeitig wird Misstrauen in ihr wach, das sich, wenn auch zunächst nur unbestimmt, auch gegen den Prinzen richtet (Z. 13 f.). Natürlich wählt sie ihm gegenüber die höfische Anrede „gnädiger Herr" (Z. 13), wie es sich für eine Untertanin gehört, aber trotzdem stellt sie ihm unbequeme Fragen und spricht von Ahnungen und schlimmen Befürchtungen. Wenn sie auch hilflos erscheint, wie ihre Gestik zeigt (Z. 18, 26 f., 30), so leistet sie dem Drängen des Prinzen doch zunächst keine Folge.

Verwirrung, aber auch Misstrauen Emilias

Der sieht sich daraufhin gezwungen, den Druck auf Emilia zu verschärfen. Er fragt direkt, ob sie einen Verdacht gegen ihn hege, wohl wissend, dass sie es nicht wagen kann, dies zu bejahen (Z. 28 f.). Doch sie verneint die Frage auch nicht, sondern zieht sich sprachlich und gestisch in eine Demutshaltung zurück (Z. 30 f.). *Druck auf Emilia*

Das gibt dem Prinzen die Möglichkeit, in einem monologartigen Redeschwall auf Emilia einzuwirken. Er lenkt ab von den aktuellen Ereignissen, indem er auf sein ungehöriges Verhalten am Morgen in der Kirche zu sprechen kommt. Dabei gibt er sich zerknirscht, appelliert aber zugleich an Emilias Verständnis. Er entschuldigt sich mit der eigenen „Schwachheit" (Z. 37 – gemeint ist, wie sich anschließend zeigt, nicht etwa seine Charakterlosigkeit, sondern seine übergroße und verzweifelte Liebe zu ihr), macht dann aber zugleich deutlich, dass er feinfühlig genug ist, sich allein schon durch Emilias Reaktion bestraft zu fühlen (Z. 40 ff.). Mit dieser Versicherung ist aber auch die unausgesprochene Forderung an Emilia verbunden, ihn nun nicht weiter mit ihrem Misstrauen zu bestrafen und zu kränken. *Ablenkungsstrategie des Prinzen*

Nach solcher Vorbereitung kommt er auf die gegenwärtige Situation zu sprechen. Der Zuschauer weiß, dass er lügt, wenn er die von Marinelli eingefädelte Begegnung mit Emilia nun als „Zufall" bezeichnet (Z. 44), und nimmt seine weiteren Äußerungen entsprechend mit grundsätzlichem Zweifel an ihrer Aufrichtigkeit auf. *Lügen*

Emilia jedoch hat diese zu kritischer Distanz verhelfende Kenntnis nicht. Vorsichtig im Konjunktiv deutet der Prinz die Möglichkeit an, ihre Begegnung als Glückszeichen verstehen zu können, und stellt demgegenüber die Entfernung von ihr hyperbolisch als „Verurteilung" dar (Z. 52). Er selbst inszeniert sich als jemand, der „um Gnade flehen" muss (Z. 53) – nämlich um die Gnade, von Emilia erhört zu werden –, womit er die tatsächlichen Rollen umkehrt: Nicht mehr er ist nun der Herrscher, sondern Emilia, von deren Gnade er abzuhängen versichert.

Beinahe unmerklich gehen die Versicherungen des Prinzen seiner angeblichen Unterordnung unter Emilias Wün- *allmählicher Verhaltenswandel* sche jedoch in Forderungen über, die er in eindringlichen, anaphorisch gebundenen Imperativen formuliert: „Nur" kein Misstrauen ihm gegenüber, keine Zweifel an ihm und keine Maßnahmen anderer gegen ihn erwartet er gleichsam als „Gegenleistung" für die schuldbewusste Demut, die er gegenüber Emilia zu empfinden behauptet (Z. 57 ff.). Der Prinz hat sich auf diese Weise als „Vertrauensperson" aufgedrängt, um Emilias ablehnende Haltung zu neutralisieren. Nun geht er dazu über, seine tatsächliche (einschüchternde) Macht zu zeigen: Er gibt Anweisungen, (Z. 66 f.) und als sie sich sträubt (Z. 66), hilft er mit leichter Gewaltanwendung nach. Worte und Verhalten klaffen so auseinander: Der Anschein verständnisvoller Zuwendung, um den er sich im Verlauf der Szene bemüht hat, wird abgelöst durch das Bild des Herrschers, der es versteht, sich seiner Macht zu bedienen. *Hervortreten der Herrscherrolle*

Marinellis abschließende Bemerkung, als die beiden die Szene verlassen haben, kennzeichnet treffend die Haltung des Prinzen: „Folgen Sie uns, – das mag heißen: folgen Sie uns nicht! [...]" (Z. 68 f.). Der Kammerherr erläutert mit diesen Worten genau das lügenhafte Auseinanderbrechen von Worten und Verhaltensweisen, das am Prinzen im Verlauf der Szene sichtbar geworden ist. Marinellis weitere Überlegungen und Besorgnisse gelten nur dem Gelingen der Intrige. Emilias Wohlergehen spielt in seinen Berechnungen keine Rolle. So zeigt sich der Kammerherr auch hier ganz in der Rolle des gewissenlosen höfischen Intriganten, der seinem Herrn dient, den er gleichwohl verachtet. *Offenlegung der Intrige durch Marinellis Worte*

Emilia hat in der zweiten Hälfte der Szene überhaupt keinen Redeanteil mehr. Sie hat trotz ihrer Verwirrung durch die gewaltsamen, aber für sie noch undurchschaubaren Ereignisse ihr Verlangen nach Klärung zum Ausdruck gebracht und Widerstandsfähigkeit gezeigt, in der sich auch Misstrauen andeutete. Doch dem wortreichen Monolog des Prinzen hat sie nichts entgegenzusetzen. Ob sie sein Verhalten als Inszenierung durchschaut, bleibt offen. Ihr Sträuben am Ende kann ebenso Angst vor dem, was nun vielleicht kommt (Zudringlichkeiten und damit Angriffe *Emilias Hilflosigkeit* auf ihre Tugend und Ehre), bedeuten wie auch anhaltendes Misstrauen.

Vermutlich tut man ihr kein Unrecht, wenn man voraussetzt, dass die Situation sie überfordert. Schließlich ist es der Herrscher des Landes, der ihr so mit Geständnissen und Forderungen zusetzt. Die Welt des adligen Hofs ist ihr fremd und sie hat nicht gelernt, hinter den schönen Worten der höfischen Sprache Lüge und interessengeleitete Intrigen zu vermuten. Aber selbst wenn sie den Prinzen durchschauen würde, bliebe sie ihm hilflos ausgeliefert. Dessen Worte verschleiern nur zeitweise die tatsächlichen Machtverhältnisse, die nichtsdestoweniger unverändert bestehen bleiben.

Aufgabe 34 Stichworte zum Vergleich:

Zum theoretischen Text
- Empfindungen des Zuschauers sollen hervorgerufen werden, Zentralbegriff ist das Mitleiden.
- Abgrenzung des Mitleidens gegen Bewunderung und Schrecken

Überlegungen zu Emilia
- Der Zuschauer weiß schon von dem Tod ihres Verlobten, von der Intrige überhaupt.
- Ihm ist zudem die Bedrohlichkeit des Ortes klar, an dem die Szene spielt.
- Er nimmt Emilias Einsamkeit und Ängste wahr.
- Er hat natürlich nicht die gleichen Gefühle wie die Figur, weil er ja alles schon durchschaut, aber er leidet mit Emilia mit.
- Ihr Verhalten – ihr Versuch, dem Prinzen Widerstand zu leisten, ihre Gutgläubigkeit, ihre Unkenntnis höfischer Kabale, schließlich ihre unvermeidliche Hilflosigkeit als junges Mädchen und Untertanin – bietet Anlass zum Mitleiden.
- Der Anfang der Szene, als Emilia ihre Lage allmählich klar wird, löst (auch beim Zuschauer) Schrecken aus.
- Ihre Hilflosigkeit am Ende der Szene schließt Bewunderung aus.

Überlegungen zum Prinzen
- Die ausführliche Darstellung seiner Betroffenheit, seines Schuldbewusstseins und seiner Demut könnten Signale für das Mitempfinden des Zuschauers

sein (zumal der Zuschauer ihn auch zuvor als schwachen, aber nicht durch und durch gewissenlosen Menschen kennen gelernt hat).
- Der Zuschauer ist aber durch seine Kenntnisse in der Lage, die Unaufrichtigkeit des Prinzen in dieser Szene zu durchschauen.
- Dessen emotionales Vokabular wird vom Zuschauer als Lüge durchschaut.
- Diese Einsicht schließt wirkliches Mitleiden mit der Figur aus.
- Zudem nimmt der Zuschauer wahr, über welche absolute Macht der Prinz verfügt – auch über Emilia und ungeachtet seiner Beteuerungen, dass er von ihrer Gnade abhänge.
- Sein Flehen bekommt dadurch etwas Aufgesetztes und Widerwärtiges; das Mitleiden mit Emilia wird daher noch verstärkt.

Aufgabe 35

Formulierungsvorschlag:

Die Hauptforderung von Lessings Schauspieltheorie ist, das Mitleiden des Zuschauers hervorzurufen, um dadurch seine gesellschaftlich wichtige Fähigkeit zum Mitleiden überhaupt zu fördern. Durch die Handlungsführung und die Personendarstellung in der ausgewählten Szene aus *Emilia Galotti* gelingt es ihm, dieses Ziel zu erreichen.

zentrale Forderung von Lessings Schauspieltheorie

Schon die Gestaltung der Handlung schafft Voraussetzungen für das Mitleiden. Emilia befindet sich allein, getrennt von ihrem Verlobten und den Eltern, im Lustschloss des Prinzen. Sie ist aufgrund dieser fremdartigen Situation und vor allem wegen des Überfalls, dessen Opfer sie und ihre Begleiter kurz zuvor geworden sind, ängstlich und verwirrt. Der Zuschauer, der die ganze Intrige durchschaut und die Absichten des Prinzen kennt, kann zudem die Gefährlichkeit von Emilias Lage einschätzen. Er wird sich aus seiner die Vorgänge überschauenden Perspektive zwar nicht mit Emilia identifizieren, aber er weiß, dass ihre Ängste berechtigt sind, sodass er sich in ihre Situation hineinfinden und Mitleid mit ihr empfinden kann.

Schaffung der Voraussetzungen für das Mitleiden

Emilias weiteres Verhalten und ihre daran sichtbar werdenden Charaktermerkmale bestärken die Bereitschaft des Zuschauers zum Mitleid mit ihr. Denn ihre starke Sorge um ihre Begleiter macht sie sympathisch und ihre misstrauischen Fragen an den Prinzen zeigen nicht nur Selbstbewusstsein, sondern werden vom Zuschauer als berech-

Bestärkung des Mitleidens durch Emilias Verhalten

tigt eingeschätzt, sodass er auf ihrer Seite steht. Dass Emilias Fähigkeit zum Widerstand bald an ihre Grenzen gerät, ist für den Zuschauer verständlich, weil er voraussetzt, dass sie mit den höfischen Umgangsformen und Intrigen nicht vertraut sein kann. Auch ihr insgeheimer Wunsch, an die „Tugend" des Prinzen zu glauben, zeugt für ihre eigene Unschuld und verstärkt ihre positive Einschätzung durch den Zuschauer und somit das Gefühl der „Nähe", das er ihr gegenüber entwickelt.

Ihre Hilflosigkeit am Schluss der Szene ruft schon allein deshalb Mitleid hervor, weil ihr hier – wie der Zuschauer erkennt – der Prinz als gerissener und seine Macht bedenkenlos missbrauchender Herrscher kontrastiv entgegengestellt ist.

Was die Abgrenzung des „Mitleidens" zu den Begriffen der „Bewunderung" und des „Schreckens" in Lessings Theorie angeht, so hat Emilia in dieser Szene des dritten Akts die „Erhabenheit" über das Unglück, die nach Lessing Voraussetzung für die Bewunderung ist, noch nicht erreicht. Gerade die eben erwähnte Schlusssituation zeigt deutlich, dass sie an dieser Stelle, an der der Höhepunkt der Handlung und der inneren Entwicklung der Hauptfigur ja noch aussteht, das Mitleiden des Zuschauers hervorruft, wie es Lessings Theorie ja auch beabsichtigt.

„Bewunderung"

Der Schrecken, der nach Lessings Theorie das Mitleid auslösen soll, ist schon durch die *vor* dieser Szene liegenden Geschehnisse (den Überfall) gegeben, von denen der Zuschauer im zweiten Auftritt erfahren hat. Doch in Emilias Verhalten und Fragen zu Beginn dieser Szenen wirkt der Schrecken noch sichtbar nach. Auf diese Weise erneuert sich im Zuschauer die zuvor vielleicht schon wieder abklingende Empfindung.

„Schrecken"

Der Prinz führt vor allem in seiner längeren Rede Worte von Empfindung und Schuldbewusstsein im Mund, die geeignet sein könnten, das Mitgefühl des Zuschauers zu wecken. Doch aufgrund seiner Einsicht in die Zusammenhänge der Geschehnisse ist der Zuschauer in die Lage versetzt, aus distanzierter Betrachtungsposition die Interessen und Pläne des Prinzen zu durchschauen. Er erkennt

Beurteilung des Prinzen unter der Perspektive der Mitleidstheorie

deshalb, dass das emotionale Vokabular lediglich der Manipulation Emilias dient, was jegliches Mitempfinden mit ihm ausschließt. Er wird somit vom Zuschauer als Kontrastfigur zu Emilia wahrgenommen, wodurch sich das Mitgefühl mit ihr noch verstärkt.

Der Vergleich von Schauspielszene und theoretischem Text zeigt also, dass Lessing seine theoretische Konzeption auch praktisch umzusetzen verstand. Der Dramentext hält, was der programmatische Text verspricht.

Aufgabe 36   *Formulierungsvorschlag:*
Lessing erläutert in seinem dramentheoretischen Text, dass es in der Tragödie im Wesentlichen darum geht, durch die Gestaltung der Handlung und der Personen „das Mitleiden" des Zuschauers hervorzurufen. Die Vermittlung des Mitleids durch das Theater ist ihm deshalb wichtig, weil er der Meinung ist, dass Menschen, die zum Mitleid bereit und fähig sind, ein besseres, harmonischeres gesellschaftliches Zusammenleben gewährleisten und dadurch überhaupt dafür sorgen, dass die Gesellschaft humaner wird.   *Zielsetzung*

In seinem Bürgerlichen Trauerspiel *Emilia Galotti* veranschaulicht Lessing in dem Dialog zwischen der Titelfigur und dem Prinzen, wie es durch dessen kommunikative Raffinesse und das gewissenlose Ausnützen seiner Machtposition gelingt, Emilia aus den beschützenden Bindungen an ihre Familie herauszureißen.   *Umsetzung*

Aufgrund der gegensätzlichen Personenkonstellation, die diese Szene prägt, wird das Mitleiden des Zuschauers mit Emilia hervorgerufen und der Zuschauer somit in seiner Mitleidsfähigkeit gefördert, wie Lessing es vom Trauerspiel verlangt.

Erörterung auf der Basis von Sachtexten

Aufgabe 37

1. Abschnitt: Schönes Wunschbild: das gespeicherte und einfach verfügbare Wissen — Z. 1–6
2. Abschnitt: Gegenthese des Erziehungswissenschaftlers Volker Ladenthin: Abrufen von Informationen und Wissen ist nicht dasselbe. — Z. 6–26
3. Abschnitt: Internetsurfen als Beispiel für Faktenanhäufung nach dem Zufallsprinzip und den damit verbundenen Verlust methodischen Wissens — Z. 27–46

Aufgabe 38 *Formulierungsvorschlag:*

Der Zeitungstext aus der *Rheinischen Post* vom 21. September 1999 stellt die kritische Auffassung des Erziehungswissenschaftlers Volker Ladenthin dar, der sich mit den Auswirkungen der immer verbreiterteren Gewohnheit des Internetsurfen befasst hat. Ladenthin sieht darin nicht etwa eine Möglichkeit zur sinnvollen Wissensvermehrung, sondern er kritisiert es als Verlust eines wissenschaftlichen Umgangs mit Information. *[Einleitung]*

Der Text gibt als Einstieg in die Überlegungen zunächst den vermeintlichen Wunsch der modernen Computergesellschaft wieder, dass durch die im Internet bereitstehenden Informationen Lernen überflüssig werde. Es scheint, als lasse sich die mühselige Aneignung von Kenntnissen durch die versierte Handhabung von technischen Hilfsmitteln ersetzen. *[Darstellung des Gedankengangs: Wunschbild]*

Dass dieses nur ein Wunschtraum ist, wird von vornherein durch Ironisierungssignale wie „Büffeln ade" (Z. 1) oder „wortselig" (Z. 5 f.) angezeigt, bevor die Gegenthese deutlich ausgesprochen wird: „Man weiß nur, was man weiß." (Z. 7 f.) Als Erläuterung wird nun darauf hingewiesen, dass „Informationen […] abrufen" und „wissen" (Z. 12 f.) durchaus nicht dasselbe sei, wobei diese Aussage vorläufig nur durch die fachliche Kompetenz des Erziehungswissenschaftlers Ladenthin gestützt wird. *[Ironisierung des Wunschbilds – Gegenthese]*

Die anschließend wiedergegebenen Äußerungen des Experten liefern – neben weiteren Behauptungen, die aber nicht die Qualität von Argumenten haben – eine Begründung: Der Wissenschaftler erklärt, dass die neue Art der bequemen Informationsbeschaffung sich auf längere Sicht negativ auf das Denkvermögen der Menschen auswirken werde. Die Wissenschaftlichkeit bleibe auf der Strecke.

weitere Begründung

Zur Beweisführung wird ein Beispiel herangezogen, das sich auf die gängige Surf-Praxis im Internet bezieht. Dabei wird vorausgesetzt, dass eine Recherche dort nach dem Zufallsprinzip erfolgt und nicht nach einer genau überlegten Methode. So entstünden Bündel von Einzelinformationen – „Fakteninseln" (Z. 33), wie es im Text heißt –, die zusammenhanglos blieben, denn in ihnen sei zwar Wichtiges zusammengetragen, doch wisse der Surfer diese einzelnen Teilkenntnisse nicht miteinander zu verknüpfen. Dies erfordere die Fähigkeit zum Strukturieren und methodischen Vorgehen, die bei der Internetnutzung nicht trainiert werde. Da der Internetnutzer in aller Regel keinen vernünftigen Plan darüber gemacht habe, wie man sich an aufeinander aufbauende Kenntnisse „herantasten" könne, bleibe das Internet-Wissen ein Zufallsprodukt. Nur methodisch erworbenes Wissen jedoch sei „zukunftsträchtig" (Z. 45), weil es auch lehre, wie zukünftige Probleme angegangen werden könnten.

Beispiel als Beweis

Im Text vorgetragene Kritik:	Begründungen:
falsches Wunschbild des abrufbereiten Wissens und falsche Gleichsetzung von „Informationen abrufen" und „Wissen"	Aussagen des Erziehungswissenschaftlers (als Zitat wiedergegeben)
Folge: allmähliche Veränderung des Denkens durch ausschließliche Nutzung der Recherchemöglichkeiten des Internets	Darstellung eines Beispiels: Informationssuche im Internet erfolgt nach dem Zufallsprinzip, nicht systematisch
kein Aufbau methodischen und damit zukunftsträchtigen Wissens	Aussagen des Erziehungswissenschaftlers (Zitate)

Aufgabe 40

- Die Begründungen sind sehr knapp gehalten.
- Der häufige Einsatz des direkten Zitats deutet darauf hin, dass die Autorität des Wissenschaftlers für die Richtigkeit der Aussagen bürgen soll.
- Einzelne Forschungsergebnisse werden nicht genannt.
- Nur die Behauptung, die Nutzung des Internets verändere mit der Zeit auch das Denken, ist mithilfe eines Beispiels genauer ausgeführt: Dabei wird das Problem, das die Internetrecherche mit sich bringt, nachvollziehbar erläutert.
- Die Argumentation wirkt nicht ganz auf der Höhe der Zeit (so wird das für das Thema wichtige Problem der zunehmenden Kommerzialisierung des Internets nicht einmal gestreift), man merkt, dass der Text 1999 erschienen ist.
- Eine mögliche Erklärung für die knappe Beweisführung des Textes:
    - Als Zeitungstext beschränkt er sich darauf, die Leser über eine möglicherweise bedenkliche Entwicklung zu informieren, statt wissenschaftliche Studien zu erläutern.
    - Der Artikel geht entsprechend nicht auf den wissenschaftlichen Hintergrund der hier vertretenen Meinung ein.

Aufgabe 41

Formulierungsvorschlag:

Im Text wird deutliche Kritik an der Vorstellung geübt, durch Surfen im Internet sowie computergestützte Speicherung von Daten problemorientiertes Wissen erwerben zu können. Die Begründungen, die gegeben werden, sind allerdings sehr knapp. Der Text begnügt sich vielfach damit, sich auf die Person des Erziehungswissenschaftlers zu beziehen und dessen Auffassungen – teilweise in Form direkter Zitate – wiederzugeben. Der Wahrheitsanspruch des Textes ist somit fast ausschließlich auf die Autorität eines Experten gestützt. Einzelne Forschungsergebnisse, die vermutlich hinter seinen Aussagen stehen, werden nicht angeführt.

kritische Stellungnahme zur Argumentation des Textes

Einzig über das Surfen im Internet – das allerdings in diesem Zusammenhang auch der wichtigste Aspekt ist – wird differenziert nachgedacht. Die diesem Punkt geltenden kritischen Anmerkungen sind stichhaltig, wenn auch nicht mehr dem Stand der aktuellen Entwicklungen entsprechend. Das könnte auch damit zusammenhängen, dass der Artikel bereits 1999 erschienen ist. Seither hat sich das Internet stark weiterentwickelt, auch wenn die grundsätzlichen Probleme, die Ladenthin anspricht, unverändert

weiterführende kritische Gesichtspunkte

fortbestehen. Sie haben sich jedoch wesentlich verschärft. Spricht Ladenthin mit Blick auf die Internetrecherche noch davon, dass man sich dort dem Zufall ausliefere, so muss man heute wohl eher sagen, dass man im Internet Gefahr läuft, sich vom Meistbietenden manipulieren zu lassen; denn die Listen der Ergebnisse, die die Suchmaschinen für jedes beliebige Stichwort liefern, sind nicht nur in vielen Fällen unüberschaubar, sondern zudem so geordnet, dass nicht die vermeintlich beste Information an erster Stelle steht, sondern die Seite des zahlungswilligsten Kunden des Suchmaschinenbetreibers.

Eine Erklärung für die knappe Beweisführung ergibt sich daraus, dass es sich bei dem Text um eine kurze Zeitungsnachricht handelt. Ihr wesentliches Interesse besteht darin, den Leser über neue Erkenntnisse zu informieren, ohne damit den Anspruch zu verbinden, die wissenschaftlichen Begründungszusammenhänge erläutern zu wollen.

Aufgabe 42

Das falsche Wunschbild eines abrufbereiten Wissens wird gefördert durch:
- (mit kommerziellen Interessen verknüpfte) Werbeaussagen zu Materialien auf CD oder DVD,
- Hinweise auf abrufbare Internetseiten oder einfach zu bedienende Datenbanken im Internet,
- oberflächliche Wissenserwartungen, die an den zunehmenden Stellenwert des Internets in schulischen Lehrplänen geknüpft werden,
- den verbreiteten Irrtum, dass Quantität automatisch auch für Qualität bürge.

Wissen ist mehr als das Abrufen von Informationen aus dem Internet:
- Einfaches Abrufen mehrerer Informationen verleitet zum wahllosen Nebeneinanderstellen von Informationen.
- Eine kritische Prüfung der elektronischen Informationen unterbleibt häufig.

Informationsbeschaffung durch Surfen gehorcht dem Zufallsprinzip:
- Die Vorgehensweise bei der Informationsbeschaffung folgt oft dem Prinzip: „Schauen wir mal, was wir finden …". Diese Vorgehensweise bringt daher auch nur zufällige und keine systematischen Ergebnisse.
- Die Ergebnisse sind abhängig von der gewählten Suchmaschine.

Methodisches Wissen wird nicht gefördert:
- Jede Erkenntnis ist an Voraussetzungen geknüpft. Werden diese Voraussetzungen nicht reflektiert, bleibt die Erkenntnis unvollkommen. Wer nur an das Ergebnis denkt und nicht über den Weg dorthin reflektiert, hat keine Kontrolle über seine Arbeitsweise und damit auch nicht über seine Ergebnisse.

Kein zukunftsträchtiges Wissen entsteht:
- Wer sich keine Gedanken über sein methodisches Vorgehen macht, wird sich auch schwer tun, vorauszuplanen, Zielvorstellungen zu formulieren; ohne das lassen sich aber zukünftige Probleme nicht lösen.
- Wer nicht darüber nachdenkt, wie er zu seinen Ergebnissen kommt, läuft Gefahr, immer wieder dieselben Fehler zu machen.
- Zudem ist er leicht manipulierbar.

Aufgabe 43 *Formulierungsvorschlag:*

Die im Text zum Ausdruck kommende kritische Haltung gegenüber dem Internet lässt sich leicht mit weiteren Argumenten unterstützen, wenn man seine eigenen Erfahrungen einbezieht. — *kritische Anmerkungen zur Internetnutzung*

Durch Prospekte und Werbeaussagen zu CDs und Internetseiten entsteht leicht der Eindruck, durch die Nutzung des elektronischen Mediums schnell wertvolle Informationen erhalten zu können. Oft wird dabei vergessen, dass es sich dabei um Werbung handelt, dass solche Informationen also direkt oder indirekt kommerziellen Interessen dienen und schon daher nicht neutral sein können. — *falsche Einschätzung ihrer Vorzüge*

Die Begeisterung, mit der viele Menschen für die Ausstattung der Schulen mit Computern eintreten, basiert oft auf der gleichen – falschen – Auffassung, dass allein schon der schnelle und umfassende Zugriff auf Informationen Wissen bedeutet und garantiert.

Viel zu wenig beachtet wird auch, dass Wissen nicht so sehr von der Menge der Informationen abhängt als vielmehr von ihrer Qualität. Die Sichtung von 200 nur halbwegs zuverlässigen Informationsquellen zu einem Thema wird aber zu einem schlechteren Ergebnis führen als die Beschäftigung mit fünf verlässlichen Quellen. Zudem spart — *Kritik am oberflächlichen Umgang mit Informationen als Folge der Internetnutzung*

der zweite Weg auch Zeit, selbst wenn man dafür den Gang in eine Bibliothek in Kauf nehmen muss. Entscheidend ist, dass man weiß, welche Quellen verlässlich sind und welche nicht. Das ist oft schwer zu beurteilen. Es gibt sicherlich auch im Internet gute und zutreffende Informationen, aber vielfach auch fehlerhafte und schlichtweg falsche. Während man bei einem Buch immerhin bis zu einem gewissen Grade vom Ansehen eines Verfassers oder vom Bekanntheitsgrad eines Verlags auf die Qualität der gegebenen Informationen schließen kann, bietet das Netz meist keine vergleichbaren Anhaltspunkte. Nahezu jeder beliebige Nutzer kann dort Informationen einstellen – wirkliche Kenntnisse, bloße Meinungen oder sogar absichtliche Falschinformationen. Eine genaue Kontrolle des beschafften Materials ist daher notwendig, wenn man sich fundiertes Wissen aneignen will. Diese Kontrolle ist wiederum meist nur anhand vertrauenswürdiger Quellen möglich, weil man ja nicht alles persönlich nachprüfen kann. Unversehens ist man dann wiederum auf das herkömmliche Medium Buch angewiesen: denn in der Regel wird man davon ausgehen können, dass beispielsweise ein Lexikon- oder Handbuchartikel sorgfältiger recherchiert worden ist als eine Internetseite. Jedenfalls darf man nicht aus Bequemlichkeit davon ausgehen, eine Information sei so gut wie die andere.

Notwendigkeit der Kontrolle von Informationen

Die Fülle der im Internet verfügbaren Materialien verleitet oft auch dazu, wahllos Texte als Informationsquellen zu betrachten, ohne zu bedenken, dass diese Materialien sehr unterschiedliche Aspekte eines Themas beleuchten können; sie können sich ergänzen, aber sie können auch im Widerspruch zueinander stehen.

Dass „Wissen" viel mehr ist als ein bloßes Abrufen von Internet-Informationen, müsste zumindest jedem Oberstufenschüler aus eigenem Erleben bekannt sein. Wenn manche Schüler offenbar auch meinen, durch das Auffinden einer Internetadresse und das Ausdrucken von einigen Textseiten schon genug getan zu haben, um sich über ein Thema zu informieren, so wird doch meist bei der Präsentation der Rechercheergebnisse (die sich oft genug auf

Das Internet verleitet zu mangelhafter Informationsverarbeitung.

das Vorlesen der ausgedruckten Seiten beschränkt) klar, dass das Material überhaupt nicht verstanden wurde. Das zeigt sich, wenn der Vortrag unzusammenhängend bleibt, Fachausdrücke falsch verwendet werden, nur abgelesen wird und nichts selbstständig zusammengefasst oder gar erklärt werden kann.

Wer aus Bequemlichkeit bei der Internetrecherche nach dem Motto handelt: „Schauen wir doch eben mal, was wir finden…", der liefert sich dem Zufall aus. Je nachdem, welche Suchmaschine man verwendet oder welche Stichwörter als Erste eingegeben werden, können sich die Ergebnisse verändern. Ein Thema kann auf diese Weise durch zufällig gewonnene Informationen zwar von verschiedenen Seiten her beleuchtet werden, aber das bedeutet noch keine gründliche Aufarbeitung. Diese nämlich setzt voraus, dass man sich über sein Erkenntnisinteresse im Klaren ist und dieses gezielt verfolgt. Mit anderen Worten: Es kommt darauf an, nicht irgendetwas zu einem Thema sagen zu können, sondern Aufklärung über einen besonderen Aspekt zu bieten. Erst eine solche Vorgehensweise kann man als systematische Erarbeitung von Wissen bezeichnen.

Zufälligkeit statt Systematik

Gerade diese Methode müsste man lernen, um imstande zu sein, zu unterschiedlichen Themen selbstständig Wissen aufzuarbeiten. Das aber lernt man nicht, wenn man völlig den Möglichkeiten vertraut, die das Internet bietet. Der Computer kann nur ein Hilfsmittel sein, wenn es darum geht, sich Wissen anzueignen. Er kann das selbstständige Nachdenken, das eigene Orientierungswissen (das einem erst ermöglicht, zu einer geeigneten Fragestellung zu kommen), die Kenntnis einer Bandbreite von einschlägigen, verlässlichen Quellen (Handbüchern oder Lexika) nicht ersetzen. Wer sich solcher Mühe nicht unterzieht, der ist nicht mehr länger Subjekt der Wissensbildung, sondern lediglich Objekt eines Prozesses, auf dessen Verlauf und Ausgang er kaum einen Einfluss hat. Er ist nicht mehr länger Mediennutzer, sondern wird selbst zu einem Medium, durch das Informationen fließen, ohne dass sie hängen bleiben und ohne dass dadurch etwas gewonnen ist.

Der Computer muss auf die Funktion eines Hilfsmittels beschränkt bleiben.

Verlust der Selbstständigkeit bei der Wissensbildung

Aufgabe 44
- Dem Internet-Surfer geht es oft gar nicht darum, umfassendes Wissen zu erwerben. Er glaubt deshalb auch gar nicht, aufgrund seiner Surf-Ergebnisse alles über ein Thema zu wissen.
- Das Bedürfnis nach schneller und bequemer Beschaffung von Einzelinformationen aus dem Internet wird im Text nicht als Vorteil wahrgenommen.
- Gerade bei aktuellen Informationen ist ein kurzer Blick ins Internet hilfreich. Internet-Informationen sind aktueller als gedruckte Medien.
- Manche Formulierungen des Zeitungsartikels – etwa: „Computer und Internet […] sind die letzte Hoffnung darauf, das Lernen zu vermeiden" (Z. 14 bis 16) – lassen diese positiven Aspekte der Internet-Nutzung beiseite und versuchen diese Medien ohne weitere Begründung lächerlich zu machen.
- Es ist nicht zwangsläufig so, dass Wissen nur aus dem Internet abgerufen wird, diese Aussage ist eine einseitige Übertreibung.
- Die Aussagen über die negativen Auswirkungen auf das Denken sind sehr pauschal; sie sind eine Zukunftsprognose, aber nicht durch wissenschaftliche Fakten abgesichert.
- Das individuell ganz unterschiedliche Interesse und die individuelle Haltung, mit der der einzelne Surfer das Internet nutzt, ist nicht beachtet.
- Insgesamt enthält der Text zu viele pauschale und abwertende Urteile.

Aufgabe 45
Formulierungsvorschlag:
Die Kritik des Textes an der Internetnutzung ist einseitig, weil sie die positiven Gesichtspunkte des Internets völlig beiseite lässt. *Einseitigkeit der bisher festgestellten Kritik*

Oft liegt es gar nicht im Interesse des Internetnutzers, umfassende Informationen zu einem Thema zu erhalten. Benötigt man zum Beispiel einige zentrale Daten über eine Stadt, ein Buch oder ein politisches Ereignis, und diese Informationen sollen schnell beschafft werden und auch möglichst aktuell sein, so liegt es nahe, eine kurze Internetsuche zu starten und sich auf diesem Wege das gewünschte Material zusammenzustellen. *sinnvolle Internetnutzung*

Diese Vorzüge einer schnellen Beschaffung von aktuellem Material, das alltägliche, nicht-wissenschaftliche Informationsbedürfnisse deckt, werden in der Textvorlage überhaupt nicht berücksichtigt, obwohl sie in der Praxis eine nicht zu unterschätzende Rolle spielen.

Anders als der Text unterstellt, bedeutet Informationsbeschaffung mithilfe des Internetsurfens auch nicht, dass nun nur noch auf diese Quelle zurückgegriffen wird. Die gewohnheitsmäßige Nutzung des Internets schließt nicht aus, dass bei wichtigem Informationsbedarf Bücher und wissenschaftliche Quellen benutzt, diese Materialien auswertet, ihre Qualität miteinander verglichen und daraus eigene Schlussfolgerungen abgeleitet werden. In der Schule wird ja auch nicht von ungefähr weiterhin die Analyse und Auswertung von Sachtexten gelernt und geübt.

Die Nutzung des Internets schließt die Nutzung anderer Informationsquellen nicht aus.

Volker Ladenthins Befürchtung, dass die Denkfähigkeit der Internetnutzer Schaden nehme (vgl. Z. 21 ff.) und sie der Informationsflut distanzlos gegenüberstünden, bleibt im Text unbegründet. Es wird nicht ersichtlich, weshalb nicht auch ein methodisch-wissenschaftlicher Umgang mit Internetinformation möglich sein sollte. So ermöglicht das Internet interessante neue Formen des methodischen Arbeitens, etwa durch die Verknüpfung von Informationen über Links beziehungsweise in Hypertexten. Auf diese Weise können komplexe Zusammenhänge erfasst werden.

Kritik an unwissenschaftlichen Aussagen des Experten

Ebenso wird im Text nicht berücksichtigt, dass auch die Konzentration auf andere Medien, wie vor allem Bücher, keine Garantie für systematisches Denken und Arbeiten bietet.

Bei Ladenthins These handelt es sich – obwohl aus dem Munde eines Erziehungswissenschaftlers – zudem um eine durchaus unwissenschaftliche Aussage, die mehr den Charakter einer kulturkritischen Prophezeiung hat. Die von Ladenthin geäußerte Vermutung ist nicht durch gesicherte Fakten bewiesen und aufgrund der oben vorgebrachten Einwände auch sehr unwahrscheinlich, da sie voraussetzt, dass das Internet die anderen Medien ganz verdrängt.

Insgesamt ist die Argumentationsweise der Textvorlage als zu pauschal zu bezeichnen, da sie die speziellen und sehr unterschiedlichen Informationsbedürfnisse der Internetnutzer außer Acht lässt, alle über einen Kamm schert und positive Aspekte des Internets somit übersehen werden.

Erörterung auf der Basis von Sachtexten | 145

Aufgabe 46　Überleitender Satz:
- Die im Text vertretenen Auffassungen verdienen jedoch nicht ausschließlich Zustimmung, sondern sollten auch kritisch hinterfragt werden.

Oder:
- Die bisherigen Überlegungen – ausgehend von den Thesen Ladenthins und auch darüber hinaus – bilden jedoch nur die eine Seite der Medaille. Um ein ausgewogenes Bild zu vermitteln, muss auch die andere Seite zu Wort kommen.

Aufgabe 47　*Formulierungsvorschlag:*

Der Text aus der *Rheinischen Post* gibt eine sehr kritische Haltung zur Nutzung des Internet wieder, die von dem Erziehungswissenschaftler Volker Ladenthin vertreten wird. Der Verfasser ist der Auffassung, dass die Erwartungen an ein einfach abrufbares und leicht verfügbares Wissen, wie sie von vielen Menschen heute mit dem Internet verbunden werden, trügerisch und geradezu gefährlich sind.　*Zusammenfassung der Position Ladenthins*

Wissen ist nach Ladenthin nur dann wirkliches Wissen, wenn man gelernt hat, es sich systematisch anzueignen. Das aber geschieht durch Internetrecherche seiner Auffassung nach gerade nicht, weil man sich hier nur dem Zufall anvertraue, aber versäume, einen methodisch gesicherten und damit auch immer wieder anwendbaren Zugriff auf Wissen zu erlernen.

Meine eigene Meinung deckt sich größtenteils mit den Vorstellungen, die in dem Artikel zum Ausdruck kommen. Gerade weil heutzutage sehr häufig davon ausgegangen wird, dass elektronische Medien Wissen einfach bereithalten, ohne dass man sich noch besonders anstrengen muss, erscheint es mir wichtig, dass die von Ladenthin geäußerten Bedenken ernst genommen werden. Die Verwechslung von aus dem Internet abgerufenen Informationen mit Wissen erscheint mir gefährlich und kann einen sachgemäßen Wissenserwerb verhindern.　*Zustimmung*

Auf der anderen Seite ist nicht zu übersehen, dass in dem Zeitungsartikel zu pauschal und zu grundsätzlich argumentiert wird. Bei aller kulturkritischen Sorge um den Verfall eines methodisch geschulten Denkens sollte man　*Kritik* dennoch anerkennen, dass es bestimmte Informationswünsche gibt, deren Befriedigung mithilfe der elektronischen Medien nicht nur akzeptabel, sondern sogar sinnvoll ist. Um Menschen zu überzeugen, die eine andere Auffassung vertreten, sollte man selbst nicht zu einseitig argumentieren und die Gewohnheiten Andersdenkender nicht unnötig verteufeln.

Aufgabe 48

Zu Text 1
Gliederung und Stichworte zur inhaltlichen Zusammenfassung
- Z. 1–10: Beschreibung einer entspannten Situation der Internetnutzung zu Hause, Chat-Kommunikation
- Z. 11–27: Andeutungen über die Inhalte der Unterhaltung; Erläuterungen, warum das Internet gute Voraussetzungen bietet, mehr als oberflächliche Bekanntschaften zu knüpfen

Zusammenfassung

Formulierungsvorschlag:
Fredrika Gers erzählt davon, wie man mithilfe des Internets Bekanntschaften machen kann. Sie findet das sehr positiv. Ein Internet-Chat bietet aus ihrer Sicht die Möglichkeit, auf bequeme und sichere Weise vom eigenen Zuhause aus mit Menschen in der weiten Welt in Beziehung zu treten. Dabei kann sich durchaus mit einzelnen Personen ein intensiveres, privates Gespräch ergeben. Weil heutzutage viele Internetnutzer bereits eine eigene Homepage haben, kann man zudem mehr über eine interessante Chat-Bekanntschaft in Erfahrung bringen und sich mithilfe eines Fotos einen äußeren Eindruck von der Person machen.

positive Einschätzung vielfacher Möglichkeiten der Internetkommunikation

Das Internet ist nach Auffassung der Autorin somit ein ideales und komfortables Medium für keineswegs nur oberflächliche Kommunikation und kann mit seinen Möglichkeiten auch der Herstellung persönlicher Beziehungen dienen.

Zu Text 2

Gliederung und Stichworte zur inhaltlichen Zusammenfassung

- Z. 1–25: Kritik an der Banalität der Chat-Kommunikation im Internet und Anführung eines entsprechenden Beispiels
- Z. 26–35: Anerkennung der erstaunlichen Leistungsfähigkeit des Internets als Informationsquelle
- Z. 36–48: Zurücknahme des positiven Aspekts: abwertende Beschreibung des Suchtverhaltens von Internetnutzern und der Niveaulosigkeit ihrer Interessen
- Z. 49–65: Internet als uninteressante Verdoppelung der Realität

Zusammenfassung

Formulierungsvorschlag:
Susanne Fischer nimmt in ihrem Text eine kritische Haltung zum Internet ein. Sie zweifelt die kommunikative und informative Leistungsfähigkeit des Mediums an und äußert sich ironisierend und abwertend über seine Inhalte und seine gewohnheitsmäßigen Nutzer.   *kritische Haltung zum Internet*

Mithilfe eines Beispiels von Chat-Kommunikation, das wörtlich zitiert wird, macht die Verfasserin zunächst anschaulich, dass solche Gespräche zwischen sich fremden Menschen zwangsläufig oberflächlich bleiben. Statt den Versuch zu unternehmen, sich wirklich kennen zu lernen, werden hier bloß Banalitäten ausgetauscht.   *Oberflächlichkeit der Internetkommunikation*

Anders sieht es nach Meinung der Verfasserin allerdings aus, wenn es um bestimmte Sachinformationen oder auch Bilder geht, die man sich zu einem Thema beschaffen möchte. Hier bietet das Internet eine aktuelle und stets zugriffsbereite Quelle vielfältigen Materials, die jedem Nutzer offen steht.   *bedingte Einschränkung der Kritik: Möglichkeit, gezielte Sachinformation zu erhalten*

Dennoch ist Susanne Fischer auch hier skeptisch, denn sie bezweifelt, dass die gebotene Informationsmenge wirklich sinnvoll genutzt wird. Zu leicht verleitet das Überangebot aus ihrer Sicht dazu, einfach mehr oder weniger orientierungslos von einer Internetseite zur anderen zu springen, ohne die jeweiligen Informationen zu verarbeiten und damit zu nutzen.   *Materialfülle verleitet zu falscher Nutzung*

Leicht gerate man, so lässt die Verfasserin in ironischen Formulierungen durchblicken, beim Surfen auch auf

Internetseiten, die zwar interessant wirken, aber doch nur banale Alltäglichkeiten bieten. Die Präsentation im Netz wecke zwar die Neugierde, aber letztlich biete das Internet nichts, was es nicht auch im alltäglichen Leben gebe – die Verfasserin konstatiert somit eine bloße „Verdoppelung der Welt" (Z. 59 f.) durch das elektronische Medium. Sie ist deshalb froh, dass man die virtuelle Welt des Internets auch ausschalten kann – was auch zugleich als Rat an die Leser zu verstehen ist.

Verwechslungsgefahr von Information und Banalität

Aufgabe 49

Formulierungsvorschlag:
Während Fredrika Gers für das Internet Partei ergreift, äußert sich Susanne Fischer sehr abfällig über dieses Medium und seine Nutzer. Beide Texte zusammen ergeben so etwas wie eine kleine Diskussion über das Internet. Fredrika Gers geht dabei von ihren eigenen positiven Erfahrungen aus, die sich zwar nicht bestreiten lassen (sie erlebt es eben so, wie sie es berichtet), die sie aber auch nicht weiter reflektiert. Dass die Behauptung, sie wisse „so ziemlich alles" von ihrem neuen Bekannten, nachdem sie seine Homepage besucht habe, bei den meisten Lesern wohl eher Skepsis gegenüber ihrem Standpunkt auslösen wird, ist ihr offenbar nicht bewusst. Immerhin aber scheint sie zu spüren, dass man als Anhänger von Chatrooms leicht aus der Defensive heraus argumentiert. Das zeigt ihre rhetorische Frage am Ende des Textauszugs.
Susanne Fischer hat es da mit ihrem Standpunkt leichter. Bei ihr steht nicht so sehr die eigene Erfahrung im Vordergrund. Vielmehr spricht sie aus der Position eines – selbsternannten – Experten. Ihrem Anspruch, genau Bescheid zu wissen und die Oberflächlichkeit des Internets sowie die Niveaulosigkeit seiner Dauernutzer zu durchschauen, entspricht die Selbstgewissheit und Ironie, mit der sie ihre Kritik vorträgt. Sie ist sich ihrer Sache so sicher, dass sie es nicht für nötig hält, durchgehend sachlich zu argumentieren, sondern sich vielfach recht grobe Polemisierungen erlaubt – etwa: „das tägliche World-Wide-Deppenprotokoll" (Z. 23 f.). Auch wenn Polemik oftmals auf Unsicherheit deutet, kann man

Vergleich und Beurteilung der beiden Positionen und ihrer Strategien

die Polemik der Autorin in diesem Fall eher als Ausdruck ihres Übermuts werten, denn tatsächlich macht sich in ihren Hinweisen zur „Verdoppelung der Welt mit lächerlichen Mitteln" (Z. 59 f.) eine reflektierte Haltung bemerkbar. Auch ihre aggressiv vorgetragene, sicher übertriebene Kritik an der Tendenz vieler Internetnutzer, sich aus der wirklichen Welt in die virtuelle des Netzes zu flüchten, ist nicht von der Hand zu weisen.

Das Selbstbewusstsein und die Lust der Verfasserin an der Provokation äußern sich auch darin, dass sie sich nicht scheut, den Leser bewusst vor den Kopf zu stoßen, indem sie ihn als Internetsüchtigen einordnet und sarkastisch bemitleidet (vgl. Z. 36–48). Das könnte man zunächst für ungeschickt halten – denn in aller Regel geht es einem Verfasser oder Redner doch darum, den Leser oder Zuhörer für seine Position zu gewinnen. Das geschieht vermeintlich am effektivsten dadurch, dass man ihm schmeichelt, indem man voraussetzt, er sei genauso verständig wie man selbst. Tatsächlich aber ist auch die Strategie der Verfasserin wirkungsvoll. Sie setzt auf Einschüchterung beziehungsweise darauf, dass der Leser sich ertappt fühlt und humorvoll genug ist, das einzugestehen. Die betonte Lässigkeit, mit der die Verfasserin argumentativ zu Werke geht, nützt beiden Rezeptionsformen: Weniger selbstbewusste Leser werden vor ihrer Arroganz schnell kapitulieren, selbstbewusstere und zugleich humorvolle Leser hingegen geneigt sein, einer solchen Autorin ihre pauschalen Angriffe nicht weiter übel zu nehmen.

Argumentationsstrategie von Susanne Fischer

Aufgabe 50 Mögliche Stellungnahmen (hier ist natürlich auch eine andersartige Position zu den Texten erlaubt)

Zu Text 1

Formulierungsvorschlag:
Die Haltung der Verfasserin erscheint mir ziemlich naiv. Die Bequemlichkeit und Sicherheit der Chat-Kommunikation kann man sicherlich als Vorteil anführen, aber die sich ergebenden Gespräche sind in der Regel doch wohl

kritische Stellungnahme zu den Aussagen der Pro-Internet-Position

eher oberflächlich. Dass sich zwischen einer Anzahl völlig beliebiger Kommunikationspartner, die sich im Internet zugeschaltet haben, ein vernünftiges, tiefer gehendes oder – wie die Verfasserin meint – sogar privates Gespräch entwickeln kann, erscheint mir kaum vorstellbar, zumal sich beim Chat grundsätzlich jeder Teilnehmer jederzeit und mit welchem unpassenden Kommentar auch immer dazwischenschalten kann. Die Annahme, dass die Homepage eines Teilnehmers, die man möglicherweise ansehen kann, genügend Informationen bietet, um sich ein wirkliches Bild von einem Menschen zu machen, ist ebenfalls naiv. Jeder kann hier beliebige Informationen und Bilder einfügen. Was davon stimmt, bleibt völlig offen. Auch gibt es Menschen, die sich im Internet absichtlich eine falsche Identität zulegen, sodass die Gefahr, an einen solchen „Kommunikationspartner" zu geraten, überhaupt nicht auszuschließen und auch nicht zu verhindern ist. Dass einen anderen Menschen mithilfe seiner Homepage kennen lernen kann, ist somit bloßes Wunschdenken.

Naivität der Argumentation

Als Medium umfassender Kommunikationsmöglichkeiten zwischen Menschen, so wie es die Verfasserin völlig einschränkungslos wahrhaben möchte, ist das Internet daher nicht anzusehen.

Zu Text 2
Formulierungsvorschlag:
Die in dem zweiten Text vertretene Position hinsichtlich der Chat-Kommunikation ist überzeugender. Die Verfasserin macht auf nachvollziehbare Weise deutlich, dass die Bedingungen und Kommunikationsweisen in einem Chat kein wirklich ernsthaftes Gespräch zulassen. Jeder, der schon einmal an einem Chat im Internet teilgenommen hat, wird bestätigen, dass der Gesprächsauszug, der im Text als Beispiel abgedruckt ist, durchaus repräsentativ für die Art von inhaltsleerem Gerede ist, das sich fast zwangsläufig beim Chat als Folge der besonderen Kommunikationsbedingungen zwischen völlig Fremden einstellt.

Auseinandersetzung mit den Aussagen der Contra-Internet-Position

Auch der positiven Einschätzung der erstaunlichen Informationsmöglichkeiten, die das Internet bietet, ist zuzustimmen. Die im Text genannten Beispiele für schnelle Information sind vielleicht etwas abwegig, deuten aber doch die Vielfältigkeit der Suchmöglichkeiten an. Dass im Internet auch eine ungeheure Fülle an Bildmaterial zur Verfügung steht, ist ebenfalls ein großer Gewinn, sofern man diese Informationen gezielt und sinnvoll zu nutzen versteht. In dem hier gewählten Beispiel eines Blickes von einem Hochaus in Sidney durch die Live-Kamera kommt dieser Nutzen allerdings nicht zur Geltung. Hier macht sich vielmehr bereits die Lust der Autorin an der Provokation und ihre Kritik an der im Internet präsentierten Fülle an Überflüssigem geltend.

provozierend vorgetragene, aber im Kern überzeugende Argumentation

Gerade weil ich diesen Gesichtspunkt der Informationsbeschaffung für so wesentlich halte, finde ich es letztlich kontraproduktiv, dass Susanne Fischer diesen Aspekt sogleich wieder ins Negative wendet. Natürlich gibt es den Surfer, der hilflos gegenüber der vorhandenen Informationsfülle von einer Website zur anderen springt und letztlich orientierungslos im Informationskonsum steckt. Doch ist solch ungezielter Gebrauch des Mediums nicht dessen „Schuld", sondern liegt in der Verantwortung des einzelnen Nutzers. Hier wäre es daher angebrachter, zwischen sinnvollem und sinnlosem Gebrauch des Internets zu unterscheiden, anstatt dieses generell zu verteufeln. Wie im ersten Abschnitt des Textes deutlich wird, scheint die Verfasserin ein pessimistisches Menschenbild zu haben und entsprechend davon auszugehen, dass jede Möglichkeit, sich sinnlosen Beschäftigungen hinzugeben, gierig aufgegriffen wird. Aus einer solchen Sicht heraus kann das Internet tatsächlich als überflüssige „Verdoppelung der Welt" betrachtet werden.

abträglicher Hang zur Pauschalisierung

Aufgabe 51 *Mögliche Gesichtspunkte, die an Argumente der beiden Texte anknüpfen:*
- Kommunikationsmittel Internet
  - E-Mail als Kommunikationsmedium
- Informationsmedium Internet
  - Vielfältigkeit der zugänglichen Informationen
  - Aktualität

Aufgabe 52 Weiterführende positive Aspekte des Internets:
- Internet als Unterhaltungsmedium
- als Medium für Werbung
- als Plattform für ökonomische Interessen, die gleichermaßen Anbietern und Konsumenten nützt
  - Vielfalt des Angebots
  - leichte und umfassende Preisrecherche
  - Schnelligkeit
- als Plattform für Meinungsfreiheit und gelebte Demokratie
- als Forum unabhängiger Meinungsbildung (etwa beim Thema Gesundheit)

Aufgabe 53 Negative Aspekte des Internets:
- Unübersichtlichkeit der wenig oder gar nicht geordneten Vielfalt der Informationen
- qualitative Unausgewogenheit der Informationen
- Unsicherheit in Bezug auf deren Verlässlichkeit
- Betrugsgefahr bei Internetgeschäften
- Störanfälligkeit des Internet
- erforderlicher Aufwand der technischen Einrichtung

Aufgabe 54 Formulierungsvorschlag:
[...] Vielmehr gibt es im Netz mit der Möglichkeit, mithilfe von E-Mails zu kommunizieren, eine weitere Nutzung des elektronischen Mediums, die im Alltag der meisten Computerbesitzer eine viel größere Rolle spielt. Als private, speziell an die Adresse des gewünschten Empfängers gerichtete Mitteilung erfüllt eine E-Mail praktisch alle Aufgaben eines Briefes. Sie ist schnell und einfach zu schreiben, kann eine beliebige Länge haben und lässt sich in Sekundenschnelle ohne zusätzliche Kosten an fast jeden beliebigen Ort der Erde verschicken. Es ist sogar möglich, Bildmaterial mit zu versenden. Nicht nur private Mitteilungen können auf diese Weise ausgetauscht werden, sondern gerade im Geschäftsleben kann man von der Möglichkeit des schnellen und kostengünstigen Versands von Unterlagen jeglicher Art praktisch überallhin profitieren. Schreiber und Empfänger benötigen nicht mehr als

Entwicklung der eigenen Argumentation

Gesichtpunkt:
E-Mail – Vorzüge dieses Kommunikationsmittels

die entsprechende elektronische Ausrüstung, die heutzutage aber in der Regel zum Standard gehört. So ist es kein Wunder, dass die E-Mail auf dem Wege ist, briefliche Mitteilungen in vielen Bereichen des privaten und vor allem geschäftlichen Lebens zu verdrängen.

Mit den Einsatzmöglichkeiten der E-Mails bietet das Internet somit ein vielseitiges und leistungsfähiges Kommunikationsmittel. Der Internet-Chat dagegen stellt eher eine Spielerei dar. Die technische Möglichkeit zum schriftlichen Austausch allein ist noch kein Garant für tiefer gehende Gespräche. Vielmehr setzen sie persönliche Nähe zwischen Menschen voraus, die so einfach nicht zu erzeugen ist, wie das – hält man Fredrika Gers' Stellungnahme für repräsentativ – mancher User von Chatrooms glauben möchte.

Vergleich zwischen E-Mail und Chat

Aufgabe 55

Formulierungsvorschlag:

Nicht nur im Bereich der Kommunikation liegt eine besondere Stärke des neuen Mediums. Auch im Hinblick auf die Beschaffung von Informationen ist das Internet überaus leistungsfähig. Ob es nur um den neuesten Wetterbericht für die bevorstehenden Ferien, ein Sportergebnis oder eine umfassendere wissenschaftliche Information geht – fast immer kann das Internet helfen. Über Suchmaschinen – die bekannteste ist sicher Google – und Suchbegriffe kann man sich auch über kompliziertere Sachverhalte in kurzer Zeit Informationen zusammenstellen. Allerdings verleitet eben diese unerschöpfliche Fülle und schnelle Verfügbarkeit von Informationen zu jedem denkbaren Thema dazu, immer neue Stichwörter auszuprobieren. Die Faszination, die davon ausgeht, dass man so schnell und mühelos an alle möglichen (auch die abseitigsten) Informationen herankommt, kann leicht die Überhand über das eigentliche Informationsbedürfnis gewinnen. Die Folge ist, dass man sich verzettelt und im Endeffekt womöglich mehr Zeit verliert als gewinnt.

Wichtige Hilfe kann das Internet auch bei der Anfertigung von Hausaufgaben oder der Vorbereitung von Referaten

Gesichtspunkt: Informationsbeschaffung im Internet

erstes Argument: Vielfalt und schnelle Verfügbarkeit nützlicher Informationen

Gegenargument: gezielte Recherche gerät leicht zum ziellosen (und letztlich auch zeitraubenden) Spielen

zweites Argument:

leisten. Wenn man beispielsweise für das Fach Deutsch Materialien zu einem Autor und seinen Werken benötigt, findet man über Suchmaschinen schnell eine Reihe von Internetseiten, die die Lebensdaten, Interpretationen zu seinen Texten, Hinweise zu seiner literaturgeschichtlichen Einordnung oder auch seine Werke selbst verfügbar machen. Man kann diese Materialien leicht in die eigene Darstellung übernehmen und weiterverarbeiten.

wertvolle Hilfe bei Hausaufgaben oder Referaten

Trotz aller Dankbarkeit für solche Unterstützung darf man allerdings einige Probleme nicht übersehen, die sich vor allem dann zeigen, wenn es darum geht, Antworten auf kompliziertere oder auch nur eingegrenzte Fragestellungen zu erhalten. Schon die Suche nach einer Interpretation für ein Gedicht, das im Deutschunterricht behandelt wird, kann solche Schwierigkeiten deutlich machen. Denn mithilfe des Internet ist es zwar verhältnismäßig leicht möglich, an solche Interpretationen heranzukommen, doch wird man dann oft bei genauer Lektüre der Texte feststellen, dass sehr Unterschiedliches ausgeführt wird, ohne dass man selbst in der Lage ist, zwischen richtig und falsch zu unterscheiden. Ob der jeweilige Verfasser über bessere Kenntnisse verfügt als man selbst, ist durchaus nicht klar. Man kommt daher nicht darum herum, sich selbst intensiv genug mit dem Gegenstand zu befassen, um in der Lage zu sein, sich ein qualifiziertes Urteil über das Niveau der Quelle, auf die man zurückgreift, zu bilden. Diese unverzichtbare Mühe relativiert die Wunschvorstellung, dass man sich im Internet nur ‚bedienen' muss, ohne selbst viel nachzudenken.

Gegenargument: Die Verwendung von Internetquellen setzt ein eigenes fundiertes Urteil voraus.

Falsch ist auch der Glaube, dass man sich alles aneignen kann, was im Internet steht. Dass man im Internet größtenteils kostenfreien Zugang zu Informationen hat, bedeutet nicht, dass die Verfasser von Texten, die im Internet stehen, gar keine Urheberrechte haben. Auch eine Interpretation eines Gedichts ist geistiges Eigentum, das man nicht so ohne Weiteres entwenden darf. Zumindest muss man auf den Verfasser hinweisen und damit deutlich machen, dass man fremde Gedanken und Erkenntnisse übernimmt. In der Schule aber (und auch sonst) gilt nur das als

weiteres Gegenargument zu demselben Aspekt: Auch im Internet sind Urheberrechte zu beachten. Das Internet ist kein Selbstbedienungsladen.

eigene Leistung, was auch auf eigener Überlegung beruht. Dass man fremde Arbeit nicht einfach übernehmen darf, gilt natürlich für Beiträge in Zeitschriften und Büchern ebenso wie für Texte im Internet. In Bezug auf die traditionellen Medien aber ist das auch den meisten Schülern bewusst, während dieses Bewusstsein beim Umgang mit dem Internet oft fehlt. Dass hier erlaubt sei, was dort verboten ist, ist aber ein Irrtum. Das Internet verleitet in dieser Hinsicht zum Betrug, der im Übrigen oft genug auffliegt, weil ja auch der Lehrer über eine Suchmaschine oder womöglich sogar über eines der speziellen Suchprogramme verfügt, die es für solche Fälle gibt.

Ein ganz anderer Vorteil der Informationsbeschaffung via Internet liegt darin, dass man zu wichtigen Fragen wie etwa der eigenen Gesundheit oder der Gesundheit von Familienmitgliedern und Freunden Informationen einholen kann, die einem sonst wohl vorenthalten blieben: Beispielsweise kann man sich ein vielleicht nicht repräsentatives, aber zumindest unabhängiges Meinungsbild darüber verschaffen, wie hoch das Risiko ist, dass eine Operation, zu der einem geraten worden ist, missglückt. Auch kann man aus Erfahrungsberichten Betroffener Rückschlüsse darauf ziehen, in welchem Krankenhaus und von welchem Arzt man die Operation möglichst durchführen lassen sollte. Durch einen entsprechenden Austausch im Internet entsteht eine Form der kritischen Öffentlichkeit, die im besten Fall auch dazu beiträgt, dass Diagnosen verantwortungsvoller gestellt werden oder schlecht bewertete Kliniken sich bemühen, durch medizinisch gute Versorgung das Vertrauen der Patienten zurückzugewinnen.

drittes Argument: Verbraucherschutz und kritische Öffentlichkeit

Wer mit Ärzten und Krankenhäusern schlechte Erfahrungen gemacht hat, wird vermutlich dazu neigen, anderen Patienten eher zu vertrauen als den Medizinern oder gar den Auskünften der Pharmaindustrie. So kann es passieren, dass man sich leichtfertig gefällte Urteile über Personen und Institutionen zu Eigen macht, die eine solche Kritik gar nicht verdient haben. Der Patient, und im weiteren Sinne der Konsument und Verbraucher, sieht in der Regel nur den eigenen Fall, der aufschlussreich genug sein

Gegenargument: Gefahr, unqualifizierten Einschätzungen zu vertrauen

kann, aber natürlich immer nur einen Ausschnitt des Ganzen beleuchtet und sicherlich oft auch von dem Betroffenen falsch eingeschätzt wird.

Überhaupt sollte man Informationen aus dem Internet immer auch kritisch begegnen und ihnen nicht blindlings vertrauen, denn grundsätzlich kann jeder einen Text ins Netz stellen. Wenn das sogar anonym erfolgt, trägt keiner die Verantwortung für Qualität und Richtigkeit von Aussagen. Der scheinbare Vorteil des Internets im Hinblick auf die Informationsbeschaffung löst sich daher leicht wieder auf oder verkehrt sich sogar ins Gegenteil, wenn man an Auskünfte gerät, die sich schließlich als falsch herausstellen, und sie unkritisch handhabt.

Geltung des Arguments über das Beispiel hinaus

Aufgabe 56

Formulierungsvorschlag:

Innerhalb weniger Jahre hat sich der Umgang mit dem privaten Computer gewandelt: Der Rechner dient nicht mehr nur als moderne Version der Schreibmaschine, sondern er steht für viele im Zentrum der Freizeitgestaltung. Spiele, Musik oder auch Filme, die man sich kostengünstig aus dem Netz herunterladen kann, sind eine große Attraktion. Um sich mit dem neuesten Angebot zu versorgen, braucht man keine aufwändigen Einkäufe zu tätigen. Der Computer stellt dem Kunden das, wonach ihm gerade der Wunsch steht, unmittelbar zur Verfügung.

Gesichtspunkt: Unterhaltung durch das Internet
Argument: Vielfalt der Unterhaltungsmöglichkeiten durch das Internet

Wer sich für einige Stunden entspannen will, kann sich in ein interessantes kreatives oder auch spannendes Spiel vertiefen und so von den Belastungen des Alltags abschalten. Man kann zum Beispiel auf dem Monitor eine Autorennstrecke entstehen lassen und bei einem Rennen seine Konzentration und Geschicklichkeit üben oder sich in die realitätsgetreu verkleinerte Szenerie der Weltmeere hineinbegeben, um das Abenteuer einer Segeltour nachzuerleben.

Spiele

Wenn das Spiel an Interesse verliert, ist leicht Abwechslung zu beschaffen, denn in dem großen Angebot des Internet findet man schnell Ersatz.

Abwechslung

Ein großer Reiz besteht auch darin, dass man viele Spiele nicht nur mithilfe des Computers spielt, sondern auch gegen ihn. Man ist daher nicht darauf angewiesen, mit anderen Menschen komplizierte Verabredungen zu treffen und gegen Terminschwierigkeiten der Beteiligten anzukämpfen, weil das elektronische Medium in der Lage ist, einen realen Gegenspieler zu ersetzen.

der Comupter als Spielpartner

Und doch darf man – bei all den zugestandenen Annehmlichkeiten durch das neue Medium – gravierende Nachteile nicht aus den Augen verlieren.

Überleitung

Wer sich nur vom Internet unterhalten lässt, gewöhnt sich an körperliche Passivität. Natürlich ist es nicht gesund, wenn man stundenlang fast unbeweglich vor dem Gerät sitzt, auf die Scheibe starrt und nur die Hände ein wenig bewegt. Da heutzutage viele Menschen – sei es in der Schule, sei es im Büro – einer Beschäftigung nachgehen, bei der sie weitgehend nur ruhig sitzen, ist es recht unvernünftig, seine Freizeit auf ganz ähnliche Weise zu verbringen. Denn die körperliche Leistungsfähigkeit geht verloren, wenn sie kaum gefordert wird und man sich nicht einmal in der Freizeit bemüht, Kreislauf und Muskeln in Gang zu halten.

Gegenargument: gesundheitliche Nachteile durch mangelnde körperliche Aktivität

Auch kann man kritisch einwenden, dass das Erlebnis eines Kinobesuchs nicht durch das ‚Heimkino' zu ersetzen ist. Was in dieser Hinsicht für den Fernseher gilt, gilt nicht weniger für den Computer. Oft ist es wichtig, einmal wieder aus den eigenen vier Wänden herauszukommen. Oft stellt sich am Ende heraus, dass die Unternehmung an sich interessanter und anregender war als ihr vermeintlicher Zweck, einen Film anzusehen. Wer zu Hause bleibt, dem gehen solche Anregungen verloren.

weiteres Gegenargument: Wegfall von Erlebnissen

Darüber hinaus ist man gezwungen, sich auf einen Film einzulassen, wenn man sich dafür entschieden hat, ihn im Kino anzusehen. Das kann man als Nachteil empfinden, aber es ist sicher auch ein Vorteil, insofern man auf diese Weise die Zeit hat, sich ein Urteil zu bilden und möglicherweise darüber nachzudenken, warum man einen Film ablehnt oder als langweilig empfindet. Zu Hause hingegen neigt man – vor dem Computer nicht weniger als vor dem

weiteres Gegenargument: Fehlen von Anlässen, bei denen man sich mit einer Sache auseinandersetzt

Fernseher – dazu, sofort etwas Neues auszuprobieren, wenn man von dem augenblicklichen Angebot nicht restlos überzeugt ist. Am Ende eines Abends jedoch, an dem man vieles angefangen und nichts bis zum Schluss verfolgt hat, hat man in der Regel nicht das Gefühl, dass man den Abend gut genutzt hat.

Das Überangebot an Unterhaltungsmöglichkeiten im Internet fördert auch insofern das passive Konsumverhalten, als der Nutzer verlockt wird, auf der ständigen Suche nach immer noch Interessanterem von einer Adresse zur nächsten zu wechseln. Die – oft unbewusste – Sorge, etwas zu verpassen, hat zur Folge, dass man nichts wirklich genießen kann. *Fortsetzung des Arguments: Förderung passiven Konsumverhaltens*

Nicht nur die körperliche, sondern auch die geistige Aktivität leidet, wenn man nur vor dem Computer sitzt. Zwar ist die konzentrierte Beschäftigung mit einem Spiel ebenfalls eine geistige Aktivität, doch sind die intellektuellen Anforderungen hierbei zumeist sehr beschränkt. Es wird nur verlangt, sich auf das einzustellen, was das elektronische Medium an Möglichkeiten vorgibt, eigene Kreativität ist nicht gefragt, sondern würde im Gegenteil stören. Letztlich gehorcht der Mensch den Vorgaben der ihn faszinierenden Maschine. *weiteres Gegenargument: Verkümmerung geistiger Aktivität*

Die Gewohnheit, sich mithilfe des Internet die Freizeitbeschäftigungen direkt in die Wohnung zu holen, birgt auch die Gefahr in sich, dass soziale Kontakte leiden. Wer mehrfach ablehnt, mit Freunden etwas zu unternehmen, weil er es vorzieht, sich vor dem Bildschirm unterhalten zu lassen, wird bald gar nicht mehr gefragt, ob er mitkommen will. *Gegenargument: Verkümmerung sozialer Kontakte*

Dass der Computer den Freund nicht ersetzen kann, wird einem spätestens in solchen Situationen klar, in denen man sich Hilfe oder einen Rat wünscht oder auch nur jemanden zum Zuhören braucht. Dann aber ist es oft zu spät, die Isolation aufzubrechen. *Ein Computer ist kein Mensch.*

Gerade die Freizeit sollte daher eigentlich vor allem zum Aufbau sozialer Beziehungen genutzt werden, was innerhalb der Schul- oder Berufswelt, in der sich der Einzelne in seinem Alltag anpassen muss, oft gar nicht möglich ist. *Umgang mit der Freizeit*

Zwar muss jeder für sich selbst herausfinden, wie er seine Freizeit am besten nutzt – allzu häufig zu Hause vor dem Computer zu sitzen, ist jedoch meiner Meinung nach eine schlechte Entscheidung.

Stellungnahme

Aufgabe 57

Schlussteil, Formulierungsvorschlag:

Das Internet bietet, wie deutlich geworden ist, als neuartiges Medium ein großes Spektrum an Nutzungsmöglichkeiten, von denen man vor ein paar Jahren nicht einmal träumen konnte.

Rückblick auf die Vorzüge und spezifischen Möglichkeiten des Internets

Es ist zwar kaum der Chat, der – wie die Verfasserin des anfänglich diskutierten Textes meint – zu den großen Errungenschaften des Internet gehört, doch bietet das Netz auf dem Sektor der Kommunikation und der Informationsbeschaffung beträchtliche Erleichterungen und Verbesserungen gegenüber den bis dahin möglichen und üblichen Verfahrensweisen. Jedoch ist darauf zu achten, dass die Fülle verfügbarer Information nicht zum Selbstzweck wird und der Nutzer der elektronischen Maschine die Übersicht über seine ermittelten Daten behält und kritische Distanz zu ihnen bewahrt.

Einschränkungen

Nur wenig vorteilhaft erscheinen mir im Vergleich dazu die Möglichkeiten, die sich auf dem Gebiet der Unterhaltung aus der Internetnutzung ergeben. Die Fülle und der Neuigkeitswert der vorhandenen Angebote mögen zwar für viele ein Argument sein, das elektronische Medium auch als Freizeitunterhaltung zu nutzen, doch erscheint mir gerade in der Freizeit eine Konzentration auf die ‚Kommunikation' mit dem Netz bedenklich zu sein, weil sie zwangsläufig eine Einschränkung anderweitiger sozialer Kontakte und Bindungen mit sich bringt. Als Ansprechpartner und Freund ist mir ein Mensch lieber als das vermeintlich so unterhaltsame Internet.

Freie Erörterung

Aufgabe 58 Stichpunktsammlung:
1. schnelle Informationsbeschaffung durch das Internet
2. Internet ist kostengünstig
3. Internet ist aktuell
4. leichte Zugänglichkeit des Internets
5. Vielzahl von Informationen im Internet
6. multimediale Informationen im Internet
7. Langsamkeit der Informationsaufnahme bei der Lektüre eines Buches
8. meist höhere Kosten des Buchs
9. Das Lesen eines Buchs ist entspannender und meist bequemer.
10. Ein Buch kann leichter mitgenommen werden als ein Computer oder selbst ein Notebook und ist in dieser Hinsicht praktischer.
11. Das Lesen am Bildschirm strengt die Augen mehr an als die Lektüre eines Buchs.
12. Unterstreichen/Markierungen als Verstehenshilfe (bei einem Bildschirmtext nur möglich, wenn er zuvor als eigene Datei abgespeichert bzw. ausgedruckt wurde)
13. Internet kann Buch ergänzen
14. Lesen von Literatur nur als Buchlektüre vorstellbar
15. gründlichere, qualitativ sicherere Buchinformation
16. keine aufwändige technische Ausrüstung nötig
17. interessantere Darstellungsweise im Internet
18. Bilder, Farben, Töne
19. zu große Informationsfülle durch das Internet
20. Informationsbrocken
21. Gefahr der Ablenkung
22. konzentrierte Lese- und Arbeitshaltung
23. „demokratischer" Zugang zu Wissen und Kultur

Aufgabe 59 Aspekte, die den Umgang mit dem Buch betreffen:
Stichpunkte Nr. 7, 8, 9, 14, 15, 16, 22

Aspekte, die den Umgang mit dem Internet betreffen:
Stichpunkte Nr. 1, 2, 3, 4, 5, 6, 17, 18, 19, 20, 21, 23

Aspekte, die beide Medien betreffen:
Stichpunkte Nr. 10, 11, 12, 13

Freie Erörterung 161

Aufgabe 60   Unter dem Gesichtspunkt *Chancen für das Buch* lassen sich einordnen:
Stichpunkt Nr. 7, 9, 10, 11, 12, 14, 15, 16, 22

Unter dem Gesichtspunkt *Gefahren für das Buch* lassen sich einordnen:
Stichpunkt Nr. 1, 2, 3, 4, 5, 6, 7, 8, 17, 18

Aufgabe 61   Gliederungsentwurf:
Vorschlag eines dialektisch aufgebauten Gliederungsschemas des Hauptteils:
1. leichte Verfügbarkeit und Kostengünstigkeit der Internetinformationen, die zudem sehr einfach zu recherchieren sind (Suchbefehl)
2. hohe Anschaffungskosten für die Hardware und ständige Gebühren für das Internet
3. Fülle, Vielfalt und Aktualität der Internetinformation
4. konzentriertere und gesündere Informationsaufnahme und -verarbeitung bei der Buchlektüre, das zudem überallhin mitgenommen werden kann; insbesondere die Lektüre von Literatur ist am Bildschirm kaum vorstellbar
5. Multimedialität des Internet, Ersatz für verschiedenartige Buch- und Bildinformationen, „demokratischer" Zugang zu Wissen und Kultur
6. Qualität (Verlässlichkeit) und Gründlichkeit von Informationen in einem Buch

Aufgabe 62   *Formulierungsvorschlag für die Einleitung:*
Die elektronischen Medien haben gerade in den letzten Jahren nicht für möglich gehaltene Entwicklungssprünge gemacht. Computer, Handys und elektronische Peripheriegeräte befinden sich heutzutage nicht nur in fast jedem Haushalt, sie haben sich auch zu Kommunikations- und Informationsmedien entwickelt, die Wissen aus der ganzen Welt in kürzester Zeit ermitteln beziehungsweise transportieren können. Mithilfe des Internets ist es möglich, sich ohne weitere Vorkenntnisse (wo finde ich was?) und mit großer Schnelligkeit Informationen aus allen denkbaren Wissensgebieten zu beschaffen.

Einleitung:
Hinweis auf die Aktualität des Themas

Es ist begreiflich, dass traditionelle Buchverlage angesichts dieser Entwicklungen um ihre Leser und damit um ihr Geschäft fürchten. Besteht aber tatsächlich die Gefahr, dass in absehbarer Zukunft das Buch durch die elektronische

Überleitung zur Fragestellung

Bildschirminformation ersetzt werden wird, weil sich die Leser von dem traditionelleren Medium abwenden? Oder bieten sich auch weiterhin Chancen für das Buch – trotz der oder vielleicht auch in Ergänzung zu den elektronischen Medien? Diesen Fragen soll in der folgenden Erörterung nachgegangen werden.

Aufgabe 63 *Formulierungsvorschlag:*

„Ich hole mir dazu mal eben ein paar Informationen aus dem Internet." Wie oft hört man im Verlauf von fachlichen Gesprächen diesen Satz, in dem einer der wichtigen Vorzüge des Internets zum Ausdruck kommt: die Bequemlichkeit der Informationsbeschaffung. Die meisten Menschen besitzen heute einen Computer mit Internetzugang, sodass es nicht schwer fällt, sich auf dem elektronischen Wege mit Informationen zu allen möglichen Fragen zu versorgen. Der Computer erspart den zeitaufwändigen Weg in eine Bibliothek, wo zudem erst noch nach passenden Büchern gesucht werden muss, um die gewünschten Auskünfte zu bekommen. Die Handhabung von Bibliothekskatalogen in der traditionellen Form von Zettelkästen, aber auch von Onlinekatalogen ist oft nicht leicht. Auch sind die Inhalte der in einer Bibliothek zur Verfügung stehenden Bücher natürlich nicht so genau verschlagwortet, dass man – wie es bei der Internetrecherche der Fall ist – durch die Eingabe eines Suchbegriffs eine Liste aller Fundstellen und damit aller potenzieller Informationsquellen zu dem Begriff erhält. Und schließlich hat jede Bibliothek nur einen begrenzten Bestand an Büchern, während man bei der Internetrecherche von jedem Rechner aus auf das ganze Internet zugreifen kann.

Im Internet genügt eine knappe Stichworteingabe in eine Suchmaschine und eine Fülle von Informationen steht zur Verfügung. Einige „Klicks" mit der Maus genügen, um die Informationen durchzusehen, auszuwerten, auszudrucken oder neu zusammenzustellen; genauso leicht ist es, das gefundene Material zu speichern oder auf elektronischem Wege anderen zuzuleiten.

Argument: Vorteile des Internets gegenüber der Bibliothek bei der Informationsbeschaffung

Beispiele

Bequemlichkeit der Internetnutzung

Allerdings lehrt die Erfahrung, dass man bei jeder Internetrecherche so viele Fundstellen erhält, dass die Sichtung dieser Fundstellen oft nicht nur sehr zeitraubend, sondern manchmal schier unmöglich ist. Der Vorteil einer vermeintlich umfassenden Information verkehrt sich hier in einen Nachteil. Die Zeit, die man in der Bibliothek aufwenden muss, um ein Buch zu ermitteln, das eine nützliche Information enthält, muss man beim Internet oft genug dafür aufwenden, um brauchbare Informationen aus unbrauchbaren herauszufiltern. Zwar kann man bei der Internetrecherche die Suche durch eine Kombination von Begriffen einschränken, doch dann wird die Recherche bereits zu einer Kunst, die dem routinierten Umgang mit Bibliothekskatalogen kaum nachsteht. Zuweilen macht man auch die Erfahrung, dass die Suchmaschinen bei feinmaschigeren Recherchen an ihre Grenzen stoßen und nicht die erwünschten Ergebnisse liefern.

einschränkendes Gegenargument: Informationsfülle im Internet erschwert den Umgang mit Informationen

Unzweifelhaft ist hingegen, dass die gesamten Recherche- und Arbeitsmöglichkeiten des Internets äußerst kostengünstig sind. Es gibt keine Ausleihgebühren, wie sie bei Bibliotheken oft üblich sind, und auch das Geld für die oft besonders teuren Fachbücher, die man in der Bibliothek nicht bekommen hat oder die vielleicht gerade entliehen sind, kann man sich sparen. Zwar ist für die Internetnutzung ein geringer monatlicher Betrag zu zahlen, doch da die meisten Menschen mittlerweile sowieso nicht auf einen Internetanschluss verzichten möchten, fallen diese Kosten nicht wirklich ins Gewicht. Zusätzliche Beträge müssen für das Beschaffen und die Nutzung von Informationen im Allgemeinen nicht bezahlt werden.

Argument: Kostenvorteil des Internets

Aufgabe 64 *Formulierungsvorschlag:*
Wägt man die Kosten der Nutzung von Büchern einerseits und des Internets andererseits gegeneinander ab, so kann man allerdings nicht unberücksichtigt lassen, dass am Anfang aller Internetnutzung erst einmal die teure Anschaffung der gesamten Ausrüstung steht. Selbst wenn man nur die notwendige Grundausstattung mit Computer, Mo-

Gegenargument: Kosten der Hardware-Ausstattung

nitor, Drucker und Internetmodem einbezieht, ist schnell ein hoher Betrag ausgegeben, sodass man nicht mehr von „kostengünstig" sprechen kann. Man könnte demnach sagen: Internetnutzung und Bibliotheksnutzung verhalten sich zueinander wie Privatauto und öffentliche Verkehrsmittel – wer mit der Bahn verreist, zahlt in der Regel mehr für seine Fahrkarte als der Autofahrer für die Tankfüllung. Der Autofahrer hat jedoch die Anschaffung und regelmäßige Wartung seines Autos in seine Reisekosten mit einzurechnen, wohingegen der Bahnfahrer keinen eigenen Zug besitzen muss. *Analogiebeweis*

Bei der Nutzung des Internets fallen noch weitere Ausgaben an, zum Beispiel für Anti-Virenprogramme. Sie kosten nicht nur einmalig Geld, sondern müssen in regelmäßigen Abständen aktualisiert werden – und das heißt zugleich, dass immer wieder neu bezahlt werden muss. Nicht zu vergessen sind weitere Kostenfaktoren: Auch wenn das Herunterladen von Informationen aus dem Internet vielfach umsonst ist, so muss doch für den Zugang regelmäßig bezahlt werden – und für einen leistungsfähigen, schnellen und dann erst komfortablen Zugang ins Internet sogar ein höherer Betrag. Auch diese Beträge summieren sich im Laufe der Zeit. Ferner macht man, wenn man einer spezielleren Fragestellung nachgeht, leicht die Erfahrung, dass gezielte Fachinformationen im Internet häufig gar nicht oder zumindest nur gegen eine zusätzliche Gebühr – beispielsweise für den Zugang zu Datenbanken oder Online-Zeitschriften – zu bekommen sind. *Fortführung des Gegenarguments: weitere Kostenfaktoren*

Das Argument der Kostengünstigkeit der Internetinformationen ist vor dem Hintergrund dieser grundsätzlichen Kostenfaktoren somit mindestens zu relativieren.

Aufgabe 65 *Formulierungsvorschlag:*
Sicherlich muss man zugeben, dass ein Internetzugang etwas Geld kostet, doch bietet die Informationsbeschaffung auf diesem Wege ja auch nicht nur den Vorzug der Bequemlichkeit. Wichtiger ist, dass durch die elektronische Suche eine viel größere Menge an Informationsquel- *Fülle und Vielfalt der Informationen*

len ausgeschöpft werden kann, als es mit der traditionellen Nutzung von Büchern möglich wäre. Das dient in jedem Falle der Vielfalt und damit oft auch der Qualität der Arbeitsergebnisse, auch wenn man einräumen muss, dass Quantität nicht immer Qualität ist und Vielfalt auch die Gefahr in sich birgt, sich – wie man unter Bezug auf traditionelle Arbeitsformen sagt – zu „verzetteln". Zu den Anforderungen an die Präsentation eines Themas gehört zweifellos auch die Fähigkeit, den Gegenstand zu begrenzen, sich auf wichtige Aspekte zu konzentrieren und, grundsätzlicher: in der Lage zu sein, überhaupt zu erkennen, welches die entscheidenden Gesichtspunkte eines Themas sind. Diese Grundvoraussetzung ist durch die Fülle und Vielfalt der Informationen im Internet sicher erschwert. Auf der anderen Seite kann man argumentieren, dass derjenige, der die begrenzte Auswahl von Informationen, die ihm in Büchern geboten werden, vorzieht, Gefahr läuft, dass ihm manch ein Aspekt eines Themas, der sich vielleicht als entscheidend herausstellen könnte, ganz entgeht.

Einwände: Quantität gleich Qualität?

Gefahr, sich zu „verzetteln"

Notwendigkeit der Akzentsetzung

weitere Argumente für die Nutzung des Internets: Gefahr, das Thema nur unvollständig zu erfassen

Auch der Gesichtspunkt der Aktualität spricht für das Internet. Die Produktion eines Buches nimmt einige Zeit in Anspruch. Deshalb kann es passieren, dass die in einem neuen Buch enthaltenen Informationen teilweise schon nicht mehr dem neuesten Stand entsprechen. Auch muss meist die ganze Auflage eines Buches verkauft sein, bevor man seinen Inhalt in einer Neuauflage aktualisieren kann. Ganz anders sieht das im Internet aus: Es ist – zumindest technisch – einfach, die elektronischen Informationen auf den neuesten Stand zu bringen. Dementsprechend findet man auch im Allgemeinen keine überalterten Auskünfte, sondern stets aktualisierte Daten. Selbst bei so einfachen Informationsbedürfnissen wie einer Telefonauskunft ist das bedeutsam. Wer hat sich nicht schon über eine im Buch nachgeschlagene, aber, wie sich letztlich herausstellte, nicht mehr gültige Telefonnummer geärgert – während das Netz in Sekundenschnelle die aktuelle und richtige Auskunft liefert?

Dauer der Herstellung eines Buchs auf Kosten seiner Aktualität

Schwierigkeit, ein Buch aktuell zu halten

permanente Aktualität des Internets

Beispiel der Telefonauskunft

Gegen das elektronische Medium spricht allerdings, dass es dem Nutzer neben der gewünschten Information immer auch Informationen aufdrängt, die er gar nicht haben will und denen er sich aufgrund ihrer Präsentation dennoch kaum entziehen kann. Das geht zulasten der Konzentration, verursacht unterschwelligen Stress und ist darüber hinaus einfach ein Ärgernis. Auf vielen Internetseiten ist der Bildschirm mit Überschriften, Texten und Bildchen überfrachtet, die mit dem eigentlichen Thema nichts zu tun haben, Werbetexte drängen sich störend nach vorn und Links verführen den Nutzer dazu, gleich auf eine weitere Seite hinüberzuwechseln. Wer sich verleiten lässt, mit einem einfachen „Klick" einem der scheinbar interessanten „Links" nachzugehen, wird schnell feststellen, wie leicht man von seinem eigentlichen Vorhaben abgelenkt wird und durch das vermeintlich Zeit sparende elektronische Medium im Gegenteil Zeit verliert.

Gegenargument: Ablenkung durch aufdringliche Werbung

Versuchung, von einer Internetseite zur nächsten zu springen

All diese Ablenkungen gibt es bei der Lektüre eines Buchs nicht. Das hat schon damit zu tun, dass Informationen hier zumeist in einem größeren Zusammenhang präsentiert werden, während sie auf Internetseiten eher isoliert und knapp sind. Dieser Unterschied verlangt bei der Beschäftigung mit einem Buch eine höhere Ausdauer, die aber auch dadurch belohnt wird, dass man statt einer vereinzelten Information eine ganze Argumentationskette von folgerichtig entwickelten und aufeinander aufbauenden Überlegungen geboten bekommt, was vielfach ergiebiger ist. Auch der Sprachgebrauch weist auf die unterschiedliche Rezeptionshaltung hin, die eine Folge der Unterschiedlichkeit der beiden Medien ist. Während man sagt, dass sich ein Leser in die Lektüre eines Buchs „vertieft", würde man kaum auf die Idee kommen zu sagen, ein Internetnutzer sei in die Lektüre einer bestimmten Internetseite vertieft. Die Redewendung bringt zum Ausdruck, dass es beim Bücherlesen leicht ist, die Umwelt gewissermaßen ‚abzuschalten', was der Konzentration sehr dienlich ist.

Konzentration bei der Lektüre eines Buchs

Einbettung der Information in einen Zusammenhang

Abschaltung der störenden Umwelt

Auch sonst bietet die Arbeit mit einem Buch manche Vorteile. Über das Inhalts- oder Stichwortverzeichnis sind

verlässliche Wegweiser in Büchern

schnell wichtige Passagen gefunden. Für viele Menschen ist darüber hinaus eine intensive Beschäftigung mit Texten ohne eine haptische Erfahrung unvorstellbar: Man muss den Text anfassen können, unterschiedliche Arten von Unterstreichungen vornehmen und Notizen hineinschreiben, um sich wirklich damit auseinanderzusetzen – nichts davon funktioniert am Bildschirm.

die Körperlichkeit des Buches gegenüber dem Internet

Auch vom Standpunkt der Gesundheit aus bietet die Arbeit mit dem Internet eher Nachteile. Körper- und Armhaltung sind angespannt, vor allem aber die Augen leiden unter konzentrierter Lesearbeit, weil jedes elektronische Bild ständig neu in Zeilen „geschrieben" wird und deshalb auch der beste Bildschirm kein völlig ruhiges Bild liefert, auf dem sich der Blick „abstützen" kann. Das aber ist – wie wissenschaftliche Forschungen ergeben haben – für entspanntes Lesen eine wichtige Voraussetzung. Der gedruckte Text dagegen hat ein völlig stabiles Erscheinungsbild, das zu lesen die Augen weniger belastet.

Fragen der gesundheitlichen Belastung

Gerade wenn Lesen auch Entspannung bringen soll, wie es ja beispielsweise für die Lektüre von literarischen Texten gilt, kommt nur die Verwendung des Buches infrage. Nur das Buch bietet aus den oben bereits angesprochenen Gründen die Möglichkeit, gänzlich in die Welt der literarischen Fiktion einzutauchen. Dazu trägt auch das gleichsam neutrale Schriftbild bei, das keinen störenden Einfluss auf die Fantasietätigkeit des Lesers hat.

Bücher als Rückzugsmöglichkeit

Der mit Informationsmaterial überladene Bildschirm ist eben als Problem bezeichnet worden, weil er zur Unübersichtlichkeit führt. Doch muss man wohl einräumen, dass dieser Nachteil auf der anderen Seite gerade die Bedingung für einen entscheidenden Vorzug des Internets bildet und daher nicht nur negativ bewertet werden kann. Indem der Nutzer nicht nur auf Textmaterial zugreifen kann, sondern auch auf Bilder, Grafiken und sogar akustische Medien, bietet das Internet ein multimediales „Paket" von Informationen und Medien, dem das Buch nichts Gleichartiges entgegenzusetzen hat. Auf diese Weise werden etwa auch kulturelle Schätze wie Kunstobjekte, die vielen Menschen bis dahin gar nicht zugänglich waren, anschaulich.

Argument für das Internet: seine Multimedialität

Beispiel

Es ist tatsächlich so, dass große Teile des in Bibliotheken und Museen – die überall auf der Welt zerstreut sind – angesammelten „Wissens" nunmehr in komprimierter und für alle leicht zugänglicher Weise elektronisch gespeichert vorhanden sind. Dieses Wissen ist damit nicht mehr nur einem eingeschränkten elitären Kreis von Menschen zugänglich, die sich seine Beschaffung und Nutzung zeitlich und finanziell leisten können. Vielmehr gewährt das Internet in demokratischer Weise nicht nur allen interessierten Nutzern den Zugriff zu diesem Wissen und diesen Kulturschätzen, sondern liefert auch die zum Verständnis notwendigen Erläuterungen gleich mit. Selbst wenn man das Niveau dieser Erläuterungen in Zweifel ziehen möchte, muss man doch anerkennen, dass dies ein bemerkenswerter Beitrag zur Verbreitung und Demokratisierung von Wissen ist.

Demokratisierung des Wissens ...

Andererseits ist auch der eben bereits angeklungene Zweifel an der Qualität der im Netz verfügbaren Informationen ernst zu nehmen. Die Kehrseite der Demokratisierung des Wissens im Internet ist, dass nicht nur jeder fast jede Information aus dem Netz ziehen kann, sondern dass grundsätzlich auch jeder Internetnutzer selbst Informationen ins Netz stellen kann. Viele dieser Informationen sind unzuverlässig, sei es, weil ihre Verfasser keine wirklichen Experten sind, oder auch nur deshalb, weil die Schnelligkeit des Mediums dazu verführt, selbst schnell und unsorgfältig zu arbeiten. Den meisten Nutzern des Internets ist jedoch nicht bewusst, dass sie jede Information, die sie aus dem Netz ziehen, zumindest gegenprüfen sollten, bevor sie sie weiterverwenden. Das geschieht aber nur selten. Auch Bequemlichkeit spielt hierbei wohl eine Rolle, was insofern kein Wunder ist, als das Internet ja gerade deshalb so beliebt ist, weil es ein so bequemes Medium ist. Wer es aber bei der Beschaffung von Informationen so bequem wie möglich haben will, wird diese Haltung aller Voraussicht nach auch nicht ablegen, wenn es darum geht, sich diese Informationen anzueignen.

... um den Preis einer Verflachung der Information?

tendenziell unkritische Haltung der Internetnutzer

So werden Zitate aus Internetquellen übernommen oder Auskünfte und Erklärungen verwendet, ohne dass nach deren Richtigkeit gefragt wird. Und dieser unkritische Umgang mit dem, was man im Internet vorfindet, wirkt dann nahe liegender Weise auch auf die Produktion von Informationen zurück. Wer es nicht gewohnt ist, fremde Informationen kritisch zu prüfen, wird sich keine Gedanken darüber machen, selbst Texte ins Internet zu stellen, deren Quellen er nicht gründlich geprüft hat. Diese Unbedenklichkeit ist es wohl auch, die der Bonner Erziehungswissenschaftler Volker Ladenthin meint, wenn er davon spricht, dass die immer weiter um sich greifende extensive Internetnutzung die Gefahr berge, dass unsere Gesellschaft aufhört, eine „wissenschaftsorientierte Gesellschaft" zu sein; denn Wissenschaftlichkeit besteht ja zu einem wesentlichen Anteil darin, dass man in der Lage ist, kritisch mit Informationen umzugehen und ihren Wert objektiv einzuschätzen.

Verführung zur Unwissenschaftlichkeit

Ebenso kann man sich – aufgrund der Flüchtigkeit des Mediums – nur schwer auf eine Internetquelle berufen. Niemand bietet einem die Gewähr, dass diese Quelle Bestand hat und zukünftig auch noch in der gleichen Gestalt abrufbar ist. Auch ein Buch kann zwar geändert werden, es liegt jedoch auch dann in seiner – wenn auch nicht mehr neuesten – Auflage immer noch gedruckt vor. Wer also einem Quellenhinweis nachgehen möchte, wird bei einem Buch immer Erfolg haben, auch wenn es einige Mühe kosten kann, die in der Information zitierte Ausgabe zu beschaffen. Bei Internetquellen gibt es hingegen keine Erfolgsgarantie.

Unbeständigkeit von Internetquellen

Formulierungsvorschlag:
Beide Seiten, das traditionelle Buch wie auch das neue elektronische Medium Internet, haben offenkundig ihre jeweiligen Vorzüge. Es wäre daher unklug, sich einseitig für beziehungsweise gegen eines dieser Medien auszusprechen und damit auf die Möglichkeiten, die das jeweils andere bietet, zu verzichten. Die Fülle des Wissens und

die Vorzüge beider Medien nutzen

das Bedürfnis, daran teilzuhaben, ist in der heutigen Gesellschaft so groß, dass man beide Medien nicht in Konkurrenz zueinander betrachten sollte.

Es hat sich im Zuge der Erörterung herausgestellt, dass der Nutzen der Internetrecherche in der Schnelligkeit, der Bequemlichkeit und der Aktualität der gewünschten Auskünfte liegt. Dieser Vorzug kommt vor allem dann zum Tragen, wenn es sich um einfache, knappe Informationen handelt, aber auch dann, wenn es um einen Einstieg in ein bestimmtes Wissensgebiet oder um die Vermittlung eines Überblicks geht. Hier ist es gut möglich, mit den Mitteln des elektronischen Mediums zu brauchbaren Ergebnissen zu kommen. *die Leistungsfähigkeit des Internets bei der Ermittlung einfacher Sachverhalte*

Auf der anderen Seite liegt der unbestreitbare Vorzug des Buches – und damit die Gewissheit, dass es als Medium weiterhin unersetzlich bleibt – in der Qualität und der Gründlichkeit des vermittelten Wissens. Wenn es daher darum geht, sich über ein Wissensgebiet breitere Kenntnisse auf einem anspruchsvollen Niveau zu verschaffen und sich eine Problemstellung oder ein Thema im Zusammenhang zu erarbeiten, wird das Studium sorgfältig ausgewählter Bücher immer die sinnvollste Vorgehensweise sein. *die Vorzüge des Buchs bei gründlicher Auseinandersetzung mit einem Gegenstand*

Bei der Lektüre von Literatur fällt die Entscheidung zwischen Internet und Buch ohnehin leicht. Hier wird das Buch in jedem Fall den Vorzug erhalten, ob es nun um Lesen zur Entspannung geht oder ob die Auseinandersetzung mit einem literarischen Text im Vordergrund steht. *die Wahlverwandtschaft von Literatur und Buch*

Eine existenzielle Gefahr für das Buch bedeutet das Aufkommen der neuen elektronischen Medien demnach nicht. Im Gegenteil lässt sich das Internet durchaus auch als Chance für das traditionelle Medium auffassen, insofern nämlich aus der vorläufigen Information zu einem Thema im Internet Anregungen entstehen, sich in einem zweiten Schritt über das jeweilige Wissensgebiet gründlicher zu informieren. Dabei wird man dann in erster Linie auf das in dieser Hinsicht besonders leistungsfähige Medium Buch zurückgreifen. *Internetrecherche als Anreiz, sich mithilfe von Büchern genauer über ein Thema zu informieren*

Vielleicht wird sich in den kommenden Jahren das Verhältnis von Buch und elektronischen Medien noch anders darstellen, wenn man an Innovationen wie E-Book, Kindle oder iPad denkt, die – wie die letzten Buchmessen in Frankfurt gezeigt haben – auf den Markt drängen und die die Möglichkeit bieten, elektronische Bücher mit einem handlichen Lesegerät zu lesen. Es bleibt abzuwarten, wie diese neuen virtuellen Medien angenommen werden, noch ist nicht abzusehen, dass der Leser auf die Vorzüge des gedruckten und gebundenen Buches verzichten möchte.

Rezeption des elektronischen Buchs noch nicht absehbar

Aufgabe 67 *Zur Erschließung der Aufgabenstellung könnten folgende Fragen dienen:*
- Welches sind wesentliche Rechtschreibregeln?
- Sind alle Regeln gemeint oder soll sich die Argumentation auf einige Kategorien von Regeln konzentrieren?
- Wie sind Rechtschreibregeln eigentlich entstanden?
- Aus welchen Gründen sind sie entstanden?
- Für wen haben Rechtschreibregeln eine Bedeutung, wer hat sich an sie zu halten?
- Ergeben sich aus dem Vorhandensein und der Anwendung von Rechtschreibregeln negative Gesichtspunkte?
  - Welche?
  - Für wen?
- Ergeben sich positive Gesichtspunkte aus dem Vorhandensein und der Anwendung von Rechtschreibregeln?
  - Welche?
  - Für wen?
- Welches Ergebnis folgt aus einem Vergleich negativer und positiver Gesichtspunkte?

Aufgabe 68 *In einer noch ungeordneten Auflistung könnte die Stoffsammlung so aussehen:*
1. Rechtschreiben meint die richtige Schreibung von Vokalen und Konsonanten, die Groß- und Kleinschreibung, die Getrennt- und Zusammenschreibung.
2. Rechtschreiben bedeutet Zwang.
3. Rechtschreiben bedeutet unnötigen Lernstoff.

4. Rechtschreibung gibt es erst seit dem Ende des 19. Jahrhunderts, seit sich Konrad Duden des Themas systematisch angenommen hat.
5. Auch ohne Rechtschreibung kann man sich verständigen.
6. Rechtschreibung: Voraussetzung sozialer Anerkennung
7. Der Spaß am Schreiben wird durch Rechtschreibvorschriften beeinträchtigt.
8. Mangelnde Rechtschreibung kann zu Missverständnissen führen.
9. Zu jeder Sprache gehört ein System von Regeln, die Rechtschreibung ist Teil dieses Systems.
10. Rechtschreibregeln sind Quelle unnötiger Fehler.
11. Computerarbeit erleichtert das Rechtschreiben.
12. Für Arbeiten mit dem Computer, wie zum Beispiel die Recherche von Daten, ist Rechtschreiben notwendige Voraussetzung.
13. Wenn man so schreibt, wie man spricht (Dialekte!), ist teilweise keine Verständigung möglich.
14. Die einheitliche Rechtschreibung gehört zur kulturellen Einheit eines Volkes, trägt zur gemeinsamen Identität bei.
15. Die einheitliche Rechtschreibung erleichtert die Verwaltung eines Staates, sie trägt auch zu problemlosen Wirtschaftsbeziehungen bei.
16. Rechtschreibregeln verhindern Individualismus, zwingen zur Anpassung.
17. Globalisierung in Politik und Wirtschaft lässt keine provinziell unterschiedlichen Schreibweisen zu.
18. Die einheitliche Rechtschreibung spiegelt die geschichtlich gewachsene Einheitlichkeit einer Nation wider.
19. Schreiben lernen und Rechtschreiben lernen gehören zusammen.

Eine nach Gesichtspunkten gegliederte Stoffsammlung könnte folgendermaßen gestaltet werden:
- Rechtschreiben ist für die Verständigung überflüssig: Stichpunkte 4, 5
- Rechtschreiben bedeutet unnötigen Zwang: Stichpunkte 2, 3, 7, 10, 16 (als damit zusammenhängender, aber weiterführender Aspekt: Rechtschreiben schränkt Individualität ein: Stichpunkte 2, 16)
- Rechtschreiben ist für die Kommunikation notwendig: Stichpunkte 8, 13
- Rechtschreibung ist die Voraussetzung dafür, dass technische Abläufe funktionieren: Stichpunkte 12, 15, 17
- Rechtschreibkenntnis ist ein notwendiger Teil der Sprachkenntnis: Stichpunkte 9, 19
- Einheitliche Rechtschreibung gehört zur kulturellen Tradition: Stichpunkte 14, 18

Aufgabe 69   *Die Gliederung kann so aussehen:*
1   Einleitung: Einführung in die Relevanz der Thematik
2   Hauptteil
2.1   Kontra-Argumente:
- Rechtschreiben lernen bedeutet mechanisches, zeitaufwändiges Einpauken sinnentleerter Regeln.
- Rechtschreiben hat keinen Nutzen für das Textverstehen.
- Rechtschreibregelungen sind ein unzeitgemäßes autoritäres Zwangssystem.

2.2   Pro-Argumente:
- Rechtschreibung ist für eine problemlose Verständigung in einem Staat und damit für die Funktion von Wirtschaft und staatlicher Ordnung bedeutsam.
- Einheitliche Rechtschreibung ist für das Textverstehen hilfreich und für eine Nutzung von elektronischen gespeicherten Textinformationen unumgänglich.
- Rechtschreibregeln lassen sich im Allgemeinen sinnvoll ableiten und werden ‚automatisiert' gelernt.
- Die Kenntnis der Rechtschreibung ist Teil der sprachlichen Kompetenz. Sie gehört damit zu den grundlegenden Fähigkeiten kultureller Tradition, die zur Entwicklung von Selbstständigkeit des Einzelnen in seinem gesellschaftlichen Umfeld beitragen.

3.   Schlussteil: Abwägen der Argumente und Formulierung der eigenen Position

Aufgabe 70   *Formulierungsvorschlag für die Einleitung:*
Die Diskussionen über Rechtschreibreformen, die in den letzten Jahren stattgefunden haben, drehten sich zumeist um Detailfragen, über die leidenschaftlich gestritten wurde. Das eigentliche Problem, nämlich die grundlegende Frage, ob eine verbindliche, staatlich festgelegte Rechtschreibung überhaupt sinnvoll und wünschenswert ist, geriet im Zuge solcher Spezialdebatten eher in den Hintergrund.
Schülerinnen und Schüler aller Altersstufen klagen in jedem Schuljahr aufs Neue über die Rechtschreibzwänge, die ihnen den Spaß am Schreiben verderben. Von der Ein-

Verengung der öffentlich geführten Diskussion über die Rechtschreibung

Rechtschreibung als Tortur für Schülerinnen und Schüler

schulung an werden Kindern mühsam und zeitaufwändig Vorschriften beigebracht, die für sie ohne Sinn sind, denn sie können zum Beispiel nicht nachvollziehen, warum man ‚Zahl' mit ‚h', aber ‚Qual' ohne ‚h' schreibt. Deshalb ist es begreiflich , dass aus der Sicht vieler Schüler solche Regeln nur dem Zweck zu dienen scheinen, die Deutschnote zu verschlechtern.

Doch kann – oder muss – man das vielleicht auch anders sehen? Korrektes Schreiben ist für viele Menschen eine Selbstverständlichkeit und Personalchefs in Unternehmen setzen diese Fähigkeit fraglos voraus. Gibt es also doch gute Gründe dafür, an Rechtschreibregeln festzuhalten, auch wenn sie keineswegs von Anfang an da waren und gleichsam naturgemäß mit der Sprache verknüpft sind, sondern vielmehr – im Falle des Deutschen – erst am Ende des 19. Jahrhunderts von Konrad Duden zusammengestellt worden sind?

die Bedeutung der Rechtschreibung für beruflichen Erfolg

Dieser Frage wird in den folgenden Überlegungen nachgegangen.

Aufgabe 71 *Formulierungsvorschlag:*

Der Sinn der arbeits- und zeitaufwändigen Rechtschreibübungen, die bis heute die ersten Schuljahre eines jeden Schülers bestimmen, muss erheblich in Zweifel gezogen werden. Schüler müssen auswendig lernen, ob Wörter groß oder klein geschrieben werden oder ob ein langer Vokal mit einem ‚h' gedehnt wird oder nicht. Ein erheblicher Teil der Unterrichtszeit wird dem Ziel gewidmet, Rechtschreibregeln einzuprägen, deren Geltung durch eine Vielzahl von Ausnahmen wieder eingeschränkt wird. So ist es schwer zu vermitteln, dass ein langes ‚i' in ‚mir' und ‚Bier' unterschiedlich geschrieben werden soll oder dass es für das Schreiben eines langen ‚a' in ‚Aal', ‚Mal' oder ‚Zahl' sogar drei verschiedene Möglichkeiten geben kann. Durch solche Uneinheitlichkeiten entstehen Fehler, die es gar nicht zu geben bräuchte. Warum müssen gleiche Vokalklänge wie in ‚mehr' oder ‚Meer' unterschiedlich geschrieben werden? Die Worte sind in ihrer Bedeutung doch so

1. Kontra-Argument: Das Regelwerk ist nicht plausibel und deshalb kein sinnvoller Lerngegenstand

weit voneinander entfernt, dass es keiner unterschiedlichen Schreibweise bedarf, um Verwechselungen zu vermeiden. Wofür sind die strengen Vorschriften zur Getrennt- oder Auseinanderschreibung nützlich? Es ist doch gleichgültig, ob ‚gar nicht' zusammengeschrieben wird oder nicht. Nur durch ‚stures' Auswendiglernen können sich die Kinder diese Unterschiede in den Schreibweisen einprägen. Wenn sie aber deren Sinn nicht verstehen, erscheint auch das Lernen sinnlos und jegliche Lernfreude wird erstickt. Würde man die Rechtschreibregeln lockern oder zumindest rationaler gestalten, könnten die Kinder im Deutschunterricht andere, sinnvollere, Dinge lernen, anstatt Diktate zu schreiben oder Buchstaben in Wortlücken einzufügen.

Folge: unnützes, zeitaufwändiges Lernen

Dazu kommt, dass heutzutage jeder Computer über ein Rechtschreibprüfprogramm verfügt. Man kann also ohne Schwierigkeiten seinen geschriebenen Text mithilfe eines solchen Programms an die offiziellen Regeln anpassen, ohne dass es notwendig ist, sie alle selbst auswendig zu können.

Ergänzung: Computer machen die Aneignung von Rechtschreibregeln überflüssig

Dem Verständnis eines Textes kommt man nicht schon dadurch näher, dass man in der Lage ist, die einzelnen Wörter richtig zu schreiben. Auch ein Wort, das von den Regeln her ‚falsch' geschrieben wurde, lässt sich trotzdem meistens in seiner Bedeutung identifizieren – das zeigt sich ja gerade daran, dass man es aus der von den traditionellen Regeln bestimmten Perspektive als ‚falsch' beurteilt. Viel wichtiger für das Textverstehen als die Rechtschreibung ist der Kontext eines Wortes. Mit welchen Adjektiven oder Verben zum Beispiel ein Nomen verbunden ist, gibt die entscheidenden Aufschlüsse über seine Bedeutung. Wenn in einem Satz dem Nomen ‚Lid' das Adjektiv ‚entzündet' zugeordnet ist, wäre es für das Verstehen belanglos, ob gemäß den Regeln ‚Lid' oder ‚Lied' geschrieben wird, denn durch den Zusammenhang ist eindeutig, dass das Augenlid gemeint ist. Die unterschiedliche Schreibweise mag da einen Hinweis auf die unterschiedliche Bedeutung geben, ist aber letztlich überflüssig und bedeutet daher unnötigen Lernaufwand; denn in der deutschen Sprache gibt es ohne-

2. Kontra-Argument: Das Textverständnis ist nicht von einer einheitlich geregelten Schreibweise abhängig.

Kontext als entscheidende Hilfe für das Textverstehen – nicht die Schreibweise

hin viele Fälle gleichlautender Wörter, bei denen allein der Textzusammenhang, also die Kohärenz, über die Bedeutung des Wortes entscheidet: Wenn davon die Rede ist, dass eine ‚Bank' überfallen wurde, wird niemand an eine Parkbank denken – der Kontext klärt hier sofort, was gemeint ist, ohne dass die Bedeutungsunterschiede durch unterschiedliche Schreibweisen kenntlich gemacht werden müssten. Umso unverständlicher ist es deshalb, wenn die Befürworter der Rechtschreibregeln so tun, als seien unterschiedliche Bedeutungen nur durch eine unterschiedliche Schreibweise voneinander abgrenzbar und als sei aus diesem Grund die geforderte Regulierung der Schreibung gerechtfertigt. Die Verständlichkeit von Texten ist jedoch keine Konsequenz der Einhaltung einer einheitlich geregelten Schreibweise.

Im Deutschen existieren ohnehin viele Wörter mit verschiedenen Bedeutungen, aber nur einer Schreibweise.

Auch vor der Einführung einer verbindlichen Rechtschreibung in Deutschland gab es keine Verständnisprobleme. Die größten deutschen Dichter wie Goethe oder Schiller haben ihre Werke zu einer Zeit geschrieben, als es keine Regelungen gab. Mit dem einfachen Grundsatz, sich bei der Schreibung von Wörtern annähernd am Wortklang der gesprochenen Sprache zu orientieren, waren problemloses Verstehen und uneingeschränkte Verbreitung der Werke gewährleistet.

Auch Goethe und Schiller kamen ohne Rechtschreibung zurecht.

Die vereinheitlichenden Rechtschreibregelungen, die von Konrad Duden dann gegen Ende des 19. Jahrhunderts zusammengestellt und im deutschen Kaiserreich politisch durchgesetzt wurden, haben somit zur Optimierung des Textverstehens nichts beigetragen.

Konrad Dudens Pionierleistung hat viel bewirkt, aber wenig gebracht.

Rechtschreibvorschriften bedeuten daher vor allem Ausübung von Zwang. Sie dienen dazu, Kinder an das Einhalten autoritativer Vorgaben zu gewöhnen und ihnen einzuprägen, Verstöße als eigene Fehler anzusehen. Sie sind Machtinstrumente, weil sie in Kindern Schuldbewusstsein erzeugen und sie jederzeit dem Vorwurf aussetzen können, nicht genug gelernt zu haben. Es ist nämlich nicht schwer, den Schülerinnen und Schülern mithilfe einer Rechtschreibprüfung ihr ‚Nichtkönnen' zu demonstrieren. Dass dies – wie Tests mehrfach erwiesen haben – auch bei

3. Kontra-Argument: Rechtschreibung als autoritäres Machtinstrument, das nach Unterordnung verlangt

Erwachsenen, bei Studenten, Lehrern oder Professoren, gelingt, macht die Sache nicht besser, sondern bestätigt vielmehr den autoritären Charakter solcher Lerninhalte. Es ist kein Wunder, dass die Rechtschreibregelungen in der Zeit des Kaiserreichs aufkamen, als der Bürger nicht als selbstständiges Individuum galt, sondern als Untertan gesehen wurde, der sein Selbstgefühl vornehmlich aus der Nachahmung des Kaisers und der Anpassung an obrigkeitliche Grundsätze bezog. Im Roman *Der Untertan* hat Heinrich Mann ein gültiges Bild dieses Typus gezeichnet.

In einem freiheitlichen Staat sollten solche Regulierungen, die die Kreativität und die Lust am Schreiben einschränken und damit letztlich auch die geistige Entfaltung des Individuums behindern, abgeschafft werden. Jeder sollte frei darüber entscheiden können, wie er schreibt.

‚Schluss-Plädoyer'

Nicht nur das eben vorgestellte Argument, das die Forderung, Rechtschreibregeln zu beachten, mit autoritativer Machtausübung gleichsetzt, lässt den eigentlichen Sinn eines an Regeln ausgerichteten Schreibens außer Acht. Zwar sind Rechtschreibregeln Vorschriften, die man erlernen muss und an die man sich zu halten hat – aber sie sind keineswegs überflüssiger Selbstzweck, der den Menschen einfach oktroyiert wird.

1. Pro-Argument: grundsätzliche Bedeutung der Rechtschreibung für die Verständigung

Eine geregelte Rechtschreibung dient der besseren Verständigung innerhalb einer Sprachgemeinschaft. Das war auch einer der wesentlichen Gründe für die Schaffung der Rechtschreibregeln durch Konrad Duden. Es hatte sich ja erwiesen, dass die Unterschiedlichkeiten in der Rechtschreibung, die bis zum Ende des 19. Jahrhunderts in den vielen deutschen Kleinstaaten herrschten, Hemmnis einer problemlosen Verständigung waren. Als nach 1871 das deutsche Reich als neuer zentraler Staat entstand, zeigte sich schnell, dass Verwaltung, Rechtsprechung, das Schulwesen, aber auch besonders die sich ausbreitende Industrie und der an Bedeutung zunehmende überregionale Handel eine Vereinheitlichung erforderlich machten. Nur dann, wenn zum Beispiel eine Produktbezeichnung zwischen Kiel und München in gleicher Weise geschrieben

historische Begründung des Nutzens einer vereinheitlichten Rechtschreibung

einheitliche Rechtschreibung als Voraussetzung wirtschaftlicher Entwicklung

wird, ist sichergestellt, dass alle Beteiligten jeweils das Gleiche meinen. Nur so kann es dann auch eine rasche Verständigung geben. Eine sichere Verständigung auf der Basis einer einheitlichen Rechtschreibung ist daher eine Voraussetzung für wirtschaftliche Entwicklung.

Gleiches gilt für den Bereich des Staates. Gesetze und Verordnungen müssen überall in gleicher Weise verstanden werden können. Sie müssen so formuliert und definiert sein, dass sie in jeder Region eindeutig und einheitlich aufgefasst werden. Das setzt voraus, dass sie in einheitlicher, geregelter Weise aufgeschrieben sind, damit von vornherein keine Zweifel an einer eventuell abweichenden Bedeutung entstehen.

einheitliche Rechtschreibung als Voraussetzung für einen effizienten Staat

Die einheitliche Rechtschreibung ist daher ein notwendiges Bindeglied, das zur Effizienz der staatlichen Einrichtungen und zur Entwicklung der Wirtschaft beiträgt.

Auch hält die Behauptung, dass Schreibregeln kein besseres Verständnis von Texten ermöglichen, einer kritischen Überprüfung nicht stand. Das lässt sich gerade anhand der oft kritisierten Groß- und Kleinschreibung nachweisen; denn Nomen werden ja nicht deshalb groß geschrieben, weil es schöner aussieht, sondern weil sie zentrale Bedeutungsträger in einem Satz sind. Ob die handelnden Personen bezeichnet werden oder ob wichtige Sachverhalte, Orte oder Gegebenheiten benannt werden sollen, immer werden hierzu Nomen verwendet; ohne Nomen (oder Pronomen, die aber, wie der Name ja schon sagt, nur Stellvertreter für Nomen sind) ist ein sinnvoller Satz in der deutschen Sprache nicht vorstellbar. Daher ist es zweifellos hilfreich, wenn die wichtigsten inhaltlichen Bestandteile einer sprachlichen Äußerung durch ihre Großschreibung hervorgehoben werden.

2. Pro-Argument: Nutzen der Rechtschreibung für das Verstehen von Texten – der Sinn bestimmter Rechtschreibregeln (Beispiel: Großschreibung von Nomen)

Auch und gerade im heutigen Computer-Zeitalter trägt die einheitliche Rechtschreibung zur Optimierung von Tätigkeiten bei, die sich auf Texte beziehen. Für die Arbeit mit dem Computer ist die einheitliche Rechtschreibung eine wichtige Voraussetzung. Daten müssen auf dem Computer in fest definierter Form abgespeichert werden, damit das elektronische System sie ‚versteht' und ein spä-

Wiederauffindbarkeit abgespeicherter Daten in elektronischen Systemen

terer Zugang zu ihnen erleichtert beziehungsweise überhaupt möglich ist. So ist die Bearbeitung von Computerdaten – zum Beispiel die Informationssuche mithilfe von Schlag- oder Stichworten – nur dann effizient, wenn hier einheitliche Schreibweisen verwendet sind.

Zugriffe auf Informationen, die im Internet oder auf CDs gespeichert sind, setzen ebenfalls eine genaue einheitliche Schreibweise voraus. Wer sich nicht an die entsprechenden Regeln hält, riskiert, sich von vielfältigen Nutzungsmöglichkeiten, die der Computer bietet, auszuschließen.

Angesichts dieser Vorteile erscheint der zeitliche Aufwand, der mit dem Erlernen der Rechtschreibung verbunden ist, vergleichsweise geringfügig. Natürlich müssen Regeln und Besonderheiten, die etwa das Getrennt- oder Auseinanderschreiben betreffen, oft geübt werden, bevor sie ‚sitzen'. Doch lassen sich die Regeln in den allermeisten Fällen nachvollziehbar aus den sprachlichen Zusammenhängen ableiten und damit Schreibweisen, die auf den ersten Blick auffällig waren, erklären. Wer sich beispielsweise darüber wundert, dass ein langes ‚a' in ‚befahl' mit Dehnungs-‚h' geschrieben wird, in ‚gab' aber nicht, dem kann beim Lernen der Hinweis auf die Infinitivformen und die jeweiligen Wortfamilien helfen. Dann zeigt sich, dass diese Unterschiede der Dehnung im System der Sprache durchaus konsequent verwendet werden. Wenn man sich solche Zusammenhänge bewusst gemacht hat, kann man auch vermeintlich schwierige Schreibungen leichter behalten, als von den Gegnern der Rechtschreibung behauptet wird.

3. Pro-Argument: Rechtschreibprobleme verkleinern sich beim Nachdenken über die Sprache: Nicht alles, was auf den ersten Blick unlogisch erscheint, ist tatsächlich unlogisch.

Ebenso muss beachtet werden, dass für die meisten Kinder das Lernen der wichtigsten Rechtschreibweisen mit dem Lernen des Schreibens überhaupt einhergeht. Da wissenschaftlich erwiesen ist, dass richtiges Schreiben auch schon durch die manuelle Tätigkeit des Schreibens mitgelernt wird, verbindet sich hier beides: Die Übung in der Schreibfertigkeit, die jedes Kind trainieren muss, um überhaupt lesbar schreiben zu können, dient zugleich dazu, ‚automatisch' die korrekten Schreibweisen einzuprägen. Zeitgleich und somit effizient lernt das Kind grundlegende kulturelle Techniken und Fähigkeiten.

die Selbstverständlichkeit, mit der Kinder sich die Rechtschreibung aneignen

Als eine solche grundsätzliche kulturelle Kompetenz muss die Fähigkeit des Rechtschreibens betrachtet werden. Das Beherrschen einer Sprache, und insbesondere der Muttersprache, bedeutet ja nicht einfach, sich irgendwie äußern zu können. Jede Sprache ist ein System von Regeln der Lexik, also der Worte und ihrer Bedeutungen, und der Grammatik, also der Regeln, die die Verwendung und das Zusammenspiel der einzelnen Wörter im Satz bestimmen. Erst auf der Grundlage der Kenntnis dieser Regeln können sinnvolle, kohärente Aussagen formuliert werden. Auch die Schreibregeln für die einzelnen Wörter gehören zu diesem System der Sprache, denn sie dienen zur zweifelsfreien Identifikation eines Begriffs und helfen bei der korrekten und damit eindeutigen Deklination und Konjugation. Auf diese Weise trägt auch die Rechtschreibung dazu bei, dass ein beliebiger Schreiber mit festgelegten Buchstabenkombinationen Wörter bilden, damit Bedeutungen verknüpfen und diese dann in verschiedenartigen Satzbauplänen so gestalten kann, dass die Aussagen von beliebigen Lesern verstanden und verwendet werden können.

Die Kenntnis der eigenen Sprache in Wort und Schrift und die Fähigkeit, sie regelgerecht anzuwenden, macht den Einzelnen erst kommunikationsfähig und selbstständig. Er kann dann auch schriftlich seine Interessen vertreten, sich Informationen beschaffen, sie verarbeiten und weiterverwenden, mit anderen Worten: sich im gesellschaftlichen Leben behaupten.

Auch wird Rechtschreibkompetenz vom sozialen Umfeld erwartet. Vielleicht fallen zwar heute Mängel in der Beherrschung der Rechtschreibung im privaten Bereich nicht mehr so stark auf wie früher, da seltener Briefe geschrieben werden und man bei E-Mails oder SMS-Texten Fehler bereitwillig als Tippfehler entschuldigt. Doch im beruflichen Sektor wird von jedem, der mit Texten zu tun hat, die Beherrschung der Rechtschreibung verlangt. Ob es sich um Protokolle handelt oder um Geschäftsberichte, um Statements oder um Werbung: Bei all diesen Texten, die ja nicht nur für den Schreiber selbst da sind, sondern eine

4. Pro-Argument: Rechtschreibung als Teil der Kulturtechnik Sprache

Schreibregeln als Beitrag zur Verdeutlichung sprachlicher Aussagen

Kulturtechnik Sprache als Voraussetzung von Selbstständigkeit

Rechtschreibkompetenz als Indiz für den Grad der Allgemeinbildung

Rechtschreibkompetenz und beruflicher Erfolg

öffentliche Funktion haben, also nach außen hin wirken oder etwas bewirken sollen, wird korrekte Rechtschreibung vorausgesetzt. Sie sichert Klarheit und Verständnis und verhindert, dass sich der Auftraggeber (das Unternehmen) lächerlich macht. Wer demnach beruflich vorankommen möchte, tut gut daran, die Rechtschreibkompetenz nicht mit Geringschätzung zu behandeln.

Die Fähigkeit zu korrekter, auch schriftsprachlicher, Kommunikation ist nicht nur eine Bedingung für die soziale Anerkennung des Einzelnen, sondern gliedert ihn auch in die soziale und kulturelle, geschichtlich gewachsene Gemeinschaft einer Nation ein. Sie fördert die Gemeinsamkeit der Bürger untereinander, wirkt integrativ und bietet die kommunikative Basis für die Entfaltung des Individuums im Rahmen seines gesamten gesellschaftlichen Umfelds.

gemeinsame Rechtschreibung als identitätsstiftendes Merkmal unter den Angehörigen derselben Nation

Aufgabe 72 *Formulierungsvorschlag:*
Die Antwort auf die Frage nach dem Für und Wider der Rechtschreibung kann meiner Ansicht nach nur auf die grundsätzliche Befürwortung der Rechtschreibung hinauslaufen. Dass eine einheitliche Norm für das richtige Schreiben notwendig ist, haben die im zweiten Teil der Erörterung angeführten Argumente gezeigt. Besonders wichtig erscheinen mir dabei die Hinweise auf die Bedeutsamkeit des Rechtschreibens für das Funktionieren von Wirtschaft und Staat. Auch der Zusammenhang zwischen der Verarbeitung und Nutzung von Daten mit dem Computer und einer einheitlich geregelten Rechtschreibung spricht meines Erachtens eindeutig für ein solche verbindliche Regelung.

eigene Stellungnahme

Äußerung von Zustimmung

Dagegen scheinen mir die Probleme, die mit dem Erlernen des korrekten Schreibens verbunden sind, weniger ins Gewicht zu fallen. Wenn man von spezifischen Rechtschreibschwächen, beispielsweise der Legasthenie, einmal absieht, halte ich richtiges Schreiben immer für erlernbar – und zwar mit einem zeitlich angemessenen Arbeitsaufwand, wenn man den Nutzen dagegenhält, den die Beherrschung der Rechtschreibung sowohl für den Einzelnen wie auch

Bewertung zentraler Argumente der Gegenseite

für das Gemeinwesen mit sich bringt. Wenn einzelne Kinder wirklich problematische Lernstörungen haben, so existieren heutzutage schon in den Schulen Sonderregelungen, die dazu beitragen, auch diesen – wenigen – Schülern zu helfen, dennoch einen Abschluss zu erreichen.

Man kann natürlich über einzelne Vorschriften der Rechtschreibung diskutieren. Es ist vermutlich sinnvoll, bei manchen Streitfällen liberalere Regelungen zu treffen und verschiedene Schreibungen als zulässig anzuerkennen, wie es auch tatsächlich vielfach geschieht. Das zeigt schon ein flüchtiger Blick in den Duden. Wenn man andererseits zu viele voneinander abweichende Schreibungen als gleichwertig anerkennt, besteht immer auch die Gefahr, dass dies nicht als Erleichterung empfunden wird, sondern im Gegenteil zu stärkerer Verunsicherung führt.

Einräumungen und Grenzen solcher Zugeständnisse

Wenn es also auch wünschenswert erscheint, eine gewisse Bandbreite in den Rechtschreibregelungen zuzulassen, so sollte doch auf keinen Fall der Eindruck von Beliebigkeit entstehen. Rechtschreiben muss meiner Ansicht nach als gültige Norm bestehen bleiben und kann nur dann ihre wichtigen Aufgaben erfüllen.

Beliebigkeit vermeiden

Adressatenbezogenes Schreiben

Aufgabe 73   Wesentliche Informationen sind in dem letzten Abschnitt des Artikels aufgelistet: Das Gebäude stammt aus dem 15. Jahrhundert, aus der Zeit des Kurfürsten Friedrich II., und brannte 1945 im Zweiten Weltkrieg aus. Es wurde dann zu DDR-Zeiten gesprengt und an dessen Stelle wurde der sogenannte Palast der Republik gebaut. Nach dem Ende der DDR wurde der Palast abgerissen, sodass das Vorhaben, an dieser zentralen Stelle Berlins das ehemalige Stadtschloss wiederaufzubauen, entstand. 2007 erfolgte dazu ein offizieller Beschluss. 2010 wurde aus finanziellen Gründen ein Baustopp bis 2014 verfügt.

Adressatenbezogenes Schreiben ✏ 183

Aufgabe 74   Der Text informiert über den Beschluss zum Baustopp des Berliner Schlosses und seine Begründung (Abschnitt 1 und 2). Anschließend werden (außer in den Abschnitten 4 und 10) Politiker benannt und teilweise ausführlich zitiert, die sich für den Weiterbau einsetzen. Der vierte Abschnitt enthält Informationen zu den Kosten und der letzte zur Einstellung der Berliner Bevölkerung zum Bauprojekt.

Aufgabe 75
- Ein Verzicht auf den Wiederaufbau würde die Innenstadt Berlins mit einer Baulücke negativ prägen: Gerade die Hauptstadt des Bundes sollte als „Schaufenster" (Z. 21) Deutschlands einen guten Eindruck hinterlassen.
- Der Verzicht auf den Bau würde bedeuten, dass der Regierungsbeschluss der ehemaligen DDR, das Schloss zu sprengen, noch heute akzeptiert wird.
- Das Schloss soll das geplante Humboldtforum als ein Zentrum von Kultur und Wissenschaft beherbergen.
- Das Kostenargument darf nicht zu Kürzungen bei kulturellen Vorhaben führen.
- Hätte man sich in der Vergangenheit immer schon am Kostenargument orientiert, so stünde Deutschland gänzlich ohne wertvolle historische Bauwerke da.
- Die Nutzung eines zentralen Platzes in der City Berlins ist eine einmalige Chance für ein Kulturprojekt.
- Eine Verschiebung des Baubeginns bringt die Gefahr einer endgültigen Aufgabe des Projekts mit sich.

Aufgabe 76   *Mögliche Argumente:*
- hohe Kosten: bereits jetzt 552 Millionen
- Der Förderverein, der 80 Millionen aus Spenden beitragen sollte, hat erst 20 Millionen eingesammelt, was das eingeschränkte Interesse beweist.
- Eine Umfrage belegt sogar, dass sich 80 % der Berliner Bevölkerung gegen den Schlossbau aussprechen.
- Wofür das Schloss genutzt werden soll, ist noch immer unklar. Denn wie das Humboldtforum – eine Verbindung von Museum, Bibliothek und Wissenschaftszentrum – gestaltet werden soll, ist noch nicht festgelegt.
- Ob Berlin, das ja bereits eine große Anzahl von Museen besitzt, wirklich noch ein weiteres benötigt, müsste zumindest sorgfältig und kritisch geprüft werden.

Mögliche Ausführung des Kostenarguments:
Gegen den Wiederaufbau des Schlosses sprechen die hohen Kosten, die zurzeit mit 552 Millionen beziffert werden. Wie man jedoch aus Erfahrung weiß, wird das nicht das Ende der Ausgaben sein. Dass derartig große und aufwendige Bauprojekte immer wieder erhebliche Kostensteigerungen mit sich bringen, die teilweise sogar zu einer Verdoppelung der ursprünglichen Schätzungen führen, ist keine Seltenheit. Als Beweis dafür kann die Hamburger Großbaustelle der Elbphilharmonie dienen.
Wenn man also damit rechnen muss, dass die Kosten letztlich eine Milliarde Euro erreichen werden, drängt sich die Frage auf, ob hier nicht eine vernünftige Grenze überschritten würde.
Und mit den Baukosten ist es ja nicht getan: Ist der Bau fertig und das Humboldtforum wirklich einmal in Betrieb, fallen unzählige weitere Kosten an. Allein die notwendigen Personalausgaben und die laufenden Aufwendungen für Strom, Wasser oder Heizung dürften jährlich in die Millionen gehen und durch Eintrittsgelder nur zu einem kleinen Teil aufgefangen werden.
In Anbetracht der gegenwärtigen Wirtschaftslage und der hohen Ausgaben, die die Stadt für die Förderung der Wirtschaft und bei der Bekämpfung sozialer Probleme zu leisten hat, ist es ungerecht, so viel Geld in solch ein Luxusprojekt zu investieren. Wirklich nutzen wird das Kulturangebot des Forums nur ein kleiner Bevölkerungsteil, während auf der anderen Seite das Geld für soziale Zwecke verloren ist.

Aufgabe 77

1.1 Der abgetragene Anzug des preußischen Königs Friedrich Wilhelm III. (Z. 1–8)

1.2 Schlossrenovierung 1817: Der sparsame König und das Argument seines Baumeisters Schinkel (Z. 9–24)

2 Übertragung des historischen Beispiels auf die Gegenwart: Die ökonomischen Argumente des Bundesbauministers (Z. 25–42)

3 Kritik an den bisherigen Planungsmängeln beim Humboldtforum, das in das Schloss einziehen soll (Z. 43–54)

4 Kritik an der unzureichenden Planung beim gesamten Schlosskonzept (Z. 55–69)

5 Fazit: explizit negative Wertung des Baustopps (Z. 69–74)

Aufgabe 78 a) Der Verfasser bringt das überlieferte anekdotenhafte Beispiel des preußischen Königs Friedrich Wilhelm III., der schon in Bezug auf die eigene Kleidung als äußerst sparsam dargestellt wird. Die Worte des Königs werden als wörtliches Zitat wiedergegeben, um die Situation historisch authentisch erscheinen zu lassen. Zugleich wirkt der König mit seiner Haltung ein wenig lächerlich, da er seine Ansicht über den angeblich noch guten Anzug in mangelhaftem Deutsch vorbringt (der König sprach, wie damals bei Hofe üblich, normalerweise französisch).

Mit der herablassenden Bezeichnung „der Gute" (Z. 8) rückt der Kommentator den König, der auch aufgrund seiner ablehnenden Haltung zur Schlossrenovierung kein gutes Bild abgibt, in ein kritisches Licht.

Der „schäbige" Anzug des Königs wird somit zum Zeichen seiner generellen Einstellung, die durch übertriebene Sparsamkeit und Desinteresse am Schönen gekennzeichnet ist.

Dem knauserigen König stellt der Text dann den bekannten Architekten Schinkel gegenüber, der dem ökonomischen Argument des Königs die Bedeutung von Image und Kultur entgegenhält. Schinkel wird in seiner Bedeutung als „Preußens erster Ästhet" (Z. 12) hervorgehoben und seine letztlich erfolgreiche Argumentation gegenüber dem König wird betont.

b) In Zeile 25 bis 29 wird der Zusammenhang zwischen jener alten Geschichte und der aktuellen Situation ausdrücklich formuliert. Verhalten und Denkweise des Königs werden als Modell einer nur an den Kosten orientierten Haltung dargestellt und vom Verfasser mit dem Begriff „Schlichtheit" als zu einfach und einseitig negativ bewertet. In der Gegenwart (vgl. Z. 29–36) sieht der Verfasser die gleiche beschränkte Haltung und schreibt sie ausdrücklich dem Bundesbauminister zu, dessen Argumentationsweise, die Kosten für den Kuppelbau des Schlosses in dafür herstellbaren Autobahnkilometern anzugeben, somit ironisiert wird. Unterstrichen wird die Kritik dann noch in der folgenden Antithese, die das eingeschränkte Denken derer aufzeigen soll, denen es mehr um die Autobahn als um die angemessene Gestaltung eines zentralen Platzes in der Berliner City geht.

c) Die fett gedruckte Überschrift mit ihrem unerwarteten Gegensatz von „schäbig" und „König" weckt Interesse und regt zum Weiterlesen an, zumal mit dem Hinweis auf das Berliner Schloss schon in der Überschrift ein Aktualitätsbezug sichtbar wird. Der Text nutzt das Leserinteresse an VIPs, seien es nun Medienstars oder Könige, indem er einen König in seiner recht gewöhnlichen Menschlichkeit darstellt und damit den Leser zum überlegenen Betrachter des schäbig gekleideten Königs mit seinen beschränkten, nur materiell motivierten Anschauungen macht.

Am historisch interessanten Fall illustriert der Verfasser somit die Auseinandersetzung zwischen materiellem Nutzendenken und kulturellem Bewusstsein. Er leitet den Leser so an, Partei zu ergreifen, und schlägt eine Brücke vom damaligen Fall zur Gegenwart.

Aufgabe 79   Der Verfasser verknüpft mit der Anspielung auf den fadenscheinigen Anzug erneut Vergangenheit und Gegenwart, den übertrieben sparsamen König und den Bundesbauminister, der sich tatsächlich ein Schloss „ohne Fassade" vorstellen kann, und wertet so wiederum die aktuelle, nur ökonomisch motivierte Argumentation ab. Ganz deutlich wird das, wenn er feststellt, dass die ministerialen Vorstellungen offenbar statt eines renovierten Schlosses nur einen „Bunker" (Z. 42) beinhalten: Die negative Konnotation dieses Begriffs, der Vorstellungen von Krieg, Elend und Hässlichkeit hervorruft, veranschaulicht eindrücklich seine kritische Sichtweise.

Das historische Beispiel des Königs wird erneut aufgegriffen, wenn der Verfasser den Blick vom Äußeren auf das Innere des Schlosses lenkt und sich nun mit dessen Nutzung, dem projektierten Humboldt-Forum, befasst.

Die Planung des Forums als „Ort der Weltkulturen" wird als „wunderbares Versprechen" (Z. 47f.) gepriesen, doch offenbart sich die Ironie spätestens dann, wenn der Kommentator dem Versprechen die Wirklichkeit eines bislang eher ärmlichen, inhaltlich wenig attraktiven Konzepts gegenüberstellt und es mit der Formulierung „hinter ihm verbirgt sich aber wenig mehr" (Z. 49) abwertet. Zitate der bekannten und gerade auch im kulturellen Bereich renommierten FAZ untermauern die Kritik.

Aufgabe 80   Der Kommentator nimmt die Position des verwunderten Durchschnittsbürgers ein, der mit Unverständnis die Fehlleistungen der – ironisch kontrastiv herausgehobenen – „hohen Politik" und der „Geisteselite" (Z. 64f.) betrachtet. Er sieht die Planlosigkeit im unsinnigen Missverhältnis von initiiertem Architektenwettbewerb und fehlendem inhaltlichen Nutzungskonzept, von internationaler Spendenannahme und unvermitteltem Baustopp aus rein ökonomischen Gründen. Am Schluss spielt der Verfasser erneut auf die Gestalt des geizigen, kulturell desinteressierten Königs an und kritisiert damit die kulturelle Gleichgültigkeit und die fehlende Weitsicht der Verantwortlichen heute. Demonstrativ wertet Matthias Meyer zur Heyde den Schlossbau als „Vorzeigeprojekt Nr. 1" (Z. 70) auf und kontrastiert ihn mit der abschätzigen Behandlung durch die Verantwortlichen: Die Metapher, man hänge das Vorhaben in den Schrank, schlägt den Bogen zur Einleitung. Mit der Klimax und Anapher „Das ist nicht bloß kleinlich. Das ist erbärmlich" (Z. 73 f.) wird die Kritik rhetorisch wirkungsvoll abgeschlossen.

Aufgabe 81 a) Es geht um den geplanten Neubau des Berliner Stadtschlosses im Zentrum der Stadt, für den aus finanziellen Gründen ein Baustopp verfügt wurde.
b) Der Verfasser lehnt den Baustopp ab.
c) • Er attackiert ein einseitig ökonomisches Denken, das er als kurzsichtig und kulturlos anprangert.
   • Er kritisiert auch die unzureichende Planung hinsichtlich der Frage der Nutzung des Schlosses.
   • Er schätzt den Wiederaufbau des Schlosses als einzigartiges und auch international bedeutungsvolles kulturelles Projekt ein und betrachtet den perspektivlosen Baustopp als Katastrophe.
d) • Der Kommentator beginnt mit einer rätselhaften Überschrift, die durch den in ihr enthaltenen auffälligen Gegensatz zum Weiterlesen animiert.
   • Der Einstieg geschieht dann gerade nicht mit sachlichen Informationen zu den Fakten, sondern unter Verwendung von „human touch": Der preußische König Friedrich Wilhelm III. wird in seiner allzu ausgeprägten Sparsamkeit vorgestellt und ironisiert.
   • Über dessen Geiz und sein kulturelles Desinteresse wird die Verbindung zur Gegenwart hergestellt, in der Matthias Meyer zur Heyde bezüglich des Schlossbaus eine ähnliche fatale Haltung entdeckt.

Aufgabe 82 Der Verfasser arbeitet mit kontrastiv gestalteten Vorstellungsinhalten, wie
   • der Gestalt des Königs im abgetragenen Rock, dem der damals erfolgreiche und anerkannte Ästhet Schinkel gegenübergestellt wird,
   • dem Aufbau des Gegensatzes von nur einseitig ökonomischer Argumentation und kultureller Verantwortung.
   • Der Verfasser benutzt weiterhin wertende und konnotativ wirksame Begriffe (z. B. Schlichtheit, Bunker), die ihm dazu dienen, die Position der Befürworter des Baustopps abzuwerten.
   • Er beendet seinen Text mit einem deutlichen, rhetorisch akzentuierten Urteil.

- Das Bild des schäbigen Anzugs dient dazu, einerseits den Bogen zum Einstieg des Artikels zu schlagen und andererseits die Kleingeistigkeit der Politik zu entlarven.

Aufgabe 83
1. Statistik: Lateinboom an den Schulen (Z. 1–14)
2. Frage nach dem Nutzen von Latein (Z. 15–21)
3. Antworten aus dem Bereich von Industrie und Wirtschaft
   a) Lateinkenntnisse sind im Alltag kein formelles positives Kriterium für einen Stellenbewerber (Z. 22–38).
   b) Dennoch: Personalchefs sind von der Qualifikation durch das Latinum beeindruckt (Z. 39–74).
4. Kritik der Wissenschaft: Lateinkenntnisse sagen nichts über sonstige Qualifikationen eines Bewerbers aus (Z. 75–112).

Aufgabe 84
Der Artikel aus der FAZ vom 24. Juni 2010 von Nadine Bös mit dem Titel „Für die Schule, nicht fürs Leben" befasst sich mit der Bedeutung des lateinischen Spracherwerbs für die berufliche Qualifikation eines Bewerbers und seine weiteren Berufschancen.

Basisinformationen: Bestimmung des Themas

Der Text stellt zunächst unter Berufung auf das Statistische Bundesamt den seit Jahren steigenden Anteil von Schülern heraus, die sich bei der Sprachenwahl in der Schule für Latein entscheiden. Unmittelbar daran knüpft die Verfasserin jedoch die kritische Frage nach dem Nutzen dieser Entscheidung.

Einstieg in die Darstellung: Steigende Anzahl von Schülern, die Latein wählen

Im Folgenden wird eine Reihe von Antworten wiedergegeben, die allerdings ein uneindeutiges Bild vermitteln. Die Verfasserin stützt sich zunächst auf eine FAZ-Umfrage unter 22 großen Industriekonzernen. Danach sind fast alle (95 %) der befragten Unternehmen der Auffassung, dass Lateinkenntnisse nicht zu den von einem Bewerber erwarteten Qualifikationen gehören.

Nutzen der Lateinkenntnisse für die berufliche Qualifikation?

Auf der anderen Seite ergab sich allerdings eine gegenläufige Perspektive: Denn mehr als die Hälfte der Unternehmen waren der Ansicht, dass solche Kenntnisse doch ein positives Merkmal eines Bewerbers seien. Die Verfasserin zitiert mehrere Chefs von Personalabteilungen, die Latein

Lateinkenntnisse als positives Persönlichkeitsmerkmal eines Bewerbers

für eine gute Schule des logischen Denkens und der Kommunikation, für eine sinnvolle Basis des Fremdsprachenerwerbs oder für den Erweis humanistischer Bildung halten und dementsprechend positiv einschätzen.

Diesen Auffassungen stellt die Verfasserin wissenschaftliche Ergebnisse der Lernforschung gegenüber. Zwei namentlich genannte Wissenschaftler bekunden ihr völliges Unverständnis in Bezug auf die angeblichen Vorteile von Lateinkenntnissen, da ihre Forschungsresultate konträr ausfallen: Danach haben Lateinkenntnisse keinerlei Aussagekraft über die Qualitäten eines Bewerbers. Eine Untersuchung habe sogar erbracht, dass Latein das Lernen moderner Fremdsprachen nicht befördere. Der Schulunterricht solle, so die Forscher, sich lieber auf die Förderung mathematisch-naturwissenschaftlicher Kenntnisse konzentrieren, um Deutschland im internationalen Vergleich zu stärken, und sie schlagen vor, Latein zum bloßen Wahlfach für besonders Interessierte herabzustufen.

Ergebnisse der Lernforschung als Kritik am Nutzen von Lateinkenntnissen

Aufgabe 85

Endlich wissen wir es nun, dank der Hilfe der Technischen Hochschule Zürich: Der alte lateinische Spruch „non scholae, sed vitae discimus", der Jahrhunderte lang als Leitlinie schulischen Lernens gegolten hat, ist purer Unsinn, zumindest, was ausgerechnet die Originalsprache jenes Satzes, das Lateinische, betrifft. Frau Professor Stern von der Züricher Uni hat es wissenschaftlich getestet: Latein ist wirkungslos für das Leben und Lernen – man lernt es lediglich für die Schule!

provokativer Einstieg: traditionelles Wissen – aktuelle Lernforschung

Und damit die Konsequenzen auch allen klar werden, wurden sie von der Professorin gleich mit bekannt gegeben. Mathematik und Naturwissenschaften muss man beherrschen, Latein kann man, wenn es denn sein muss, als Wahlfach belegen, zusammen mit anderen kulturellen Fächern, die dann gleichermaßen unwichtig sind: Religion, Musik, Literaturunterricht, dramatisches Gestalten ...

Ironisierung und Zuspitzung der Position der Lernforschung

Was die Schule also offenbar vermitteln soll, sind praktisch verwertbare Kenntnisse, die angeblich den Berufserfolg garantieren.

Wenn schulische Kenntnisse allerdings allein im Hinblick auf eine – vorgebliche – Nützlichkeit zählen, wenn die Ausbildung in der Schule offenbar nur darauf aus zu sein hat, den Menschen einzupassen in ökonomisch definierte Kriterien beruflicher Verwertbarkeit, und wenn darüber hinausgehende Vorstellungen menschlicher Lebensgestaltung als Ziele einer antiquierten Kulturmafia diskreditiert werden, wird hinter der Argumentation der Professorin ein bedenkliches Menschenbild sichtbar. *Kritik am Menschenbild der Lernforschung, verstärkt durch rhetorisch auffällige Gestaltung*

Da lohnt es sich, die schmale Untersuchung jener Forscher und ihre weitreichenden Folgerungen einmal genauer anzusehen. Der Vergleich der Spanisch-Leistungen von zwei verschiedenen Studentengruppen genügt ihnen offenbar, um Lateinkenntnisse generell als Hilfe für das Erlernen moderner Fremdsprachen abzuwerten – obwohl von weiteren Vergleichsgruppen gar nicht die Rede ist und die empirischen Grundlagen daher solch generelle Schlüsse nicht zulassen. *Kritik am Vorgehen der Lernforschung*

Es scheint auch weniger um exakte wissenschaftliche Ergebnisse zum Lateinlernen zu gehen als um Werbung für die Nützlichkeit der Naturwissenschaften. Denn das eigentliche Problem des Sprachenlernens lässt die flotte Parteinahme mit ihren wenig wissenschaftlichen kriminalisierenden Begriffen unberücksichtigt. Mit gängigen Leerformeln zur Modernität der Naturwissenschaft und dem pauschalen Hinweis auf deren Ressourcenpotenzial für das Land lässt sich nach Auffassung von Frau Stern offenbar leichter Eindruck machen als mit einer wissenschaftlichen Argumentation, die sich umfassend mit der kulturellen und persönlichkeitsbildenden Leistung einer alten Sprache hätte auseinandersetzen müssen. *Fortsetzung der Kritik: Entlarvung der Interessenslage der Lernforscher*

Dass Lateinkenntnis etwas aussagt über die Lernmotivation eines Menschen, seine Fähigkeit sichtbar macht, sich auf eine neue komplexe Thematik einzulassen, gilt bei den universitären Lerntechnokraten offenbar gar nichts. Lateinkenntnisse bedeuten zwar wohl wirklich keine berufliche Qualifikation, aber sie geben Hinweise auf Persönlichkeitsmerkmale eines Bewerbers. Die Personalchefs hatten das – der Wissenschaft zum Trotz – schon ganz gut verstanden. *Überzeugung des Kommentators als Abschluss*

gabe 86 | Der Kommentar beginnt mit einer ironisierenden Aussage, die die Ergebnisse der Uni in übertriebener Weise als lang erwartete Erkenntnis hinstellt. — *Wecken des Leserinteresses durch rhetorische Gestaltungselemente*

Die Bedeutung des folgenden lateinischen Zitats über den Sinn des Lernens wird durch den Verweis auf seine lange akzeptierte Gültigkeit zunächst betont. Ein rhetorisch wirksamer, scharfer Kontrast ergibt sich daraus, dass der alte Leitsatz als Unsinn deklariert wird. Dieser Kontrast wird zugespitzt, indem die Forschungsergebnisse der Hochschule auf den Gegensatz Mathematik/Naturwissenschaft – Latein/Religion/Musik übertragen werden, womit der Kommentar zugleich eine wertende Unterscheidung von wichtigen und angeblich unwichtigen Fächern feststellt. Die ironische Kritik an der Untersuchung der Züricher Forscher wird überdeutlich, da aufgrund dieser Differenzierung gleich eine Vielzahl von Schulfächern in die Kategorie „unwichtig" fiele.

Klar wird das Ideal jener Forscher definiert: praktisch verwertbare Kenntnisvermittlung durch die Schule. Hier setzt die explizite Kritik des Kommentars ein, indem sie das auf Nützlichkeit ausgerichtete Menschenbild der Forscher bloßstellt und als bedenklich bewertet. — *Ausführung der inhaltlichen Kritik*

Schließlich beanstandet der Kommentar die Untersuchungsmethode der Forscher und stellt deren Ziele generell infrage. Ein kritischer Gegensatz wird hier entworfen zwischen der von ihnen beabsichtigten Werbung für Naturwissenschaften und den darüber vernachlässigten persönlichkeitsbildenden Faktoren des Lateinischen.

Rhetorische Mittel verstärken dabei den Kontrast: — *rhetorische Verstärkung der Kritik*
- Ironisierung des Vorgehens der Forscher als „flotte Parteinahme",
- Entlarvung der von ihnen verwendeten Sprache als kriminalisierend,
- Abwertung der verwendeten Begrifflichkeiten als Leerformeln,
- ironischer Angriff durch den Neologismus „Lerntechnokraten".

Abschließend wird die Aussagekraft von Lateinkenntnissen für wichtige Persönlichkeitsmerkmale noch einmal betont. Dann schlägt der Kommentar den Bogen zurück zum informierenden Basistext, sodass beide Texte deutlich verknüpft erscheinen und beim Leser ein abgerundeter Gesamteindruck entsteht.

Aufgabe 87 Vermutlich haben Titel und Untertitel bei Ihnen zwiespältige Reaktionen ausgelöst:
- Der Obertitel erscheint möglicherweise unverständlich. Sie haben ihn aufgrund seiner gewählten Sprache vielleicht als literarisches Zitat identifiziert, dessen Bedeutung sich nicht spontan erschließt.
- Ganz anders der Untertitel: Hier wird offenbar Bezug genommen auf eine Rezeptionsweise von TV-Events, die mit der zunehmenden Verbreitung riesengroßer Fernsehbildschirme seit der Fußball-WM 2006 besonders beliebt geworden ist: das gemeinsame Fernsehen in einer größeren Öffentlichkeit, das durch seinen aus der englischen Sprache abgeleiteten Namen zusätzlich einen aktuellen und trendigen Anstrich erhält. Weiter macht der Untertitel deutlich, dass es dem Verfasser um mehr geht als um eine Beschreibung geselliger Fernsehgewohnheiten, denn es wird darauf hingewiesen, dass dieses Verhalten der Menschen als Anzeichen für Veränderungen des gesellschaftlichen und politischen Selbstverständnisses zu interpretieren ist.

Aufgabe 88
1. Abschnitt (bis Z. 35): aktueller Ausgangspunkt als Einstieg: das Ereignis der Fußball-WM.
2. Abschnitt (bis Z. 127): Ausführung des Hauptteils: Beim Public Viewing geht es um mehr als um gemeinsames „Fußball-Gucken" in einer größeren Gruppe. Das kollektive Erlebnis des Feierns ist dabei mindestens so wichtig wie das Sportereignis.
3. Abschnitt (bis Z. 152): Weitergehende Folgerung: Public Viewing ist Anzeichen für eine Veränderung des gesellschaftlichen Verhaltens und des Bewusstseins der Menschen.

Adressatenbezogenes Schreiben ● 193

Aufgabe 89   Auffällige Merkmale sind:
- Gleich zu Beginn weckt der Verfasser Aufmerksamkeit, indem er das aktuelle Phänomen des Public Viewing thematisiert und ihm die auf den ersten Blick überraschenden Attribute „Kraft" und „Gewalt" zuschreibt.
- Durch die Inversionen im ersten Satz werden diese beiden Begriffe vorangestellt und damit sprachlich auffällig gemacht. Mit einer Correctio in den Zeilen 1/2 wird dann der Begriff der „Gewalt" noch besonders akzentuiert.
- Im folgenden Rückblick auf die Fußball-WM 2006 lenkt der Verfasser die Erinnerung der Rezipienten auf jenes „Sommermärchen" in Deutschland, das der deutschen Mannschaft den dritten Platz bescherte.
- Mit einer genauen Beschreibung seiner eigenen Erfahrungen und Wahrnehmungen damals begründet der Verfasser dann seine Sachkenntnis, die es ihm erlaubt, über die Wirkungen von Public Viewing zu schreiben.
- Er schildert seine akustischen Wahrnehmungen des eigentlich vornehmlich visuellen Geschehens. Die Stärke des Wahrgenommenen hebt er durch hyperbolische Wortwahl und Vergleiche hervor (z. B. Z. 13–17).
  – Die verwendeten Vergleiche stammen zunächst aus dem Bereich der Technik („Wasserkocher", Z. 14 f.) und werden dann durch religiöse Vorstellungen („gequälte Seelen", Z. 21) ergänzt. Sie haben die Funktion, die Geräuschkulisse sinnlich zu veranschaulichen und die Aufregung der Menschenmasse durch die konträren Vergleichsgegenstände zu ironisieren.
  – Komik wird auch dadurch erzeugt, dass Konkretes und Abstraktes in einem Bild zusammengespannt werden: „Die Entladung [...], die Fenster und die Nerven erzittern ließ." (Z. 23–26)
  – Elliptische Sätze (vgl. Z. 26–30) fangen Atemlosigkeit und Anspannung der Zuschauermenge ein.
  – Am Ende des Absatzes werden schließlich Metaphern („Entladung", „Erdbeben", „Grabesstille", Z. 23–29) benutzt, die eine beinahe apokalyptische Szenerie veranschaulichen.

Aufgabe 90   Gedankengang:
- Auch 2010 ist – ähnlich wie 2006 – das Public Viewing wieder zu einer „Volksbewegung" geworden.
- Das Fußballspiel bietet einen Anlass, sich selbst zu feiern.
- Beim Public Viewing erhält die Gesellschaft, die sonst ein anonymer und abstrakter Begriff bleibt, ein Gesicht, wobei Einzelne zugleich ein Forum haben, um sich individuell zu präsentieren.

- Dabei wird insbesondere von Frauen die Möglichkeit genutzt, sich zum Beispiel durch die Wahl der Kleidung von anderen abzuheben.
- Public Viewing erzeugt das – wenn auch illusionäre – Gefühl, selbst auf das auf der Leinwand präsentierte Geschehen einwirken zu können.
- Im Public Viewing verbindet sich die nationale Begeisterung über den Erfolg der eigenen Mannschaft mit dem enthusiastischen Gefühl der Teilhabe an einem internationalen Event.

• Auch der weniger Fußballbegeisterte wird in die Atmosphäre des Public Viewing einbezogen, die noch wichtiger ist als das Spiel selbst – wenngleich ein Sieg Voraussetzung für das Anhalten der Stimmung ist.

Aufgabe 91 Der Verfasser deutet Public Viewing als Möglichkeit für die Gesellschaft, sich als Kollektiv zu präsentieren, und daneben für den Einzelnen, in diesem Rahmen seine Individualität besonders auszugestalten. Public Viewing erlaube so eigentlich Widersprüchliches: das Erleben von Gemeinschaft und zugleich die Emanzipation der eigenen Person.
Sprachlich wird das Gemeinschaftserlebnis durch eine Reihung von Nomengruppen („Frauen und Männer, Arm und Reich, Alt und Jung", Z. 39 f.) erfasst, die jeweils Gegensätzliches verbinden und die geschlechts- und sozialübergreifende Gemeinsamkeit zum Ausdruck bringen. Und auch metaphorisch wird die Gemeinschaft veranschaulicht, z. B. durch „Eintauchen in das […] Farbenmeer", „vibrierende Menge" (Z. 55 f., 70).
Um das Phänomen der Selbstdarstellung anschaulich zu beschreiben, findet der Autor sprachliche Mittel: Mit dem Wortspiel „Flagge […] zeigen" (Z. 47 f.) werden auf wörtlicher Ebene die Nationalfahnen und auf übertragener Ebene die Selbstinszenierung der Menge in Verbindung gebracht. Die Kostümierung Einzelner wird dagegen leicht ironisch mit einer Mischung aus Karneval und Modenschau verglichen (vgl. Z. 65 f.).
Damit aber ist die Bedeutung des Public Viewing noch nicht am Ende. Der Text deutet die begeisterten Aktionen der Teilnehmer als Gefühl einer Handlungsmächtigkeit, die sich auf das Spiel der eigenen Mannschaft positiv auswirken könne. Wenngleich dies nur eine Illusion sei, so erlebe der Einzelne doch seinen Beitrag zur feiernden Stimmung aller. Die Masse werde zum „eigenständigen Akteur" (Z. 95 f.), weshalb Herzinger konsequent das Kollektiv als handelndes Subjekt auftreten lässt (vgl. Z. 83 ff.).
Erneut verbindet das Public Viewing Widersprüchliches: Der Einzelne wird nicht nur in seinem Gefühl, Teil einer nationalen Gemeinschaft zu sein, dargestellt, sondern wird zugleich gedeutet als Glied einer internationalen Szene,

die durch ihre Begeisterung verbunden ist. Über diese scheinbar paradoxen Beschreibungen versucht Herzinger, die Faszination für das Public Viewing zu erklären: Es vereint Individuelles und Gesellschaft, Nationales und Internationales. Herzingers Lust an paradoxen Formulierungen lässt sich auch an Details beobachten: So nennt der Autor die feiernde Menge „Zuschauaktivisten" (Z. 112 f.) und weist sie damit als aktiv und passiv zugleich aus.

Aufgabe 92 Das Public Viewing-Phänomen wird als Anzeichen dafür gedeutet, dass sich grundlegende Veränderungen im Selbstverständnis der Bevölkerung vollziehen.
- Die Menschen wollen sich selbst aktiv im Mittelpunkt sehen und nicht nur als Objekte, die von staatlichen Institutionen fremdbestimmt und eingeschränkt werden.
- Public Viewing versteht der Verfasser somit als Ausdruck eines neuen politischen Selbstverständnisses.
- Er verbindet damit die Erwartung, dass das Public Viewing weitergehende politische Veränderungen anstoßen kann, die die Bedeutung traditioneller Institutionen infrage stellen.

Aufgabe 93 Der Essay verallgemeinert ein konkretes Ereignis und fragt, ob man aus der Begeisterung für das Public Viewing nicht Folgerungen auf ein weitergehendes und andauerndes politisches Verhalten ziehen könne. Dann erschiene das gemeinschaftliche Anschauen von Sportveranstaltungen als Signal einer gesellschaftlichen Entwicklung, die ein verändertes demokratisches Bewusstsein markieren würde. Herzinger entdeckt im Verhalten der Menschen das Selbstbewusstsein und den Wunsch, im Sinne einer „Mitmachgesellschaft" (Z. 133) selbst direkt und unmittelbar an politischen Prozessen mitzuwirken.

Aufgabe 94 Die Überschrift „Ich bin ein Teil von jener Kraft" bezieht sich auf den Einzelnen, der sich als Teilnehmer am Public Viewing durch die Zugehörigkeit zu dieser sichtbaren Gruppe selbst als bedeutsam erlebt. Das Zitat drückt somit das gesteigerte Selbstbewusstsein durch die Einbindung in diese Gemeinschaft aus, steht aber zu den weiteren Aussagen des Mephisto im *Faust*, der sich dann ja als „Teil von jener Kraft, die stets das Böse will und stets das Gute schafft", vorstellt, in keinem Zusammenhang. Deshalb verwendet der Verfasser auch nur diesen ersten Teil der Worte Mephistos als Überschrift seines Essays. Er nutzt den Titel, um seinem Text die Aufmerksamkeit zu sichern: Wer das Zitat von Goethe erkennt, wird daran interessiert sein, was es in dem neuen Kontext des Essays bedeuten soll – diejenigen, die es nicht kennen, soll die Rätselhaftigkeit der Überschrift auf den Essay neugierig machen.

Aufgabe 95 Abstracts zu den Texten

- Zu Text 1:
  Ein Zeitungsartikel resümiert eine Umfrage von 2008, die die Meinung der Deutschen zur Gefahr des Sprachverfalls erkundet hat: Ungefähr zwei Drittel der Befragten befürchten einen Verfall der deutschen Sprache aufgrund der zunehmenden Fremdworteinflüsse, elektronischer Kommunikationsmedien und einem Trend zu Abkürzungen.

- Zu Text 2:
  Der Cartoon belustigt, indem er zwei ältere Männer im Gespräch zeigt und einen deutlichen Kontrast zwischen dem offenkundigen Alter der Sprecher und den von ihnen verwendeten unpassenden jugendsprachlichen Wendungen herstellt. Zudem deutet die Zeichnung an, dass im Jahr 2030 dieser Sprachgebrauch so normal sein wird, dass er auch bei alten Menschen anzutreffen ist.

- Zu Text 3:
  Der Text von der Homepage der Universität Magdeburg stellt fest, dass eine Funktion der Jugendsprache in ihrer kritischen Abgrenzung von den Normen der Sprache und von denen des gesellschaftlichen Lebens der Erwachsenen überhaupt bestehe. Zudem würde die Jugendsprache erlauben, mögliche Aggressionen gegenüber den abgelehnten Konventionen der Gesellschaft zu kanalisieren.

- Zu Text 4:
  Ein Sachtext vom Ende des 19. Jahrhunderts beklagt in polemischer Weise, dass die deutsche Sprache durch fremdländische Einflüsse und durch eine zunehmende Neigung zur Verwendung eines aufgeblasenen und schwerfälligen Sprachstils verdirbt.

- Zu Text 5:
  In einem Vortrag resümiert Prof. Keller, dass der Begriff „Sprache" den Sprachgebrauch eines individuellen Sprechers, den einer gesellschaftlichen Gruppe, aber auch das gesamte grammatische Regelsystem meinen kann. Fehlerhaftes Sprechen von Einzelnen sage noch nichts über einen grund-

sätzlichen Sprachverfall aus. Was manche für Symptome eines sprachlichen Niedergangs hielten, seien Erscheinungen eines ständigen Veränderungsprozesses, in dem bestimmte sprachliche Formen zuerst als Verstöße gewertet würden, bis sie schließlich zur Gewohnheit und als neue Konvention akzeptiert würden.

abe 96 *Diese Aufgabe kann natürlich auf unterschiedliche Arten gelöst werden. Der folgende Text ist daher als ein Angebot zu verstehen, das zum Vergleich mit dem eigenen Essay herangezogen werden kann.*

Rebellion durch Sprache

„Verstehe ich noch Deutsch?", wird sich mancher Erwachsene fragen, der zufällig einem Gespräch unter Jugendlichen zuhört. Tatsächlich, Sätze wie „Der burnt bis zum Siedepunkt" erscheinen jedem über 25 rätselhaft: Findet hier gerade ein kompliziertes Fachgespräch statt, wird über einen Song gesprochen oder etwa über eine Person? Vollends kryptisch wird es bei: „Ich bin total unterhopft. Lass mal heute total durchsumpfen."
Und selbst wenn man in die jugendliche Sprachwelt vorgedrungen ist und klar „blickt", dass es sich bei „echt krass" um eine Steigerungsform handelt, ähnlich wie bei „voll gut", wundert man sich doch, wenn man feststellt, dass das, was „abgefahren" ist, offenbar doch kein Zug oder Bus ist.
Dass „Ich so" ein Hinweis auf ein folgendes Zitat ist, das eigentlich mit „und dann habe ich gesagt" eingeleitet werden müsste, kann der gutwillige Hörer vielleicht noch als ökonomische Verkürzung akzeptieren. Dass er selbst in den Augen der Kids nur ein „Gruftie" oder gar „Kompostie" ist, der „nichts checkt", ist dann schon schwerer zu ertragen.
So kommt der leidgeprüfte Zuhörer leicht auf den Gedanken, der auch von manchen Lehrern, Politikern oder selbst ernannten Sprachpflegern beschworen wird: Die deutsche Sprache verfällt.
Begriffe werden – vorzugsweise aus dem Englischen – entlehnt, Wörter verkürzt, in ihrer Bedeutung verändert,

Erzeugen von Leserinteresse

Hauptteil: Furcht vor dem Sprachverfall

der Satzbau zerstört. Die Grammatik geht vor die Hunde, wenn englische Verben mit deutschen Konjugationsendungen versehen werden: „Du googelst?" Das deutsche Sprachbewusstsein schüttelt sich.

Doch ist diese Kritik alles andere als neu. Schon die Sprache der jugendlichen Sturm-und-Drang-Autoren hat Zeitgenossen des 18. Jahrhunderts schockiert – viele aber auch begeistert. Wenn Gustav Wustmann im Jahre 1891 in seinem Buch von den „Sprachdummheiten" die Sprache als „verkommen und verlottert" bezeichnet, attackiert er zwar auch Fehler, aber vor allem „Schwulst oder Ziererei" – Kritikpunkte, die in der heutigen Verfallsklage gar keine Rolle spielen.

Man erkennt: Die Kassandrarufe, die die Sprache in Gefahr sehen, bleiben, die Gründe sind jedoch völlig unterschiedlich, sogar gegensätzlich. Tatsächlich stecken hinter diesen kritischen Klagen subjektive Geschmacksurteile, die gemeinsam haben, dass sie die eigene Position, d. h. ihr eigenes Verständnis von Sprache, verabsolutieren. Mit anderen Worten: In der jahrhundertelangen Entwicklungsgeschichte der deutschen Sprache setzen diese Kritiker ihr jeweiliges Geschmacksempfinden des Jahres 2010 oder 1891 als gültige Norm an, an der man sich auszurichten habe.

Kritik der Kritiker

Persönlicher Geschmack als Grund der Kritik?

Es mag sein und es sei jedem Kritiker zugestanden, dass ihm persönlich ein jugendsprachlicher Ausdruck wie „dissen" oder „chillen" nicht gefällt und er eine Verbbildung aus dem Englischen, die dann deutsch konjugiert wird, wie „googeln", ablehnt.

Auch Sprachkritiker des Barock haben im 17. Jahrhundert aus dem Lateinischen importierte Fremdwörter wie „Fenster" verabscheut und den guten deutschen Ausdruck „Tagleuchte" vorgeschlagen.

In beiden Fällen aber wird übersehen, dass die Aufnahme eines Fremdworts und dessen Anpassung an deutsche Aussprache- und Grammatikerfordernisse gerade kein Beweis für einen Verfall oder die Schwäche des Deutschen sind. Vielmehr zeigt sich die Sprache ja in der Lage, neue Gegenstände und Sachverhalte, für die es im Deutschen noch keine Bezeichnung gibt, in die eigene Sprache zu in-

Furcht vor Sprachverfall ist unbegründet

tegrieren und dabei dem fremden Wortgebilde Regeln der eigenen Grammatik überzustülpen. Das ist kein Verfall, sondern Stärke! Nach einer Reihe von Jahren wird man vermutlich „googeln" als deutsches Verb wahrnehmen – so wie wir heute nicht mehr an das lateinische „fenestra" denken.

Weit gelassener als manch eifriger Sprachpurist sollte man auch die oft drastischen Neologismen der Jugendsprache betrachten. Natürlich, Worte wie „Tussi" und „Grufti" haben etwas Abwertendes, sollen oft sogar beleidigen. Aber: War die „Wuchtbrumme" der Sechzigerjahre als Umschreibung für ein vollschlankes weibliches Wesen netter? Oder etwa der „Florbesen", mit dem die Studenten des 19. Jahrhunderts Mädchen zu bezeichnen und sozial einzuordnen pflegten?

Empfehlung zur Gelassenheit: Selbstreinigungsprozess der Sprache

Diese Bezeichnungen sind im Verlauf der Zeit verschwunden, ohne der Sprache zu schaden, und so wird es vermutlich auch „Tussi" oder „Grufti" ergehen. Solche Wortbildungen sind Modewörter. Sie zu gebrauchen dient der Identifikation mit der eigenen jugendlichen Alters- oder auch spezifischen sozialen Gruppe und grenzt gleichzeitig von der Welt der Erwachsenen ab, die durch die Wortwahl schockiert sind – und eben das ist ja der gewollte Effekt.

Jugendsprachliche Wortschöpfungen sollten die Erwachsenen also viel gelassener hinnehmen – oder sagen sie hierzu auch schon „cooler"? Ein Wort, das in seiner gegenüber dem Englischen veränderten Bedeutung ja auch aus der Jugendsprache stammt, aber bei vielen Erwachsenen – zumindest unter denen, die durch den Gebrauch ihre Jugendlichkeit beweisen wollen – schon zum Alltagsvokabular gehört. Und dass dann bald Jugendliche das Bedürfnis haben werden, solche bei Erwachsenen inzwischen etablierten Wörter durch ganz neue, vielleicht wieder schockierende, auszutauschen, ist doch verständlich.

sprachliche Wandlungsvorgänge

Viele der einstmals verpönten Wörter der Jugendsprache teilen dieses Schicksal. Sie verschwinden oder sie werden von den Erwachsenen in ihre Sprache integriert – und verlieren ihren ursprünglichen Auffälligkeitswert.

Wer erinnert sich heute noch an den „Dielenschleicher", eine Bezeichnung für einen Tanzpartner, auf den sich einzulassen jungen Mädchen 1968 dringend abgeraten wurde? Wer regt sich heute noch über „chillen" als Synonym für „sich entspannen" auf, und wer möchte wirklich die „Jeans" durch „Baumwollhose" ersetzt wissen?

Hier wird ein kontinuierlicher Prozess der Veränderung von Sprache sichtbar, der nichts mit Verfall oder anderen negativen Wertzuschreibungen zu tun hat, sondern der sich aus dem stetigen Wandel von Innovation, Abgrenzungsintention und Nachahmungswunsch ergibt.

Schlussfolgerung: Jugendsprache als Teil eines ständigen sprachlichen und gesellschaftlichen Veränderungsprozesses

Die Werbung macht dies vor und bietet Lehrstücke dafür, wie man neue, szenesprachliche Wörter in die Werbespots hineinholt und damit die Produkte mit einer Verheißung von Jugend, Innovation und Modernität umhüllt (z. B. „ultrafresh") – so lange, bis diese Wörter entweder uninteressant und vergessen werden oder durch ihr Eingehen in den alltäglichen Sprachgebrauch ihre exklusive Werbefunktion verlieren.

Also kein Verfall, kein Untergang des Abendlandes, sondern ein jugendliches Dagegen, eine spielerische Form der Abgrenzung und des Aufbegehrens gegen die Regeln der Erwachsenenwelt. Dieser Gestus der Rebellion ist wohl unerlässlich für die eigene Identitätsfindung in der Adoleszenz.

Rebellion durch Sprache ist zudem eine intelligente, kreative Form der Abgrenzung, die den Vorzug hat, ungezügelte Emotionen zu verbalisieren und so zu entschärfen. „Wer sich sprachlich abreagiert, begeht keinen Vatermord", ist zwar eine überspitzte Folgerung, bringt es aber auf den Punkt: Das, was oft als Symptom für eine sprachliche Verwahrlosung gewertet wird, ist nur Ausdruck jugendlicher Selbstbestimmung und -findung. Also – alles Raumschiff?!

Sicher durch das Abitur!

Effektive Abitur-Vorbereitung für Schülerinnen und Schüler:
Klare Fakten, systematische Methoden, prägnante Beispiele sowie Übungs-
aufgaben auf Abiturniveau mit erklärenden Lösungen zur Selbstkontrolle.

Deutsch
Dramen analysieren und interpretieren	Best.-Nr. 944092
Erörtern und Sachtexte analysieren	Best.-Nr. 944094
Gedichte analysieren und interpretieren	Best.-Nr. 944091
Epische Texte analysieren und interpretieren	Best.-Nr. 944093
Abitur-Wissen Erörtern und Sachtexte analysieren	Best.-Nr. 944064
Abitur-Wissen Textinterpretation Lyrik · Drama · Epik	Best.-Nr. 944061
Abitur-Wissen Deutsche Literaturgeschichte	Best.-Nr. 94405
Abitur-Wissen Prüfungswissen Oberstufe	Best.-Nr. 94400
Kompakt-Wissen Rechtschreibung	Best.-Nr. 944065

Englisch
Übersetzung	Best.-Nr. 82454
Grammatikübungen	Best.-Nr. 82452
Themenwortschatz	Best.-Nr. 82451
Grundlagen, Arbeitstechniken, Methoden mit Audio-CD	Best.-Nr. 944601
Sprachmittlung	Best.-Nr. 94469
Sprechfertigkeit mit Audio-CD	Best.-Nr. 94467
Klausuren Englisch Oberstufe	Best.-Nr. 905113
Abitur-Wissen Landeskunde Großbritannien	Best.-Nr. 94461
Abitur-Wissen Landeskunde USA	Best.-Nr. 94463
Abitur-Wissen Englische Literaturgeschichte	Best.-Nr. 94465
Kompakt-Wissen Abitur Themenwortschatz	Best.-Nr. 90462
Kompakt-Wissen Abitur Landeskunde/Literatur	Best.-Nr. 90463
Kompakt-Wissen Kurzgrammatik	Best.-Nr. 90461
Kompakt-Wissen Grundwortschatz	Best.-Nr. 90464

Französisch
Sprachmittlung · Übersetzung	Best.-Nr. 94512
Landeskunde Frankreich	Best.-Nr. 94501
Themenwortschatz	Best.-Nr. 94503
Textarbeit Oberstufe	Best.-Nr. 94504
Klausuren Französisch Oberstufe mit MP3-CD	Best.-Nr. 105011
Abitur-Wissen Französische Literaturgeschichte	Best.-Nr. 94506
Kompakt-Wissen Abitur Themenwortschatz	Best.-Nr. 945010
Kompakt-Wissen Kurzgrammatik	Best.-Nr. 945011

Latein
Abitur-Wissen Lateinische Literaturgeschichte	Best.-Nr. 94602
Abitur-Wissen Römische Philosophie	Best.-Nr. 94604
Abitur-Wissen Prüfungswissen Latinum	Best.-Nr. 94608
Klausuren Latein Oberstufe	Best.-Nr. 106011
Kompakt-Wissen Kurzgrammatik	Best.-Nr. 906011

Natürlich führen wir noch mehr Titel für alle Fächer und Stufen: Alle Informationen unter www.stark-verlag.de

Erdkunde/Geographie
Erdkunde – Atmosphäre · Relief- und Hydrosphäre · Wirtschaftsprozesse und -strukturen · Verstädterung	Best.-Nr. 94909
Geographie 1 – Bayern	Best.-Nr. 94911
Geographie 2 – Bayern	Best.-Nr. 94912
Geographie – Baden-Württemberg	Best.-Nr. 84904
Erdkunde – NRW	Best.-Nr. 54902
Abitur-Wissen Entwicklungsländer	Best.-Nr. 94902
Abitur-Wissen Die USA	Best.-Nr. 94903
Abitur-Wissen Europa	Best.-Nr. 94905
Abitur-Wissen Der asiatisch-pazifische Raum	Best.-Nr. 94906
Abitur-Wissen GUS-Staaten/Russland	Best.-Nr. 94908
Kompakt-Wissen Abitur Erdkunde Allgemeine Geografie · Regionale Geografie	Best.-Nr. 949010
Kompakt-Wissen Abitur – Bayern Geographie Q11/Q12	Best.-Nr. 9490108
Lexikon Erdkunde	Best.-Nr. 94904

Politik
Abitur-Wissen Demokratie	Best.-Nr. 94803
Abitur-Wissen Sozialpolitik	Best.-Nr. 94804
Abitur-Wissen Die Europäische Einigung	Best.-Nr. 94805
Abitur-Wissen Politische Theorie	Best.-Nr. 94806
Abitur-Wissen Internationale Beziehungen	Best.-Nr. 94807
Kompakt-Wissen Abitur Grundlagen der nationalen und internationalen Politik	Best.-Nr. 948001
Kompakt-Wissen Abitur Grundbegriffe Politik	Best.-Nr. 948002

(Bitte blättern Sie um)

Geschichte

Geschichte 1 – Deutschland vom 19. Jahrhundert bis zum Ende des Nationalsozialismus	Best.-Nr. 84763
Geschichte 2 – Deutschland seit 1945 · Europäische Einigung · Weltpolitik der Gegenwart	Best.-Nr. 84764
Geschichte 1 – Bayern, Gesellschaft im Wandel (15.–19. Jh.) · Demokratie und Diktatur – Probleme der deutschen Geschichte im 20. Jh.	Best.-Nr. 947818
Geschichte 2 – Bayern, Historische Komponenten europäischer Kultur und Gesellschaft · Konfliktregionen und Akteure internationaler Politik in historischer Perspektive	Best.-Nr. 947828
Geschichte 1 – Baden-Württemberg, Die demokratische und nationale Bewegung in der Auseinandersetzung mit dem Obrigkeitsstaat · Die Entwicklung der politischen Kultur im Kaiserreich und in der Weimarer Republik	Best.-Nr. 84760
Geschichte 2 – Baden-Württemberg Deutschland seit 1945 · Die bipolare Welt	Best.-Nr. 84762
Geschichte 1 – NRW, Vom 19. Jahrhundert bis zum Ende des Nationalsozialismus	Best.-Nr. 54761
Geschichte 2 – NRW, Deutschland und Europa nach dem Zweiten Weltkrieg	Best.-Nr. 54762
Grundlagen, Arbeitstechniken und Methoden – Geschichte	Best.-Nr. 94789
Abitur-Wissen Die Antike	Best.-Nr. 94783
Abitur-Wissen Das Mittelalter	Best.-Nr. 94788
Abitur-Wissen Französische Revolution	Best.-Nr. 947812
Abitur-Wissen Die Ära Bismarck: Entstehung und Entwicklung des deutschen Nationalstaats	Best.-Nr. 94784
Abitur-Wissen Imperialismus und Erster Weltkrieg	Best.-Nr. 94785
Abitur-Wissen Die Weimarer Republik	Best.-Nr. 47815
Abitur-Wissen Nationalsozialismus und Zweiter Weltkrieg	Best.-Nr. 94786
Abitur-Wissen Deutschland von 1945 bis zur Gegenwart	Best.-Nr. 947811
Abitur-Wissen USA	Best.-Nr. 947813
Abitur-Wissen Naher Osten	Best.-Nr. 947814
Kompakt-Wissen Abitur Geschichte Oberstufe	Best.-Nr. 947601
Lexikon Geschichte	Best.-Nr. 94787

Wirtschaft/Recht

Wirtschaft – Wirtschaftliches Handeln im Sektor Unternehmen · Wirtschaftliches Handeln im Sektor Ausland	Best.-Nr. 84852
Betriebswirtschaft	Best.-Nr. 94851
Wirtschaft – Bayern	Best.-Nr. 84852
Abitur-Wissen Volkswirtschaft	Best.-Nr. 94881
Abitur-Wissen Rechtslehre	Best.-Nr. 94882
Kompakt-Wissen Abitur Volkswirtschaft	Best.-Nr. 948501
Kompakt-Wissen Abitur Betriebswirtschaft	Best.-Nr. 924801
Kompakt-Wissen Rechnungswesen mit Bilanzanalyse	Best.-Nr. 924802

Kunst

Abitur-Wissen Malerei · Plastik · Architektur	Best.-Nr. 949618
Abitur-Wissen Analyse und Interpretation	Best.-Nr. 94962
Kompakt-Wissen Abitur Kunst	Best.-Nr. 949601

Natürlich führen wir noch mehr Titel für alle Fächer und Stufen: Alle Informationen unter www.stark-verlag.de

Ethik

Ethische Positionen in historischer Entwicklung	Best.-Nr. 94951
Abitur-Wissen Philosophische Ethik	Best.-Nr. 94952
Abitur-Wissen Glück und Sinnerfüllung	Best.-Nr. 94953
Abitur-Wissen Freiheit und Determination	Best.-Nr. 94954
Abitur-Wissen Recht und Gerechtigkeit	Best.-Nr. 94955
Abitur-Wissen Religion und Weltanschauungen	Best.-Nr. 94956
Abitur-Wissen Wissenschaft · Technik · Verantwortung	Best.-Nr. 94957

Religion

Katholische Religion 1	Best.-Nr. 84991
Katholische Religion 2	Best.-Nr. 84992
Abitur-Wissen – ev. Religion Der Mensch zwischen Gott und Welt	Best.-Nr. 94973
Abitur-Wissen Glaube und Naturwissenschaft	Best.-Nr. 94977
Abitur-Wissen Jesus Christus	Best.-Nr. 94978
Abitur-Wissen Die Frage nach dem Menschen	Best.-Nr. 94990
Abitur-Wissen Die Bibel	Best.-Nr. 94992
Abitur-Wissen Christliche Ethik	Best.-Nr. 94993

Erziehungswissenschaft

Erziehungswissenschaft NRW GK/LK	Best.-Nr. 54941
Erziehungswissenschaft	Best.-Nr. 94941

Pädagogik/Psychologie

Grundwissen Pädagogik	Best.-Nr. 92480
Grundwissen Psychologie	Best.-Nr. 92481

Sport

Bewegungslehre · Sportpsychologie	Best.-Nr. 94981
Trainingslehre	Best.-Nr. 94982

Lernen ▪ Wissen ▪ Zukunft

Bestellungen bitte direkt an:
STARK Verlagsgesellschaft mbH & Co. KG · Postfach 1852 · 85318 Freising
Tel. 0180 3 179000* · Fax 0180 3 179001* · www.stark-verlag.de · info@stark-verlag.de
*9 Cent pro Min. aus dem deutschen Festnetz, Mobilfunk bis 42 Cent pro Min.
Aus dem Mobilfunknetz wählen Sie die Festnetznummer: 08167 9573-0